PPP实战系列丛书

PPP模式与固废处理

孙 洁◎主编

PPP
MODEL

PPP MODEL AND
SOLID WASTE
MANAGEMENT

经济日报出版社

总序

PPP 模式的六大正面效应

PPP 是英文 Public-Private-Partnership 的缩写，过去直译为“公私合作伙伴关系”，其机制创新在近年于国内引起前所未有的高度重视，有关管理部门已将 PPP 意译为“政府与社会资本合作”，成为文件中的规范用语。

关于 PPP 的基本概念和定义表述，学者还有见仁见智的争鸣，但基本共识已比较清楚，它所指的是在基础设施、公共工程与公共服务领域由政府与非政府主体合作共赢式的供给机制。具体的运作形式，包括 BOT（建设—运营—移交）、TOT（移交—运营—移交）、ROT（重整—运营—移交）、BOO（建设—拥有—运营），等等。虽然 PPP 的雏形可以上溯到几百年前欧洲就已出现的政府授予公路养护者的“特许经营权”，但其在经济和社会生活实践中的大发展及其概念的明确化与大流行，还是 20 世纪后半期随着新公共管理运行的兴起，在发达经济体与新兴经济体的进一步创新发展中出现的。把原来已习惯地认为应由政府负责和兴办的架桥修路等公共工程以及医院、学校、航空港、垃圾和污水处理场等公共服务设施，改为与市场机制对接、吸引政府之外的企业和社会资本同政府在平等合作关系框架下一起办，其创新的特点显而易见。

从表征看，PPP 首先形成了投融资机制的创新，可以将大量非政府的民间资金、社会资本引入公共工程与服务领域，但其实它又决不仅仅限于投融资模式层面的创新，它还以风险共担、利益共享、绩效升级方面的鲜明性质形成了管理模式的创新，并天然对接混合所有制改革和法治化制度建设，具有国家和社会治理模式创新层面的重要意义。所以，应当恰如其分地和全面地理解与评价 PPP 这一制度供给的伟大创新：它是从投融资模式，到管理模式，再到治理模式贯通的新型制度供给，特别是对于在新历史起点上面对全面建成小康和现代化的“中国梦”目标，力行全面深化改革和全面依法治国的当代中国，PPP 更具有不容忽视的重大现实意义，它至少将产生如下六大方面的正面效应：

第一，缓解面对城镇化、老龄化历史进程的财政支出压力，使政府更好地发挥作用。

对于正在走向“伟大民族复兴”的中国，PPP 的正面效应首先体现为：从政府主体角度看，减少财政支出的压力，提高财政资金总体使用绩效和政府履职能力。中国正处于快速发展的城镇化和迅速到来的人口老龄化过程中，未来几十年内将有约 4 亿农村居民要转入城镇定居，并将新增近 2 亿 60 岁以上人口的老龄医疗与生活服务供给需要，静态算账至少需 60 万亿元以上的公共工程投入，若作动态测算，这方面的投入将更是大得难以想象。政府再沿用“单打独斗”式思路去应对相关的城镇化、老龄化挑战，注定是没有出路的，但如能有效地调动业已雄厚起来的民间资金、社会资本，以与政府合作方式形成共同供给机制，将有效缓解上述财政支出压力。

第二，在公共服务供给中形成“1+1+1 ＞ 3”的机制，使进入中等收入阶段的社会公众可持续地受益受惠。

政府履职尽责和实现现代化战略目标，最终是“为人民服务”，使社会公众得实惠，并使这样的受益受惠可持续。从我国社会公众主体角度来看，在公共服务水平逐渐提升而确有受益的过程中，相关的问题亦不可回避、不能忽视：过去政府提供服务中存在的工程超概算、施工期拖长、质量出毛病、运行管理中服务不热情和不周到等弊病，已与进入“中等收入阶段”后公众要求更美好生活的“公共服务升级”诉求形成了明显的反差，影响到社会生活的和谐和群众的“幸福感”。恰是PPP的机制创新带来了一种使政府、企业、专业机构于合作中形成“1+1+1 ＞ 3”的公共服务绩效升级效应，因为这一合作机制，是将政府的规划与政策相对优势、企业的运行管理相对优势和专门机构的特定专业领域相对优势结合在一起，形成风险防范与处理能力的最优组合，来针对性地防控与化解项目中的相关风险。这就可望有效地克服过去司空见惯的那些弊端，可持续地使社会公众受益，从而提升公众的满意度、幸福感。这一点在实践案例中已有极好的体现，并将助益于跨越“中等收入陷阱”的全局性战略诉求的实现。

第三，为一大批作为市场主体的企业打开进一步生存、发展的空间，使现代市场体系更为健全和成熟。

在我国已经壮大并在资金力量日益雄厚起来的民间资金、社会资本持有主体中，一大批有强烈发展意愿、并在偏好类型上适合PPP的企业，会由此打开它们新的生存与发展空间，并形成在我国本土和实行“走出去”（如“一带一路”倡议）之中许多的PPP项目上，境外社会资本的参与和多方合作互动，这对于发展健全我国的市场经济有积极的促进作用。应当强调，所有参与PPP的企业的基本动机与行为定位，仍然是“在商言商”，是以市场主体“投资取得回报”的模式，来形成其物质利益追求与“社会责任”的统一，但企业方面必须接受PPP“盈利但非暴利”的原则约束。所以客观地说，不是一切企业都适合于同政府合作参与PPP，比如风险投资、创业投资、天使投资类型的社会资本，偏好“快进快出”和“以敢冒高风险博取高回报”，通常不是PPP的适宜参与者。有意愿和政府合作、锁定较长期虽不很高但“可接受”回报水平的市场主体，其实“大有人在”且资本规模可观。这些企业家偏好于较长期，甚至极长期可预期、可接受的投资回报，愿意通过参与 PPP 提高生活质量并获得发展其他事项（包括收藏爱好、文化活动和从事公益慈善等）所需的时间与闲暇，这是市场体系成熟、健全的表现，在中国特色社会主义市场经济的发展中也不例外。

第四，联结、对接意义重大的“混合所有制”改革，促进企业改革与全面改革的实质性深化。

在中国现在特定的发展阶段上，PPP 还有一项非常重要的、战略层面的制度创新意义：它直接呼应了十八届三中全会在现代国家治理、现代市场体系方面的要求，即混合所有制改革。

中国现代市场体系建设面临的一项“攻坚克难”的改革任务是企业改革，包括使国有企业消除不当垄断和使非国有企业突破前后两个“三十六条”发布后仍未突破的“玻璃门”“旋转门”“弹簧门”，使国企、民企两方面都健康地“活起来”。在 PPP 的推行与发展中，恰恰可以通过其与“股份制—混合所有制”的天然贯通来实现这一目的，因为形成一个 PPP 项目在产权方面没有任何选择上的局限，是在法治环境下形成的多产权主体间的契约。最典型的即以 SPV（Special Purpose Vehicles）的形式组成特殊项目公司来运营 PPP 项目，公司内所有股权都有清晰归属，每一份标准化的股权属于明确的股东，认定以后不会产生无法处置的纠纷（少数纠纷可通过法律途径解决），大家可以在这样稳定的、可预期的法治环境下，实现利益回报的共赢。而且，SPV 的股权结构，在天然具有混合所有制特征的同时，又天然地倾向于不使国有股权“一股独大”，因为政府股权参与的动机是发挥“四两拨千斤”的乘数效应来拉动、引致民间资本大量跟进，乘数越大，相关政府工作的业绩评价会越好，因此社会资本、民营企业的股份在 PPP 中通常会成为股权结构里的“大头”，甚至是绝大多数。显然，这方面的突破式发展，将深刻、长远地影响中国的现代化进程。

第五，促进“全面依法治国”的法治化建设，培育契约精神和催化专业、敬业的营商文明。

PPP 与十八届四中全会关于“全面依法治国”“依法行政”的指导方针具有天然内在的契合，客观上必然要求加快法治建设、打造高标准法治化的营商环境。因为一个个 PPP 项目，都需要有可预期的法治保障使作为合作伙伴的企业产生对长期投资回报的确定性与认同感，否则企业是不会自愿签署合作协议的。政府方面的“强势”会在PPP实施中得到约束：不论政府在前期还有多少“主导性”和“特许权在手”的强势地位，一旦签约PPP，就要以与企业相同的“平等民事主体”身份依法定规范认定契约，并按照“法律面前人人平等”的原则遵守契约；假如政府违约，也要经由法律程序“公平正义”地加以校正和处理。这对于实质性地转变政府职能、优化政府行为和全面推进法治化，不啻是一种“倒逼”机制。PPP的发展，对法治、契约和上述所有这些营商文明的培育都将是一种催化剂，对于降低交易成本、鼓励长期行为和促进社会和谐进步，具有国家治理现代化和包容性发展层面的全局意义。

第六，有利于在认识、适应和引领“新常态”的当前与今后的一个阶段，对冲经济下行压力，优化支持经济社会发展后劲的选择性“聪明投资”，增加有效供给。

面对现阶段的经济下行，需要特别强调投资的作用。中国投资领域的关键问题不在于总量和增速，而在于结构、质量与综合绩效。走向经济新常态，迫切需要把握好有助于支撑全局的“聪明投资”。PPP所关联的投融资项目，都属于有利于调结构、惠民生、护生态、防风险、增绩效的选择性项目，又配合了促改革与稳增长，是利用混合所有制创新将“过剩产能”转化为有效产能（诸如钢铁、建材、施工机械与设备的制造等行业和领域），会形成一大批“聪明投资”对冲下行压力，以有效供给来增加长远发展后劲，因此，它是在供给侧助益适应和引领“新常态”。

正如财政部肖捷部长所说，目前正处于PPP规范发展的关键时期。但目前市场上尚缺乏配套的规范教材。孙洁博士领衔编写的这套图书，有理有据，案例丰富，对PPP的规范发展有参考价值。特推荐给读者！

是为序。

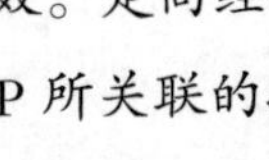

2017年7月5日

序

从2014年推广PPP模式以来，已经走过了四个多年头，不仅出台了一系列完善的政策体系，同时还建立了专门的管理机构，与此同时，财政部为推广PPP专门设立了规模达1800亿元的PPP基金。在取得一系列成效的同时，所带来的问题也是显然的，从最近查出的173个示范项目中发现，不少地方存在较为严重的问题，因此，PPP推广也进入了新的规范阶段。

《PPP模式与固废处理》一书也是在这种规范的环境下，应市场需要所编写。固废领域引入PPP模式有其必然的内在要求，固废处理具有较明显的公益性，一般企业没有固废处理的内存动力，如果政府不加强固废处理，其外部的负面效应会突出，影响社会环境健康发展。因此，固废处理成为政府必然的责任，但如果仅仅依靠政府又难以满足社会的需求，由此，引入社会资本采用PPP模式成为必要的选择。

PPP 模式中，社会资本获得收益一方面依靠向使用者收费，另一方面依靠政府付费。对固废采用 PPP 模式，仅从产生固废的生产者收费实现投资者收益，并不现实，这种情况下，必然由政府给予适当的补助，或完全由政府支付费用。无论政府补助或完全由政府付费，都受到财政承受能力的约束。在既定的财政能力约束下，如何最大限度实现固废处理水平，是对社会资本的一个最大考验。

固废处理采用 PPP，一个更重要的因素是，通过社会资本的技术创新，提高固废处理水平，一方面减少对环境的影响；另一方面起到技术创新以实现提高投资者收益的目标。记得有人说过，世上本没有垃圾，只有放错地方的资源，同样，固废也是放错地方的资源。如何将固废变为资源，需要社会资本有更多的创新能力才能够实现。通过创新提高项目收益，也会将财政承受能力的压力降到最低。

对新建的固废处理项目，我们建议采用 BOT 方式，如果涉及化解政府债务的已有项目，建议可以采用 TOT 的方式。

《PPP 模式与固废处理》一书，主要以案例分析为主，在案例分析的基础上，一方面给读者分享经验，另一方面也为读者提供 PPP 基础的理论知识，为 PPP 实际工作者提供在固废方面采用 PPP 的可行建议。

编者

2018 年 6 月 24 日

目录 CONTENTS

第一章　固废处理的发展

固废处理是随着社会工业化、城镇化发展而产生的一种新兴产业。工业化的发展，使得工业固态废弃物大量产生，与工业化相伴相生的危险固态废弃物的数量也迅速增加；城镇化的发展，推动大量的农村人口向城市聚集，在城市化高速发展的同时，城市垃圾形成“围城”，这是世界各国社会发展过程中必然经历的痛苦阶段。

第二次世界大战之后，西方国家进入战后经济恢复阶段，经过几十年的发展，社会经济进入高速发展期，工业固态废物与城市垃圾迅速增加，引起了政府与环境保护组织的重视，针对工业垃圾与生活垃圾的处理，固废处理作为一个产业开始形成。

我国十一届三中全会之后，党的工作重点转移到以经济建设为中心，国内的经济增长进入了蓬勃发展阶段，尽管国家借鉴国际经济发展经验，在经济发展过程中一直注意环境的保护与固废处理，并制定了一系列法律、法规防治固废污染，但是垃圾“围城”现象还是不期而遇。固废处理行业在我国也应运而生。

第一节　固废处理的基础知识

一、固废处理的基本概念与分类

2004 年 12 月 29 日，全国人大常委会通过了《中华人民共和国固体废物污染环境防治法》修订案，自 2005 年 4 月 1 日起实施。全篇分为六章九十一条。其中，第八十八条对固废处理相关概念做了明确界定，具体如下：

1. 固体废物，是指在生产、生活和其他活动中产生的丧失原有利用价值或者虽未丧失利用价值但被抛弃或者放弃的固态、半固态和置于容器中的气态的物品、物质以及法律、行政法规规定纳入固体废物管理的物品、物质。

2. 工业固体废物，是指在工业生产活动中产生的固体废物。

3. 生活垃圾，是指在日常生活中或者为日常生活提供服务的活动中产生的固体废物以及法律、行政法规规定视为生活垃圾的固体废物。

4. 危险废物，是指列入国家危险废物名录或者根据国家规定的危险废物鉴别标准和鉴别方法认定的具有危险特性的固体废物。

5. 贮存，是指将固体废物临时置于特定设施或者场所中的活动。

6. 处置，是指将固体废物焚烧和用其他改变固体废物的物理、化学、生物特性的方法，达到减少已产生的固体废物数量、缩小固体废物体积、减少或者消除其危险成分的活动，或者将固体废物最终置于符合环境保护规定要求的填埋场的活动。

7. 利用，是指从固体废物中提取物质作为原材料或者燃料的活动。

从以上法律的定义我们可以知道，所谓固废处理，是固体废物处理的简称。固体废物包括工业固体废物、生活垃圾以及危险废物。

我国对固体废物污染环境防治实行污染者依法负责的原则。

产品的生产者、销售者、进口者、使用者对其产生的固体废物依法承担污染防治责任。产生工业固体废物的单位应当按照国务院环境保护行政主管部门的规定，向所在地县级以上地方人民政府环境保护行政主管部门提供工业固体废物的种类、产生量、流向、贮存、处置等有关资料。企业事业单位应当根据经济、技术条件对其产生的工业固体废物加以利用；对暂时不利用或者不能利用的，必须按照国务院环境保护行政主管部门的规定建设贮存设施、场所，安全分类存放，或者采取无害化处置措施。矿山企业应当采取科学的开采方法和选矿工艺，减少尾矿、矸石、废石等矿业固体废物的产生量和贮存量。

生活垃圾我国是由县级以上人民政府统筹安排建设城乡生活垃圾的收集、运输、处置设施。负责对城市生活垃圾及时清运，逐步做到分类收集和运输，并积极开展合理利用和实施无害化处置。工程施工单位负责及时清运工程施工过程中产生的固体废物，并按照环境卫生行政主管部门的规定进行利用或者处置。从事公共交通运输的经营单位，负责按照国家有关规定，清扫、收集运输过程中产生的生活垃圾。从事城市新区开发、旧区改建和住宅小区开发建设的单位，以及机场、码头、车站、公园、商店等公共设施、场所的经营管理单位，负责按照国家有关环境卫生的规定，配套建设生活垃圾收集设施。

产生危险废物的单位，必须按照国家有关规定制定危险废物管理计划，并向所在地县级以上地方人民政府环境保护行政主管部门申报危险废物的种类、产生量、流向、贮存、处置等有关资料。危险废物管理计划应当包括减少危险废物产生量和危害性的措施以及危险废物贮存、利用、处置措施。危险废物管理计划应当报产生危险废物的单位所在地县级以上地方人民政府环境保护行政主管部门备案。国家对从事收集、贮存、处置危险废物经营活动的单位，实行严格的管理制度。从事收集、贮存、处置危险废物经营活动的单位，必须向县级以上人民政府环境保护行政主管部门申请领取经营许可证；从事利用危险废物经营活动的单位，必须向国务院环境保护行政主管部门或者省、自治区、直辖市人民政府环境保护行政主管部门申请领取经营许可证。

对固废处理国家提出了要达到“无害化”“减量化”“资源化”的目标。所谓无害化是指，通过适当的技术对废物进行处理，使其不对环境产生污染，不对人体健康产生影响。目前固废物无害化处理技术有垃圾焚烧、卫生填埋、粪便的厌氧发酵、有害废物的热处理和解毒处理等。所谓减量化是指，通过实施适当的技术，减少固体废物的产生量和容量。这通常需要从三方面实现，一是减少固体废物的产生，这属于物质产生过程的前端，需从资源的综合开发和生产过程物质资料的综合利用着手；二是对固体废物进行处理利用，即固体废物资源化。三是对固体废物采用压实、破碎、焚烧等处理方法，也可以实现减量的目的。所谓资源化是指，采用各种管路和技术措施，从固体废物中回收具有使用价值的物质和能源，作为新的原料或者能源投入使用。广义的资源化包括物质回收、物质转换和能量转换三个部分。资源转换遵循的原则是：资源化技术是可行的；资源化的经济效益比较好，有较强的生命力；废物应尽可能在排放源就近利用，以节省废物在储放、运输等过程的投资；资源化产品应当符合国家相应产品的质量标准，并具有市场竞争力。

二、固体废物对环境造成污染的途径

1. 污染水体。不少国家把固体废物直接倾倒于河流、湖泊、海洋，甚至以海洋投弃作为一种处置方法。固体废物进入水体，不仅减少江湖面积，而且影响水生生物的生存和水资源的利用，投弃在海洋的废物会在一定海域造成生物的死区。

2. 大气污染。固体灰渣中的细粒粉末受风吹日晒产生扬尘，污染周围大气环境。在多风季节平均视程减低 30%–70%。固体废物中的有害物质经长期堆放发生自燃，散发出大量有害气体。长期堆放的煤矸石中如含硫量达到 1.5% 会引起自燃，达到 3% 以上就会着火，同时散发大量二氧化硫。多种固体废物本身或在焚烧时能散发毒气和臭味，恶化环境。

3. 土壤污染。固体废物堆置或垃圾填埋处理，经雨水渗出液中含有有害成分会改变土质和土壤结构，影响土壤中的微生物活动，妨碍周围植物根系生长，或在周围植物内积蓄，危害食物链。每堆放 1 万吨渣，需占地 1 亩多，受污染的土地面积往往大于堆渣占地的 1–2 倍。

4. 影响环境卫生。目前我国 90% 以上的粪便、垃圾未经无害化处理。如果医院、传染病院的粪便、垃圾也混入普通粪便、垃圾之中，则会广泛传播肝炎、肠炎、痢疾以及各种蠕虫病等，成为环境严重污染源。另外，我国的垃圾中大部分是炉灰与脏土，用于堆肥不仅肥效不高，而且使土质板结，蔬菜作物减产。

5. 有害固体废物泛滥。长期对有害固体废物未加严格管理与处置，污染事故时有发生。如 20 世纪 50 年代锦州铁合金厂堆放铬渣 10 多万吨，数年后发现污染面积达 70 多平方公里，造成该区域 1800 眼井水不能饮用。目前很多厂矿企业对固废物的处置未采取应有措施，如果任由有害固体废物长期泛滥，若干年后，我国的土壤和地下水将普遍受到污染。

三、固体废物的识别

不同类型的固废，其化学性能不同，处置方式存在根本性差异。因此对固废进行有效的分类，可以最大限度地减轻固废对环境的影响，最大限度地利用固废的残余价值。

（一）固体废物与非固体废物的识别

根据国家相关规定，固体废物的范围应当结合以下两方面认定。下列第 1 类中的物质或物品，如果没有包括在第 2 类中是固体废物。任何物质或物品如果包含在 2 类中，则不是固体废物。

第 1 类，固体废物包含（但不限于）下列物质、物品或材料：

（1）从家庭收集的垃圾

（2）生产过程中产生的废弃物质、报废产品

（3）实验室产生的废弃物质

（4）办公室产生的废弃物质

（5）城市污水处理厂污泥，生活垃圾处理厂产生的残渣

（6）其他污染控制设施产生的垃圾、残余渣、污泥

（7）城市河道疏浚污泥

（8）不符合标准或规范的产品，继续用于原用途的除外

（9）假冒伪劣产品

（10）所有者或其代表声明是废物的物质或物品

（11）被污染的材料（如被多氯联苯 PCBs 污染的油）

（12）被法律禁止使用的任何材料、物质或物品

（13）国务院环境保护行政部门声明是固体废物的物质或物品

第 2 类，固体废物不包括下列物质或物品：

（1）放射性废物

（2）不经过储存而在现场直接返回到原生产过程或返回到其生产的过

程的物质或物品

（3）任何用于其原始用途的物质和物品

（4）实验室用样品

（5）国务院环境保护行政主管部门批准其他可不按固体废物管理的物质或物品。

（二）固体废物与非固体废物的鉴别

根据国家相关规定，固体废物与非固体废物鉴别一般通过两种方式认定。

1. 根据废物的作业方式和原因进行判断

根据下表 1–1 所列作业方式和表 1–2 所列之原因进行判断。如果一个物质、物品或材料必须以表 1–1 中列出的作业方式进行处理，并且满足表 1–2 中列出的一个或多个原因，可判断为固体废物。表 1–1 与表 1–2 必须结合使用，不能单独用于固体废物的鉴别。

表 1–1　作业方式

编号	储存和处置作业	编号	利用作业
D1	置于地下或地上进行处理，例如填埋	R1	用作燃料，而不是直接焚烧，或以其他方式产生能量
D2	土地处理	R2	有机物的回收 / 再生
D3	深层灌注	R3	金属和金属化合物的再循环 / 回收
D4	存放地表	R4	其他无机物的再循环 / 回收
D5	特别设计的填埋，如放置于加盖并且彼此分离、与环境隔绝的具有衬层的隔槽	R5	酸或碱的再生
D6	排入水体，包括埋入海床	R6	用于消除污染的物质的回收
D7	焚烧，包括带有能量回收功能但以处置为目的的焚烧和水泥窑处置	R7	催化剂组分的回收
D8	永久储存，例如将容器置于矿井	R8	用过的油再提炼或者以其他方式进行重新使用
D9	在储存和处置之前先加以混合、重新包装或暂时储存	R9	有助于改善农业或生态环境的土地处理

续表

编号	储存和处置作业	编号	利用作业
D10	生产需要进行储存或处置的化合物或混合物的物理化学、生物处理	R10	利用操作产生的残余物质的使用
D11	可暴露于自然环境中的产品的生产	R11	以利用为目的进行的物质的交换和积累
D12	国务院环境保护行政主管部门声明或有关法律法规所规定的其他作为存储或处置操作的作业方式	R12	国务院经济综合宏观调控部门会同国务院环境保护行政主管部门声明或有关法律法规所规定的其他作为利用操作的作业方式

表 1-2　废物必须进行综合利用或储存和处置的原因 / 废物类别

编号	原因（废物类别）
Q1	生产或消费过程中产生的残余物
Q2	不符合质量标准或规范的产品
Q3	罚没的假冒伪劣产品
Q4	过期的产品或化学品
Q5	因溢出、遗失或经历其他事故而被污染的材料
Q6	在使用中被污染的物质或物品
Q7	污染土地修复行动中产生的被污染的物质或物品
Q8	丧失原有功能的产品，如废催化剂
Q9	不再好用的物质或物品，如被污染的酸、被污染的溶剂
Q10	污染控制设施产生的垃圾、残余物、污泥
Q11	机械加工 / 抛光过程中产生的残渣
Q12	原材料加工产生的残渣
Q13	国务院经济综合宏观调控部门说明需要进行综合利用的或国务院环境保护行政主管部门说明必须进行处置的，以及国家有关法律法规所规定的必须进行综合利用或处置的其他原因

2. 根据特点和影响进行判断

评价一个物质、物品或材料（以下简称物质）是否属于固体废物，需要考虑以下因素：

（1）一般考虑。包括：该物质是否有意生产，是否为满足市场需求而制造，经济价值是否为负，是否属于正常的商业循环或使用链中的一部分。

（2）特征。包括：该物质的生产是否有质量控制，是否满足国家或国

际承认的规范 / 标准。

（3）环境影响，包括：同初级产品相比，该物质的使用是否对环境无害；同相应的原料相比，在生产过程中，该物质的使用是否会对人体健康或环境增加风险；该物质是否含有对环境有害的成分，而这些成分通常在所替代的原料或产品中没有发现。这些成分在再循环过程中不能被有效利用或再利用。

（4）使用和归宿。包括：该物质使用前是否需要进一步加工；是否可直接在生产 / 商业上应用；是否仅仅需要很小的修复就可投入使用；是否仍然适合于其原始目的；是否可作为其他用途的替代物；是否实际应用在生产过程中；是否有固定的用途；是否可以其现有的形式或者不经过表 1–1 所列作业方式处理后才可以利用。

（三）危险品固废与非危险品固废的识别

在固废处理中，必须严格区别危险品固废与非危险品固废，保障在固废处理过程中，不会造成二次污染。根据国家相关法律政策规定，自 2016 年 8 月 1 日起，固体废物具有下列情形之一的属于危险品。

1. 具有腐蚀性、毒性、易燃性、反应性或者感染性等一种或者几种危险特性的；

2. 不排除具有危险特性，可能对环境或者人体健康造成有害影响，需要按照危险废物进行管理的；

3. 医疗废物属于危险废物。医疗废物分类按照《医疗废物分类目录》执行；

4. 列入《危险化学品目录》的化学品废弃后属于危险废物；

5. 列入《危险废物豁免管理清单》中的危险废物，在所列的豁免环节，且满足相应的豁免条件时，可以按照豁免内容的规定实行豁免管理；

6. 危险废物与其他固体废物的混合物，以及危险废物处理后的废物的属性判定，按照国家规定的危险废物鉴别标准执。

对不明确是否具有危险特性的固体废物，应当按照国家规定的危险废物鉴别标准和鉴别方法予以认定。为了准确地识别危险品固废，国家相关部门专门编制了《国家危险品名录》，该名录对危险品固废的类别、行业来源、危险废物都有明确规定，并针对每一项具体废物都给予废物代码。我们在进行危险品固废处理中，遇到《国家危险品名录》中没有的疑似危险品，应当通过专家对固体废物的性质进行鉴定。

四、固废处理的技术特点

（一）固体废物生物处理

1. 生物处理（biological treatment）的种类

生物处理通过微生物的好氧或厌氧作用，使固体废物中可降解有机物转化为稳定产物的处理技术。

（1）好氧堆肥（areobic composting）是在通气条件好，氧气充足的条件下，好氧菌对废物进行吸收、氧化以及分解的过程。好氧微生物通过自身的生命活动，把一部分被吸收的有机物氧化成简单的无机物，同时释放出可供微生物生长活动所需的能量，而另一部分有机物则被合成新的细胞质，使微生物不断生长繁殖，产生出更多生物体。通常，好氧堆肥的堆温较高，一般宜在 55℃ -60℃时较好，所以好氧堆肥也称高温堆肥。其技术特点是可以最大限度地杀灭病原菌、杂草种子等，同时，对有机质的降解速度快，堆肥所需天数短，臭气发生量少。

（2）厌氧消化（anaerobic digestion）是在无氧或缺氧条件下，利用厌氧微生物的作用使废物中可生物降解的有机物转化为甲烷、二氧化碳和稳定物质的生物化学过程。其技术特点是投资成本比好氧堆肥高，每吨垃圾的处理费用与好氧堆肥相当，相对于好氧堆肥不仅占地少，而且还可以大大降低二氧化碳、甲烷、臭气的排放量。

2. 生物处理厂选址

（1）堆肥厂选址

应统筹考虑服务区域，结合已建或拟建的固体废物处理设施，充分利用已有基础设施，合理布局。

（2）厌氧消化厂选址

（a）厌氧消化厂应避免建在地质不稳定及易发生坍塌、滑坡、泥石流等自然灾害的区域。

（b）厌氧消化厂选址应尽量靠近发酵原料的产地和沼气利用地区。

（c）应有较好的供水、供电及交通条件。

（d）厌氧消化厂选址应结合已建或拟建的垃圾处理设施，充分利用已有基础设施，合理布局，利于实现综合处理。

（e）应便于污水、污泥的处理、排放与利用。

（二）固体废物热处理

焚烧方式

1. 焚烧（incineration）。以一定量的过剩空气与被处理的有机废物在焚烧炉内进行氧化燃烧反应，废物中的有毒有害物质在高温下氧化、热解而被破坏的高温热处理技术。其技术优势是焚烧场地占用面积少；垃圾处理效果显著，一般可使固体废物进一步减容，城市垃圾经燃烧后可减少体积 80%-90%，重量可降低 75%-80%；可以实现 24 小时垃圾焚烧作业，极大提高垃圾处理效率；焚烧产生的余热可以形成二次利用，提高垃圾焚烧的经济效益。其技术不足之处在于垃圾焚烧后形成的废渣、废气，仍然存在二次污染；在现有的技术条件下，要达到垃圾焚烧的设计要求对城市垃圾的分类要求较高；投资大、技术要求高，垃圾处理单位成本较高。

2. 焚烧厂选址

（1）应具备满足工程建设要求的工程地质条件和水文地质条件。焚烧厂不应建在受洪水、潮水或内涝威胁的地区，必须建在上述地区时，应有可靠的防洪、排涝措施。

（2）应有可靠的电力供应和供水水源。

（3）应考虑焚烧产生的炉渣及飞灰的处理处置和污水处理及排放条件。

热解方式

1. 热解（pyrolysis）。固体废物在无氧或缺氧的条件下，高温分解成燃气、燃油等物质的过程。

2. 一般规定

（1）热解处理适用于具有一定热值的有机固体废物。

（2）热解应考虑的主要影响因素有热解废物的组分、粒度及均匀性、含水率、反应温度及加热速率等。

（3）高温热解温度应在 1000℃以上，主要热解产物应为燃气。

（4）中温热解温度应在600 –700℃之间，主要热解产物应为类重油物质。

（5）低温热解温度应在 600℃以下，主要热解产物应为炭黑。

（6）热解系统根据运行要求可连续或者间歇运行。

（7）热解产物经净化后进行分馏可获得燃油、燃气等产品。

（三）固体废物填埋

填埋（landfill）是按照工程理论和土工标准将固体废物掩埋覆盖，并使其稳定化的最终处置方法。

1. 填埋场选址

（1）填埋场场址应处于相对稳定的区域，并符合相关标准的要求。

（2）填埋场场址应尽量设在该区域地下水流向的下游地区。

（3）填埋场应有足够大的可使用容积，以保证填埋场建成后使用期不低于 8 ~ 10 年。

（4）填埋场场址的标高应位于重现期不小于 50 年一遇的洪水位之上。

2. 一般规定

（1）应以本地区需填埋或处置的废物量、经济发展水平和自然条件为基础，结合城市经济建设与科学技术的发展，确定合理的建设规模，做到安全可靠、技术先进、经济合理。

（2）固体废物填埋、处置工程应符合 GB 国家相关技术标准的规定。

第二节　固废处理的国际发展史

从国际上看，固废处理也是一个新兴行业。随着工业化的发展，先行一步的工业化国家首先感受到了资源的紧缺、环境的恶化。在应对这一社会危机之中，固废物再利用、环境治理逐渐从其他行业中分离出来，成为一个全新的行业。行业的不断发展，产业不断细分，又分为工业固废处理、生活垃圾处理与危废物处理。本节我们主要介绍美国的危废处理和以色列的生活垃圾处理发展史。

一、美国危废物处理产业发展状况

1. 近三十年美国危废物处理产业路径

美国的危废物处理产业起步于 20 世纪 60 年代，此后的三十年来，美国危废物处理产业发展大致可以分为三个阶段。

第一阶段：大繁荣阶段（1980 年 –1990 年）

美国危废物处理产业起步至 20 世纪 80 年代初，散布在美国各州，在美国国内并没有形成影响力。80 年代初，美国政府《资源保护与回收法》等多个法案的颁布和危废物名录的划定，直接推动了危废处理产业的发展。这一时期，有废物处理经验的大型企业占据先机，大量专业化处理公司起步，迅速实现了地理扩张和业务扩张。

第二阶段：调整期（20 世纪 90 年代 –2002 年）

经过十年大发展之后，美国危废业逐渐成熟，转入了调整时期。政府政策转向对前端污染源防治，造成危废排放减量。同时对新设危废企业审批更加严格，致使危废处理行业饱和、产能过剩；加上社会公众舆论压力，造成危废企业发展遭遇困境，同业竞争空前激烈。原先处置设施广布的传统巨头企业遭受重创，走向衰弱，新的行业巨头通过行业整合借机而起。

第三阶段：黄金期（2002 年至今）

进入 21 世纪以后，危废物处理产业又渐入新的、成熟的黄金时期。政府不再通过新的设施审批，危废物处理市场规模稳定在 90 亿美元左右。危废物处理行业不断合并集中，形成了仅存几个超大型危废物处理企业瓜分存量市场的寡头格局。危废物处理业务稳固后，巨头企业继续寻求新的业务拓展。

需要指出的是专业化公司危废物处理整体市场规模约 18 亿元，占全市场的 15% 左右。美国危废物处理的主体是排污企业，其次才是专业处理公司。2012 年北美专业化危废物公司焚烧能力达 72.71 万吨，实际焚烧量 65

万吨，占全部危废物焚烧量30%左右；专业化公司填埋设施库容9227万立方米，实际填埋量约200万吨，占据主导地位。

2. 三十年来美国危废物产生量与处理方式的变化

（1）产生量、处置量变化趋势——增长－减量－稳中有升

20世纪80年代初，危废物名录出台后，美国危废物统计开始。第一阶段，伴随经济的发展，危废物产生量持续上升，年均上升1.8%，相应的处理量也保持增长。第二阶段，危废物处理政策转向源头控制，危废物总减量化成为必然趋势；同时由于危废物统计更加精确，大量减少了普通废液的统计，危废物总量大幅下降。第三阶段从21世纪初开始，危废物总量整体趋稳，稳中略有增长，该阶段的另一个变化是，随着危废产业的成熟，处理量开始超过产生量，危废物得到更好的控制。

危废物总量统计口径的变化：1995年之前危废物统计中，危险废液与普通废液掺杂，废液统计量极大，有些年份甚至占90%以上。1997、1999年的危废物统计去除了废液这一项，统计量大幅下降。2001年之后的危废物统计又恢复了废液这一项，保留了危废物废液的统计，去除了普通废液的统计，统计量更为科学。

（2）处理结构的变化

20世纪80年代初，危废物处理、排放监管较为粗放，随意填埋现象普遍存在，填埋量极大；随着80年代后期、90年代初的规范整顿，不合格的填埋、焚烧设施关停，危废物中废液产生量最大，故废液处理方式（包括有机废液处理、无机废液处理、深井注射、溶液回收）占比大。

21世纪初以来，深井处理维持了2000万吨/年以上，占比50%左右；其他废液处理方式占比10%以上；焚烧（包括统计中的焚烧和能量回收）、填埋（包括统计中的填埋和地表处理）合占比10%–15%的处理结构，2013年焚烧量为257万吨，填埋量为131万吨。

3. 影响美国危废物处理产业发展的关键因素

（1）政府环保政策对危废物处理产业产生直接行政影响

1970–1980年期间，美国政府危废物处理法案的颁布“创造出”危废物

处理产业。产业发展初期，政府采取鼓励态度，进行粗放管理，危废业迅速发展，并产生了一大批危废处理企业和处理设施。80 年代末之后，随着政府减量化政策的实施和多个排放标准的变严，危废物处理业进入一轮调整期，不符合要求的设施被淘汰，危废物处理业走向集中，规模化程度极大提高。21 世纪以来，由于行业饱和与政府审批的收紧，没有发出新的填埋、焚烧设施牌照，危废物处理业成为存量市场，仅剩几个行业巨头。

（2）危废物处理产业分布有明显的行业性、地域性，尤其与化工业密切相关

美国危废物处理产业与化工产业具有高度相关性，一半以上危废物来自化工行业。结果是：危废物产业分布与化工产业分布一致，如石油炼制与化学工业使得克萨斯一直是危废最多的州；大型化工公司自身处置率很高，专业化危废物处理公司只负责处置 15% 的危废物；深井填埋成为美国特有的处置方式。

二、以色列生活垃圾处理发展史

1. 以色列垃圾处理状况

以色列是个面积狭小的中东国家，国土面积不及两个北京市的大小。自 1948 年建国以来，来自世界各地的犹太移民大量涌入以色列这样一块《圣经》中所记载的“流着奶和蜜的应许之地”，以色列的人口也从建国初期的 80 多万猛增到现在的 850 多万人。

随着人口的急剧增长，所产生的固体废物总量也在与日俱增。1952 年，以色列特拉维夫市（Tel Aviv）的西里亚（Hiriya）垃圾填埋场正式投入运营。1998 年，西里亚垃圾填埋场不断积累的垃圾所形成的垃圾山已经达到了 60 米的高度，占地面积接近 450000 平方米，其堆积的垃圾体积突破了 1600 万立方米，在空中俯瞰就好似一座拔地而起的平顶山。远超设计标准的垃圾填埋量、垃圾渗滤液对地下水体的污染以及散发的阵阵恶臭已经使西里亚垃圾填埋场不堪重负。

此外，在全球消费主义（Consumerism）兴起的大背景之下，人们已经习惯了“买了扔，扔了买”的生活方式。虽然商品消费在很大程度上促进了

经济发展，但由此也会产生越来越多的垃圾，消费主义的盛行对垃圾减量的任务形成了与日俱增的压力。如何协调消费主义、经济增长、垃圾处理这三者之间的关系，成为了摆在人们面前的一道难题。

相关统计数据显示，以色列在 20 世纪 90 年代的固体废物回收率仅为 3%，远远落后于当时欧洲和美国的水平，其主要原因可归结于垃圾填埋成本过于低廉、缺乏配套的固体废物回收处理技术与设施、固体废物分类管理工作不到位、再生产品市场有限、消费者对再生产品的购买抱有成见等。

为了破解上述难题，以色列环保部（Israel Ministry of Environmental Protection）于 2008 年发动了一场以色列固体废物回收革命，力争在 2020 年使以色列的固体废物回收利用率至少达到 50%。这场革命的亮点有：提升垃圾填埋税率、引入并推广生产者责任延伸（EPR）理念、研发新型废料回收设施等。

对固体废物征收“垃圾税”能够起到抑制环境污染的作用。以色列于 2007 年开始正式对固体废物征税，使因垃圾填埋所造成的土地占用、大气污染、水资源污染等外部成本内在化（External Costs Internalization）。对垃圾填埋征税是固体废物回收革命中至关重要的一步，以前因为垃圾填埋成本非常廉价，导致破坏环境的成本也十分低廉，给垃圾分类回收造成了经济层面的阻力，致使固体废物的回收利用率一直处于很低水平。而在征收垃圾填埋税后，其所得的税收可以再次分配给地方政府以用于固体废物回收利用基础设施的研发与运营。通过提升垃圾填埋税的税率还能够敦促地方政府来探寻固体废物回收利用的最佳方法，而不能像以前只是简单地对固体废物进行填埋处理后就万事大吉，可谓一举多得。

Extended Producer Responsibility，EPR 意为生产者责任延伸，欧盟对它的解释为：生产者必须承担产品使用完毕后回收、再生和处理的责任，生产者要对产品的废弃阶段负责。从前，地方政府有责任和义务去对生产厂家所制造的报废产品进行处理，而生产者责任延伸理念在推行后不仅能减轻地方政府的负担，同时更能在源头上激励生产者制造出更加环境友好的产品从而减轻对环境的污染程度，如研发可生物降解的包装和循环利用的产品等。届时，生产者所制造的产品真正意义上实现了“从摇篮到摇篮”的良性循环，而非重走之前“从摇篮到坟墓”的老路。通过一系列的技术改进，甚至还可以使产品在循环利用过程中的品位得到提升，经济效益十分可观。生产者责任延伸理念的普及将会对以色列固体废物循环利用率的提升大有裨益。

研发相应的固体废物回收处理基础设施是这场绿色革命中的关键环节。为此，以色列环保部将在 2013 年至 2018 年间拨款 2.5 亿新谢克尔和 1.4 亿新谢克尔分别用于 19 座固体废物衍生能源工厂的建设以及 10 座物料回收工厂的建设。其中的物料回收工厂可以从源头上对固体废物进行分类处理，并能够使之快速地进入品位提升循环利用环节，很大程度上加快了固体废物回收利用的速度。而固体废物衍生能源工厂中的厌氧发酵装置则能够为沼气等可再生能源的生产以及堆肥的生产制造提供必要的场所。在固体废物回收处理相关基础设施上加大投资能够极大地促进固体废物变废为宝的进程。

2. 以色列垃圾分类回收

对固体废物进行充分利用具有巨大的经济效益，根据以色列环境保护部的粗略估计，这场固体废物回收革命能够为以色列 GDP 贡献 5 亿至 10 亿新谢克尔。通过对固体废物进行回收利用，大约能够节省 3.8 亿新谢克尔；使用固体废物衍生燃料作为能源，至少能够减排二氧化碳近 600 万吨；而固体废物所产生的沼气可以发电近 9 亿千瓦时，并且还能够提供接近一万个相关就业岗位。

值得一提的是，以色列特拉维夫西里亚垃圾填埋场如今也实现了从垃圾填埋场到垃圾中转站的转型升级，成为了以色列固体废物变废为宝的典范。

在转型改造的过程中，西里亚垃圾中转站创造性地采用在原有垃圾山的基础上进行植树造林的方法，依靠植被来对垃圾进行覆盖，达到了生物修复（Bioremediation）的效果。

西里亚垃圾中转站目前采用 3R（Reduce，Reuse，Recycle，即“减量、再利用、再循环”）的垃圾回收处理模式，所有在此进行处理的垃圾都得到了最大程度地利用，以实际行动完美地诠释了“垃圾是放错地方的资源”这一理念。

在西里亚垃圾中转站，所有进场的垃圾都会在处理利用之前接受严格的分类筛选。有机垃圾（Organic Waste）在经过一系列的生化反应之后可以成为环境友好、效果优良的堆肥，能够直接用于农田施肥而无需再使用其他的化工类肥料，保护了农田的生态环境免受化肥的影响。部分有机垃圾还可以利用先进的微生物技术来对其进行处理，最终可以得到诸如沼气之类的垃圾衍生燃料，能够为一系列的耗能型企业提供所需的能源。建筑垃圾在此也被筛选了出来，经过专门的建筑垃圾回收加工厂的处理之后又可以再次成为建材而得以循环利用，而没有像传统的处理方式一样被白白地填埋浪费掉。园林废料则更是得到了充分利用，在人们的巧手之下不少还成为了艺术品般的庭院家具。

西里亚垃圾中转站中的垃圾甚至还成为了宝贵的教育资源。西里亚垃圾中转站有着自己的体验式环境保护教育中心，在这里，废弃的轮胎被制成了舒适的座椅，报废汽车上的反光镜则被取下来用于房间的装饰，寿命到期的垃圾桶甚至还构成了一堵别具特色的背景墙。西里亚垃圾中转站环境宣传教育中心的工作人员常常会以当地的垃圾处理为例，为来访者介绍以色列的固体废物循环回收利用技术，并强调垃圾分类回收利用对于环境保护而言的重要性。如果有青少年团队来访，工作人员有时还会邀请他们亲手制作一些关于废物循环再利用的艺术品，以培养年轻人的垃圾循环回收利用的意识，这种体验式的环境保护教育模式得到世界各国学习借鉴。

第三节　固废处理建设的重要价值和意义

固废的产生是社会发展进入工业化、城市化的必然产物，是社会文明进步的“副产品”。这种“副产品”直接对社会文明进步产生损害，对这种“副产品”不进行有效的治理，工业化、城市化，以及社会的文明进步都将失去发展的初衷。

一、固废的危害

1. 固体废物要占用大量的土地，并且对土地以及地下水造成污染。目前，我国工业固体废物年产生量约 33 亿吨，城市生活垃圾年清运量却不足 2 亿吨。由于废弃物处置能力不足，致使出现了垃圾围城、垃圾污染环境等各种困扰我国社会发展的问题，也直接造成了经济与环境方面的重大损失及健康方面的危害。随着时间的不断推移，固体废物的存量会不断增加，从而加剧我国土地短缺的矛盾。固体废物渗滤液所含有的有害物质会改变土壤结构，影响土壤中微生物的活动，妨碍植物根系生长，或在植物体内积蓄，通过食物链影响人体健康。

2. 固体废物直接排入水体，必然造成地表水的污染。大量的固体废物倒入江河湖中，已经导致国内江河湖水面面积的急剧减少，引发周边生态环境的恶化。投入水体的固体废物不仅会污染水质，而且还会直接影响和危害水生生物和水资源的利用；堆积的固体废物通过雨水浸淋、自身的分解及渗滤液污染江河湖泊以及地下水。

3. 固体废物的大量堆放，无机固体废物会因发生化学发应而产生二氧化硫等有害气体，有的固体废物则会因发酵而释放大量可燃、有毒的气体，且其贮存时，烟尘会随风飞扬，污染大气。例如粉煤灰、尾矿堆场在遇到 4 级以上的风力时，可剥离 1 厘米 –1.5 厘米，灰尘被风扬高度可达 20 米 –50 米。在对许多固体废物进行堆场分解或焚化的过程中，会不同程度地产生毒气和臭气而直接危害人体健康。

4. 固体废物会寄生或滋生各种有害生物，如鼠、蚊、苍蝇等，导致病菌传播，引起疾病流行，直接对人体健康造成危害。由于我国固体废物的大量存在，长期不予清理，会导致腐烂，产生病菌，通过大气传播于人，对人的生命健康构成巨大威胁。

5. 易燃、易爆、传染性的固体废物的乱堆乱放，会导致水灾、爆炸、传染病流行等环境事故，会造成巨大的经济损失和环境破坏。我国固体废物的产生量和累计贮存量呈历年增长趋势，存在严重的环境污染隐患，经济发展也受到巨大潜在的威胁。

二、固废的特质

固体废物有一个显著的特性，就是资源与废物的相对性。固体废物具有鲜明的时间和空间特性，从某种角度上说，废物是在错误的时间放在错误地点的资源。从时间上说，废物仅仅是在当前的科学技术和经济条件下无法加以利用的物质，但随着时间的推移、科学技术的发展，以及人们需求的变化，今天的废物可能成为明天的资源。从空间上说，废物仅仅是相对于某一过程或某一方面没有使用价值，而并非在一切过程或一切方面都没有使用价值，在某一种过程中是废物，在另一种过程中往往可以成为原料。

固体废物一般具有某些工业原料所具有的化学、物理特性，因而可以加以利用。随着时间的推移和科学技术的进步，现今的废弃物将愈来愈多地转化为新的原料。从这个意义上讲，它们不是废弃物，而是资源，这就是固体废物的二重性。正是因为固体废物具有这二重性，使固废处理更具有价值和意义。

三、固废处理的价值

固废处理就是将固体废物焚烧和用其他改变固体废物的物理、化学、生物特性的方法，达到减少已产生的固体废物数量、缩小固体废物体积、减少或者消除其危险成分的活动，或者将固体废物最终置于符合环境保护规定要求的填埋场的活动。在当今科技的引领下，固废物处理已经不仅仅局限于对固废的减量化、无害化处理，更多地体现在对固废物的有效利用，使固废处理的价值凸显。

1. 减少环境污染。固废物产生的最大危害就是对环境的污染，通过对土壤、地下水的污染，进而对人体健康产生损害。固废处理就是对固体废物进行减量化、无害化处理，将固废对环境的污染降到最低。我国政府通过长期对固废处理行业的扶持，固废处理行业对固废的处置、遏制固废对环境的污染已经取得了初步成果。2015 年，全国一般工业固体废物产生量 32.7 亿吨，综合利用量 19.9 亿吨，贮存量 5.8 亿吨，处置量 7.3 亿吨，倾倒丢弃量 55.8 万吨，全国一般工业固体废物综合利用率为 60.3%。全国工业危险废物产生量 3976.1 万吨，综合利用量 2049.7 万吨，贮存量 810.3 万吨，处置量 1174.0 万吨，全国工业危险废物综合利用处置率为 79.9%。

2. 促进科技进步。我国传统的固废处理方式是堆肥与填埋。随着我国城市化的高速发展，传统的固废处理方式已经不能满足社会发展的需求，以垃圾焚烧发电为主导的固废处理方式得到迅猛发展。经过近些年的发展，我国不仅掌握了垃圾发电的核心技术，而且还可以设计出针对我国城市垃圾的垃圾分拣设备，以及垃圾焚烧炉。我国的垃圾焚烧技术从先前的向芬兰、日本等垃圾焚烧技术先进国家学习，到今天已经完全拥有成熟的自主知识产权，并随着“一带一路”已经走出国门，进入世界固废处理市场。在科技的引领下，我国的固废处理垃圾焚烧发电技术行业已呈蓬勃之势。

3. 增加就业机会。固废处理作为一个行业在我国已经形成。这一行业的形成带动上下游产业链以及促进行业的设计、施工、管理、运营、垃圾贮存、运输各相关环节岗位的就业，为社会提供了大量的就业机会。

2015 年，全国共调查统计了生活垃圾处理厂（场）2315 座，比 2014 年增加 38 座；填埋设计容量达到 370331 万立方米；堆肥设计处理能力达到 1.46 万吨 / 日；焚烧设计处理能力达到 19.1 万吨 / 日；年运行费用为 159.8 亿元。

2015 年，全国共调查统计危险废物集中处理（置）厂（场）866 座，比 2014 年增加 7 座；医疗废物集中处理（置）厂（场）246 座，比 2014 年增加 6 座；危险废物（含医疗废物）设计处置能力达到 11.99 万吨 / 日；年运行费用为 94.2 亿元，比 2014 年增加 20.8 亿元。

行业的健康发展不仅给固废处理人提供了一个展现自我的人生舞台，还锻炼了一批经得起市场考验的固废处理队伍。

4. 给力循环经济。我们只有一个地球，地球上的任何资源都是有限的。固废处理就是将“没有使用价值的资源”再利用。一方面减少固废对环境的污染，另一方面节省社会资源，通过科学技术“变废为宝”。2015 年，全国一般工业固体废物产生量 32.7 亿吨，比 2014 年增加 0.4%。综合利用量为 19.9 亿吨，比 2014 年减少 2.7%，综合利用率为 60.3%；贮存量为 5.8 亿吨，比 2014 年增加 29.6%；处置量为 7.3 亿吨，比 2014 年减少 9.1%；倾倒丢弃量为 55.8 万吨，比 2014 年减少 6.1%。从以上数据可以发现，固废处理对经济的贡献不可小觑。

四、固废处理的意义

固废处理不仅仅是通过科学技术手段“变废为宝”，更重要的是在实现“变废为宝”的过程中，还为社会提供公共产品——良好的生态环境。在当前形势下，大力推进固废处理事业，不仅仅是通过固废处理事业促进当地经济、环境的改善，更重要的是与国务院大力推广 PPP 模式相对接，将改革向更深、更广的区域推进。

1.PPP 项目的目的和意义

政府和社会资本合作模式是在基础设施及公共服务领域建立的一种长期合作关系。是贯彻落实党的十八届三中全会关于“允许社会资本通过特许经营等方式参与城市基础设施投资和运营”精神，拓宽城镇化建设融资渠道，促进政府职能加快转变，完善财政投入及管理方式的抓手），是在党中央提出政府战略转型、减轻政府负债、进行财税体制改革，以及改变政府在提供市政基础设施、公共产品和服务过程中效率低下的背景下推出的，通常 PPP 模式是由社会资本承担设计、建设、运营、维护基础设施的大部分工作，并通过“使用者付费”及必要的“政府付费”获得合理投资回报；政府部门负责基础设施及公共服务价格和质量监管，以保证公共利益最大化。当前，我国正在实施新型城镇化发展战略。城镇化是现代化的要求，也是稳增长、促改革、调结构、惠民生的重要途径。立足国内实践，借鉴国际成功经验，推广运用政府和社会资本合作模式，是国家确定的重大经济改革任务，对于加快新型城镇化建设、提升国家治理能力、构建现代财政制度具有重要意义。

2. 改善生态环境

固废处理的最直接的结果，就是对固废物进行减量化、无害化处理，减少环境的污染。由于我国工业化起步比较晚，固废对环境的污染显现又具有较长的滞后性，因此长期以来，我国对固废物可能产生对环境影响的应对重视有余、准备不足。最具代表性的就是城市垃圾分类收集的宣传、实施上。固废处理事业的发展，一定会倒逼城市垃圾分类收集步伐的加快，倒逼城市雾霾产生根源的治理，在经济保持高速发展的同时，还社会一个良好、宜居的生态环境。

3. 促进当地经济发展

我国传统的城市垃圾处理方式是人工废物回收、垃圾分拣、堆肥填埋。尽管历史悠长，但都尚不能成为一个产业。随着国家改革开放的发展、城市急剧扩张、地价飞涨，城市产生的垃圾以人工的方式处置无法保障城市及城市周边的生态环境，无用的垃圾也无法承担得起价格高企的地价。生活垃圾焚烧发电技术的引进，不仅解决了垃圾围城、地价高企的难题，同时也实现了垃圾处理行业快速进入现代工业行业，在对垃圾进行减量化、无害化的处置过程还实现了“无用垃圾”的资源化。在国家强推生活垃圾焚烧处置的政策下，垃圾焚烧发电项目在全国各地如雨后春笋般出现，在当地的经济发展格局中异军突起。

4. 实现社会效益

城市垃圾焚烧发电作为一个现代工业化行业，其处理的对象是城市生活垃圾，生活垃圾在固废处理这一产业链中是“原料”，因此其产业的发展，不是以破坏环境为代价索取原料，而是以美化环境为前提，将生活垃圾作为生产原料予以消耗，生产出社会需要的公共产品，同时将污染物垃圾减量化、无害化。焚烧过后的垃圾残余，其体量与危害性都远远低于垃圾本身，对其再进行填埋处置，对土壤、地下水的污染的可能性大为减少，对填埋场地的需求量也将大为减少，这都是对社会资源的有效节省。垃圾焚烧发电技术的不断进步，使单位垃圾的处理效率不断提高，焚烧排放的飞灰有害物质的含量不断减少。垃圾焚烧发电已经成为我国循环经济的主力产业，具有良好的可持续性，社会效益、经济效益、环境效益彰显。

第四节　固废处理在中国的发展和前景

一、城镇化与经济发展水平日益增长，垃圾处理需求持续旺盛

随着我国人口稳步增长、城镇化持续推进和经济的发展，生活垃圾产

生量持续增加，处理需求日益旺盛。2004–2014 年，我国城镇人口从 5.4 亿增长到 7.5 亿，复合增长率为 3.34%，城镇化率从 41.76% 增长到 54.77%，增长了 13.01 个百分点。2004–2014 年，我国城市生活垃圾清运量从 15509 万吨增长到 17871 万吨，复合增长率为 1.43%（数据来源：《中国统计年鉴》）。根据《国家新型城镇化规划（2014–2020）》，我国未来将坚定不移地走“以人为本、四化同步、优化布局、生态文明、文化传承”的新型城镇化道路。预计到 2020 年，我国城镇化率将达 60%，随着城镇化率的不断提高，生活垃圾处理需求将稳步增加。

二、垃圾无害化处理能力稳步提升，焚烧发电增长显著

2004–2014 年，我国城市生活垃圾无害化处理厂从 559 座增加到 818 座，日处理能力从 23.85 万吨增长到 53.35 万吨，复合增长率达 8.38%，年实际处理量从 8088.70 万吨增长到 16393.70 万吨，复合增长率达 7.32%，无害化处理率从 52.1% 增长到 91.8%，无害化日处理能力、实际处理量、处理率增长显著。

垃圾无害化处理主要分为焚烧、填埋、堆肥三种方式。焚烧具有处理效率高、占地面积小、对环境影响相对较小等优点，是增长最快的细分领域。2004–2014 年，我国城市生活垃圾焚烧厂从 54 座增加到 188 座，增长了 2.48 倍。日处理能力从 1.69 万吨增长到 18.60 万吨，复合增长率达 27.10%，年实际处理量从 449.00 万吨增长到 5329.90 万吨，复合增长率达 28.07%。

相较于发达国家，我国的垃圾焚烧处理占比仍相对较低。日本在 1998 年城市生活垃圾焚烧处理比例已经达到了 80.4%。挪威、比利时等欧洲国家的垃圾焚烧处理比例均超过了 70.0%。我国垃圾焚烧处理能力具有较大的发展空间，“十三五”规划纲要提出了“创新、协调、绿色、开放、共享”五大发展理念，并明确要求加快城镇垃圾处理设施建设，完善收运系统，提高垃圾焚烧处理率，做好垃圾渗滤液处理处置，故而我国垃圾焚烧处理能力将在“十三五”期间保持快速增长。根据中国固废网 E20 研究院测算，到 2020 年，我国垃圾焚烧处理率将达到 50%，市场投资空间、建设空间在

1000 亿元左右。

三、垃圾焚烧发电行业的发展优势

1. 政府投资与支持力度的加大提升行业发展空间

当前中国经济正处于增长速度换挡期、结构调整阵痛期和前期刺激政策消化期的“三期迭加”阶段，同时，城镇化带来的环境问题日益严峻，雾霾频发与垃圾围城关乎国计民生。环保行业的投资是“稳增长、调结构、惠民生”的有效途径。因此，各级政府不断加大投资力度。“十一五”规划期间社会环保总投资额为 2.16 万亿元，其中固废领域投资额 0.21 万亿元，占比 6.18%；“十二五”规划期间社会环保总投资额为 3.40 万亿，其中固废领域投资额 0.80 万亿，占比增长至 23.53%。“十三五”规划期间社会环保总投资有望超过 17 万亿元，其中固废领域投资额 4.5 万亿元，占比有望达到 26.47%。同时，各级政府在财税制度、电力销售等方面出台了一系列产业优惠政策。随着投入的不断增加与政策的逐步倾斜，行业有望保持长期繁荣。

2. 法律法规的完善健全引导市场秩序逐步规范

随着环境形势的日益严峻，国家多年来加大对垃圾焚烧行业的监管力度，行业法律规章制度的建设也取得了重大成就。2016 年 12 月 25 日第十二届全国人民代表大会常务委员会第二十五次会议通过了我国第一部《环境保护税法》，已于 2018 年 1 月 1 日生效。2017 年 12 月 25 日，国务院通过了与之配套的《环境保护法实施条例》，也于 2018 年 1 月 1 日生效。两部法律从根本上夯实了我国固废行业发展的基础，将我国的固废行业发展纳入了法治化的轨道。与此同时，中央部委和各省地方政府先后制定或修改了一批环境保护和垃圾焚烧的规章制度，规范行业内企业的生产行为，日趋完善健全的法律体系，为垃圾焚烧行业的良性发展创造了有序的市场环境。

3. 技术创新与进步驱动行业持续发展

由于传统技术的局限性以及我国生活垃圾中水分多和热值低的特性，垃圾的焚烧效率较低，创造的经济价值较小。随着垃圾焚烧发电行业的不断发展，行业内企业在充分借鉴国外先进技术的基础上，开发出适应中国生活垃圾成分特点的焚烧技术以及烟气处理、渗滤液处理等相关环保工艺技术，提升了垃圾的焚烧效率并创造出了可观的经济效益。行业技术水平的不断创新和进步有利于行业的进一步发展。

参考文献

[1]《固体废物处理处置工程技术导则》HJ2035-2013
[2]《生活垃圾焚烧处理工程技术规范》CJJ90-2009
[3]《固体废物的处理原则》http：//www.bzwz.com/HTML_News/news_3374.html
[4]《2017年我国垃圾焚烧发电市场运营现状、竞争态势与影响未来发展因素分析》http：//huanbao.bjx.com.cn/news/20170630/834124.shtml
[5]《美国三十年危废产业发展史》http：//www.docin.com/p-906989301.html
[6]《借鉴·以色列的固体废物回收》http：//huanbao.bjx.com.cn/news/20170622/832638-2.shtml

第二章 固废处理与PPP

第一节 PPP概念与基础知识

一、PPP的概念

PPP英文全称Public-Private Partnerships。国务院在《关于创新重点领域投融资机制鼓励社会投资的指导意见》国发〔2014〕60号中，给出的官方翻译为政府与社会资本合作。就PPP概念的定义，从国际范围上看，目前还没有一个公认的说法，不同的机构、不同的人从不同的角度会有不同的理解、定义。但是，从这些定义和解说中我们可以发现一些共同的特征：首先是公共部门与私营部门的合作，合作是前提，每个概念中都包含合作这个关键词。其次是把提供公共产品或服务，包括提供基础设施，作为合作的目标。第三是强调利益分享，就是说在合作过程中，私营部门与公共部门共赢。第四是风险分担。这些特征大体上概括了PPP概念的基本要素，在此基础上，我们认为，PPP概念中包含有合作、提供公共产品或服务、利益分享、风险分担这样几个要点。

国务院对PPP的定义。国务院《关于创新重点领域投融资机制鼓励社会投资的指导意见》国发〔2014〕60号文，在国务院层面，第一次以PPP

三个英文字母表述政府与社会资本合作。《国务院办公厅转发财政部发展改革委人民银行关于在公共服务领域推广政府和社会资本合作模式指导意见的通知》国办发〔2015〕42 号，给出了 PPP 完整的定义：政府和社会资本合作模式是公共服务供给机制的重大创新，即政府采取竞争性方式择优选择具有投资、运营管理能力的社会资本，双方按照平等协商原则订立合同、明确责权利关系，由社会资本提供公共服务，政府依据公共服务绩效评价结果向社会资本支付相应对价，保证社会资本获得合理收益。政府和社会资本合作模式有利于充分发挥市场机制作用，提升公共服务的供给质量和效率，实现公共利益最大化。

财政部对 PPP 的定义。财政部在《关于推广运用政府和社会资本合作模式有关问题的通知》（财金〔2014〕76 号）中给出的 PPP 定义为：政府和社会资本合作模式是在基础设施及公共服务领域建立的一种长期合作关系。通常模式是由社会资本承担设计、建设、运营、维护基础设施的大部分工作，并通过“使用者付费”及必要的“政府付费”获得合理投资回报；政府部门负责基础设施及公共服务价格和质量监管，以保证公共利益最大化。

国家发展改革委对 PPP 的定义。发改委在《国家发展改革委关于展开政府和社会资本合作指导意见》（发改投资〔2014〕2724 号）文中指出，政府和社会资本合作（PPP）模式是指政府为增强公共产品和服务供给能力、提高供给效率，通过特许经营、购买服务、股权合作等方式，与社会资本建立的利益共享、风险分担及长期合作关系。

国内主流 PPP 学者观点。所谓 PPP，是指政府公共部门与民营部门合作过程中，让非公共部门所掌握的资源参与提供公共产品和服务，从而实现政府公共部门的职能并同时也为民营部门带来利益。其管理模式包含与此相符的诸多具体形式。通过这种合作和管理过程，可以在不排除并适当满足私人部门的投资营利目标的同时，为社会更有效率地提供公共产品和服务，使有限的资源发挥更大的作用。我们知道，政府应当为社会公众提供公共产品和服务，但大量准公共产品与服务的提供过程，并不必然排斥私人部门的参与，相反，还可能带来一系列正面效应。如果让私人部门做这些事情，理所当然要经过政府公共部门的同意或许可；同时，为了确保私人部门提供公共产品的质和量，私人部门必然要接受政府部门的监督。政府公共部门为了能够让私人部门合理参与，也必然要为其设置相应的条件，如保证其实现一定的利益、帮助其控制相应的风险等，只有这样，私人部门才愿意做过去本该由政府公共部门做的事情。一旦民营部门做了公共部门的事情，一定是民营部门与政府公共部门合作的结果，而非相互竞争的结果———虽然在具体的民营企业或机构参与者的确定或挑选过程中，一般应当安排必要的竞争，那只是民营部门做这个事在项目具体落实程序中、环节上的单方面的内部竞争。

二、PPP 基础知识

1. PPP 项目操作流程图

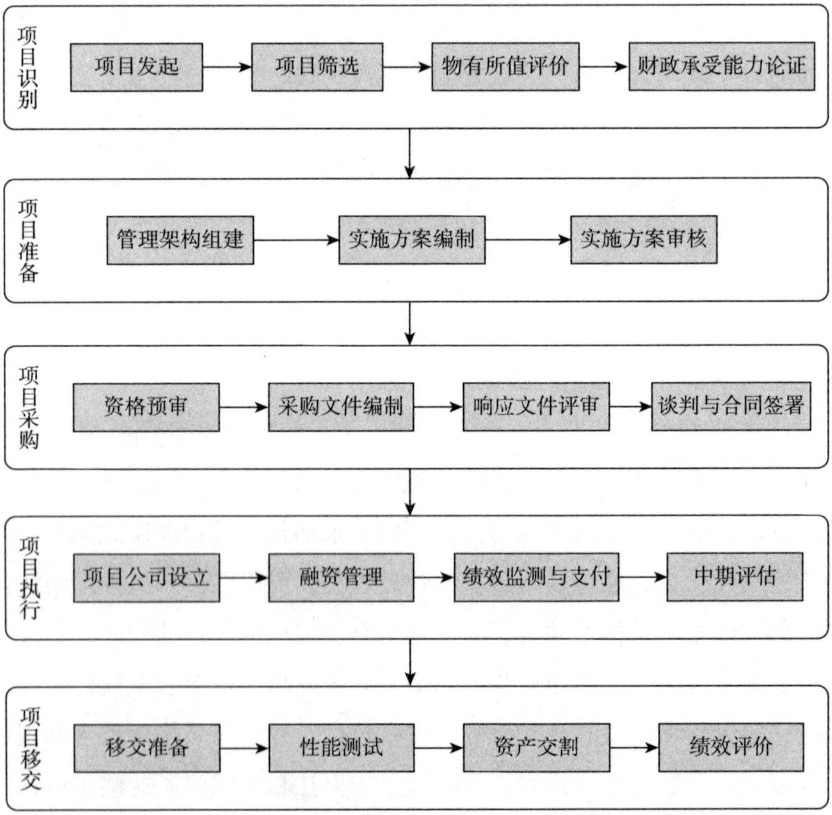

2. PPP 项目所涉基本概念

全生命周期（Whole Life Cycle），是指项目从设计、融资、建造、运营、维护至终止移交的完整周期。

产出说明（Output Specification），是指项目建成后项目资产所应达到的经济、技术标准，以及公共产品和服务的交付范围、标准和绩效水平等。

物有所值（Value for Money, VFM），是指一个组织运用其可利用资源所能获得的长期最大利益。VFM 评价是国际上普遍采用的一种评价传统上由政府提供的公共产品和服务是否可运用政府和社会资本合作模式的评估体系，旨在实现公共资源配置利用效率最优化。

公共部门比较值（Public Sector Comparator, PSC），是指在全生命周期内，政府采用传统采购模式提供公共产品和服务的全部成本的现值，主要包括建设运营净成本、可转移风险承担成本、自留风险承担成本和竞争性中立调整成本等。

使用者付费（User Charge），是指由最终消费用户直接付费购买公共产品和服务。

可行性缺口补助（Viability Gap Funding），是指使用者付费不足以满足社会资本或项目公司成本回收和合理回报，而由政府以财政补贴、股本投入、优惠贷款和其他优惠政策的形式，给予社会资本或项目公司的经济补助。

政府付费（Government Payment），是指政府直接付费购买公共产品和服务，主要包括可用性付费（Availability Payment）、使用量付费（Usage Payment）和绩效付费（Performance Payment）。政府付费的依据主要是设施可用性、产品和服务使用量和质量等要素。

建设 - 运营 - 移交（Build-Operate-Transfer，BOT）,是指由社会资本或项目公司承担新建项目设计、融资、建造、运营、维护和用户服务职责，合同期满后项目资产及相关权利等移交给政府的项目运作方式。合同期限一般为 20-30 年。

建设 - 拥有 - 运营（Build-Own-Operate，BOO），由 BOT 方式演变而来，二者区别主要是 BOO 方式下社会资本或项目公司拥有项目所有权，但必须在合同中注明保证公益性的约束条款，一般不涉及项目期满移交。

转让 - 运营 - 移交（Transfer-Operate-Transfer，TOT），是指政府将存量资产所有权有偿转让给社会资本或项目公司，并由其负责运营、维护和用户服务，合同期满后资产及其所有权等移交给政府的项目运作方式。合同期限一般为 20-30 年。

改建 - 运营 - 移交（Rehabilitate-Operate-Transfer，ROT），是指政府在 TOT 模式的基础上，增加改扩建内容的项目运作方式。合同期限一般为 20-30 年。

3. PPP 项目主体

政府是指本级人民政府及所属机构、部门、事业单位。

社会资本：是指已建立现代企业制度的境内外企业法人，但不包括本级政府所属融资平台公司及其他控股国有企业。

项目公司（SPV 公司）：政府与社会资本合作，社会资本一方可以是单独的一方社会资本，也可以是 SPV 公司。在 SPV 公司中，政府可以参股也可以不参股，但是政府参股的份额不得超过项目公司股权的 50%。SPV 公司的主要特征如下：

贷款用途通常是用于建造一个或一组大型生产装置、基础设施、房地产项目或其他项目，包括对在建或已建项目的再融资；

借款人通常是为建设、经营该项目或为该项目融资而专门组建的企业法人，包括主要从事该项目建设、经营或融资的既有企业法人；

还款资金来源主要依赖该项目产生的销售收入、补贴收入或其他收入，一般不具备其他还款来源。

SPV 股东与 SPV 风险隔离，股东不为 SPV 提供担保，债权人只能以 SPV 之收费权作为还款保障，债权人无或只具有有限追索权。

三、PPP 的基本特征

PPP 的运行具有三个重要特征：民事合作关系、利益共享和风险分担。

1. 民事合作关系

民事关系是 PPP 的本质特征，政府以民事主体的身份与社会资本建立一种平等的民事合作关系。可以说，民事合作关系是 PPP 中最为首要的问题，没有民事合作关系就没有 PPP。政府购买商品和服务，给予授权，征收税费和收取罚款，这些事务的处理并不必然表明民事合作关系的真实存在。比如，即使一个政府部门每天都从同一个餐饮企业订购三明治当午餐，这也不能构成一种民事合作关系。PPP 中民营部门与政府公共部门的民事合作关系与其他关系相比，一个显著的独特之处就是项目目标一致。公共部门之所以和民营部门合作并形成民事合作关系，核心问题是在其中存在一个共同的目标：在某个具体项目上，以最少的资源，实现最多的产品或服务。民营部门是以此目标实现自身利益的追求，而公共部门则是以此目标实现公共福利和利益的追求。

2. 利益共享

利益共享是 PPP 的商业特征。在这里需要明确的是，PPP 中公共部门与民营部门并不是共享利润，或许还需要对民营部门可能的高额利润进行控制，即不允许民营部门在项目执行过程中形成超额利润。其主要原因是，任何 PPP 项目都是公益性项目，不以利润最大化为目的。如果双方想从中共享利润，其实是很容易的一件事情，只要允许提高价格，就可以使利润大幅度提高。不过，这样做必然会带来社会公众的不满，最终还可能会引起社会的混乱。因此，PPP 的利益分配机制是政府对 PPP 项目承担最低使用量采购责任，超出 PPP 合同约定的项目收益上限值部分，由政府与社会资本按照合同约定分享收益，从而形成政府与社会资本在民事商业活动中权利与义务的平等。

3. 风险分担

PPP 的基本特征是风险分担。民事合作关系不仅可以约定利益分享方式，同时也可以约定风险分担方式。市场经济条件下的 PPP 模式中，利益与风险也具有对应性，风险分担是利益分享这一事物在 PPP 项目中的另外一种表现形式，如果没有风险分担，也不可能形成政府与社会资本的民事合作关系。

在 PPP 中，公共部门与民营部门合理分担风险的这一特征，是其区别于公共部门与民营部门其他交易形式的显著标志。如政府采购过程，之所以还不能称为公私合作民事合作关系，是因为双方在此过程中是让自己尽可能小地承担风险。而在公私民事合作关系（PPP）中，公共部门却是尽可能大地承担自己有优势方面的伴生风险，而让对方承担的风险尽可能小。一个明显的例子就是在隧道、桥梁、干道建设中，如果因车流量不够而导致民营部门达不到基本的预期收益，这时公共部门可以对其进行现金流量补贴，这种做法可以在“分担”框架下有效控制民营部门因车流量不足而引起的经营风险。与此同时，民营部门实际会按其相对优势承担较多的、甚至全部的具体管理职责，而这个领域，对于公共部门而言，却正是管理层“道德风险”的易发领域，这种风险由此而得以规避。

如果每一种风险都能由最善于应对该风险的合作方承担，那么毫无疑问，整个基础设施建设项目的成本就能最小化。PPP 管理模式中，更多是考虑双方风险的最优应对、最佳分担，而将整体风险最小化。事实证明，追求整个项目风险最小化的管理模式，要比公、私双方各自追求风险最小化更能化解准公共产品领域内的风险。所以，我们强调，PPP 所带来的“一加一大于二”的机制效应，需要从管理模式创新的层面上理解和总结。

第二节　公共产品提供与 PPP

公共产品（Public good）是私人产品的对称，是指具有消费或使用上的非竞争性和受益上的非排他性的产品。

典型的公共产品有国防、环保、科技、教育、文化以及供水、供电、供暖、供气等等。

一、公共产品的基本特征

1. 非竞争性

一部分人对某一产品的消费不会影响另一些人对该产品的消费，一些人从这一产品中受益不会影响其他人从这一产品中受益，受益对象之间不存在利益冲突。

2. 非排他性

是指产品在消费过程中所产生的利益不能为某个人或某些人所专有，要将一些人排斥在消费过程之外，不让他们享受这一产品的利益是不可能的。例如，消除空气中的污染是一项能为人们带来好处的服务，它使所有人能够生活在新鲜的空气中，要让某些人不能享受到新鲜空气是不可能的。

公共产品的非排他性和非竞争性，要求公共产品：第一，生产必须有公共支出予以保证；第二，经营管理必须由非盈利组织承担。

二、公共产品分类

（一）纯公共产品

一般说来，公共产品（此处指纯公共品）是指那些为整个社会共同消费的产品。严格地讲，它是在消费过程中具有非竞争性和非排他性的产品，是任何一个人对该产品的消费都不减少别人对它进行同样消费的物品与劳务。

纯公共产品的本质特点：

（1）非竞争性

非竞争性有两方面含义：

（a）边际成本为零。这里所述的边际成本是指增加一个消费者对供给者带来的边际成本，例如增加一个电视观众并不会导致发射成本的增加。

（b）边际拥挤成本为零。每个消费者的消费都不影响其他消费者的消费数量和质量。如国防、外交、立法、司法和政府的公安、环保、工商行政管理以及从事行政管理的各部门所提供的公共产品都是属于这一类，不会因该时期增加或减少了一些人口享受而变化。它在消费上没有竞争性，属于利益共享的产品。

（2）非排他性

非排他性是指某些产品投入消费领域，任何人都不能独占专用，而且要想将其他人排斥在该产品的消费之外，不允许他享受该产品的利益，是不可能的，所有者如果一定要这样办，则要付出高昂的费用，因而是不合算的，所以不能阻止任何人享受这类产品。例如：环境保护中，清除了空气、噪音等污染，为人们带来了享受新鲜空气和安静环境，如果要排斥这一区域的某人享受新鲜空气和安静的环境是不可能的，在技术上讲具有非排他性。

（3）非分割性

另外，纯公共产品还具有非分割性，它的消费是在保持其完整性的前提下，由众多的消费者共同享用的。如交通警察给人们带来的安全利益是不可分割的。可见，具有非竞争性、非排他性而且不能分割的纯公共产品具有公共消费的性质，即在消费这类产品时，消费者只能共享，消费者也可以不受影响的共享，而不能排斥任何人享用。管理以及从事行政管理的各部门所提供的公共产品都是属于这一类。纯公共产品不仅包括物质产品，同时还包括各种公共服务。所以有时把公共产品与劳务联在一起来看，除可供公共消费的物质产品外，政府为市场提供的服务包括政府的行政和事业方面的服务也是公共产品，这就是说，广义的公共产品既包括物质方面的公共产品，又包括精神方面的公共产品。纯公共产品一般由政府提供。

（二）准公共产品（混合产品）

1. 混合产品的概念

混合产品是兼具公共产品和私人产品属性的产品。在公共产品和私人产品之间，还存在许多不具有纯粹的公共产品或私人产品的属性，但在一定程度上又或多或少地同时具有这两种产品性质的产品和服务，通常称之为混合产品或准公共产品。准公共产品亦称为“混合产品”。这类产品通常只具备上述两个特征的一个，而另一个则表现为不充分。

2. 混合产品的性质

从整体上讲，混合产品不能同时具有非竞争性和非排他性，否则其就成为纯公共产品。同样混合产品也不能同时具有竞争性和排他性，否则其就成为私人产品。既然混合产品兼具公共产品和私人产品的属性，那么根据其所具有的两种产品属性的不同组合状况，可将其分为以下三类：

（1）具有非竞争性的同时也具有排他性

这类混合产品在具有公共产品非竞争属性的同时也具有私人产品排他的属性。比如公园，就是这种类型的混合产品。在游客没有超过一定人数的条件下，游客的增多并不会影响原有游客的效用水平，即公园的消费具有非竞争性，但公园可设置围墙或栏杆将不买门票者拒之门外，即其消费也具有排他性。诸如教育、影院、高速公路等都属此类的混合产品。

（2）具有非排他性的同时也具有竞争性

这类混合产品在具有公共产品非排他属性的同时也具有私人产品的竞争属性。比如公有的草场就是这种类型的混合产品。由于草场公有，所以大家都可以到草场放牧，即草场具有非排他的属性。但是如果超过草场的载畜量，草场的使用就具有了竞争性。诸如生活小区的健身设施、公有的森林、公海的渔业资源等都属于这种类型的混合产品。

（3）在一定条件下具有非竞争性和非排他性

这类混合产品在一定条件下具有非竞争性和非排他性是指，只要不超过一定的限度，该产品的消费是非竞争的和非排他的，但若超过一定的限度，则具有竞争性和排他性特征。比如，不收费的桥梁，只要不产生拥挤，则具有非竞争和非排他的属性，但如果产生了拥挤，就具有了竞争性，为了解决拥挤问题，政府就采用收费的办法，于是也就具有了排他性。显然，这类混合产品与前两类混合产品是不同的，前两类混合产品是同时兼具公共产品和私人产品的属性，而后者则是在不同的时间或者说在不同的条件下，要么具有公共产品的属性，要么具有私人产品的属性，判断其到底是具有公共产品的属性，还是具有私人产品的属性，应考虑特定的条件具体问题具体分析。

纯公共产品的范围是比较狭小的，但准公共产品的范围较宽。如教育、文化、广播、电视、医院、应用科学研究、体育、公路、农林技术推广等事业单位，其向社会提供的属于准公共产品。此外，实行企业核算的自来水、供电、邮政、市政建设、铁路、港口、码头、城市公共交通等，也属于准公共产品的范围。与上述公共产品相对应的是，私人产品也可以分成两类，即纯私人产品和俱乐部产品。纯私人产品是指那些同时具备排他性竞争性特征的产品，包括大多数私人产品。此外还有一类称为“俱乐部产品”。这是指在某一范围内由个人出资，并在此范围内的所有个人都可以获得利益的产品，如消费合作社等。准公共产品一般由准公共组织提供，也可以由私人提供。

三、公共产品的供给

（一）政府提供

公共提供这种情况是指由公共部门生产出公共产品，然后，由公共部门向社会提供（包括物品和劳务）。所谓公共提供，首先是指这些公共产品是由公共部门供给的，其次它是一种以不收费的方式来提供公共产品的。政府的纯公共产品，特别是行政部门，主要采用公共生产和公共提供方式来供给的公共劳务或服务。

（二）私人提供

公共提供公共产品并不一定都要由公共部门生产，有时，由政府购入私人产品，然后向市场提供。例如，国家可以将制片商已经拍好的电视片购买过来，在电视台播放，甚至武器和军事装备也由私人部门生产，然后由政府采购来的。

（三）社团提供

混合提供一般来说，公共产品应当由公共部门来提供。然而，有些准公共产品，尤其是在性质上接近于私人产品的准公共产品在向社会提供过程中，为了平衡获益者与非获益者的负担，提高资源的使用效益，政府往往也采取类似于市场产品的供应方式，即按某种价格标准向消费者收费供应。这样，消费者必须通过付款才能获得消费权。例如，对于医疗产品既可以采取政府供给方式，也可以采取政府供给、个人付费方式，此外，自来水、电、煤气等，也都可以采取收费方式来供给。但是，由于混合供给方式包含了政府的政策因素，它与市场供给的私人产品，在性质和管理上是有很大区别的。

在上述三种公共产品生产方式中，前两种采用的是公共提供方式，第三种采用的是混合提供方式，这两者的区别就在于由谁来付款。公共产品无论是采用公共生产、公共提供，还是采用私人生产、公共提供方式，其结果是生产公共产品的费用完全由政府负担，亦即财政拨款。公共产品若是采用混合提供的方式，则其生产成本将由政府和受益的企业或个人共同分担。

四、公共需求

公共需要在观念形态上是一种欲望、理念；在价值形态上是政府需求、是政府购买力、是财政资金、是总需求的一部分。而公共产品是为公共服务的产品或服务，是有特定用途的产品。公共产品在经济上的意义，是总供给的一部分，体现为被政府需求所购买的那部分社会产品，是公共需要的使用价值形态。一种产品产出之前或刚刚产出而没有买主之前，它的身份并没有打上公共产品或私人产品的烙印，它的身份是中性的，可以成为私人产品也可以成为公共产品，只有当它被公共需求所购买之时，它的身份才被确定为公共产品。例如，一座花园，被政府购买，成为公园，即成为公共产品；被私人购买，成为私家花园，即成私人产品。

公共需要可以转化为公共产品。作为公共需要的价值形态的公共需求以两种形式分配出去，一种是购买性支出，从而直接转化为公共产品；另一种为转移性支出，这部分支出，在其形成结果上，可以有两种：其一还是用来购买公共产品，例如，中央政府给予地方政府的补贴，一般主要用于购买性支出，另一种虽然为了公共需要的目的而支出，但其最终结果归个人使用。例如，对企业补贴的支出、用于社会保障救助穷人的支出，最终形成私人产品。所以，政府需求从根本上说，是为了满足社会公共需要，但从最终结果上，公共需求却转化为公共产品与私人产品两类产品。当然，政府需求的绝大部分都转化为公共产品。

五、PPP 模式提供公共产品的特征

PPP 为社会提供公共产品的方式与上述政府提供、私人提供、社团提供不同。其区别在于政府提供、私人提供、社团提供者三种方式都是由单一主体提供，PPP 模式是政府与社会资本联合提供，公共产品的提供者是一个民

事联合体。PPP 的实质是政府与社会资本合作为社会提供公共产品和服务的全生命周期内，政府承担法律风险、政策风险、最低使用量采购风险；社会资本承担设计、承建、融资、运营、维修维护等一切商业风险。PPP 模式下提供公共产品比传统公共产品提供方式优质，除了提供产品与服务的主体机构不同外，还有以下显著的不同：

（一）实现减轻政府负债

国务院推广 PPP 的初衷，一个很重要的因素就是减轻政府负债。过去二三十年间，城市基础设施建设领域 BT 大行其道。客观上基础设施、公共事业得到了前所未有的发展，城市面貌焕然一新，但与之相伴的是政府负债急剧加大，大有难以驾驭的势头。在这种经济大背景下，国务院及时推出 PPP 模式，对城市基础设施、公共事业的建设进行有效调控，减轻政府负债，是保障经济长期稳定发展之举。PPP 模式的核心是政府不为项目公司提供任何形式的担保。而过去的 BT 项目绝大多数都能看到政府提供的担保的影子。因此，PPP 项目政府不为项目公司提供担保，从根本上断绝了 BT 的融资模式，迫使 BT 向 PPP 转型。

（二）PPP 与 BT 不同

BT 是典型的代建制，业主与社会资本之间的法律关系是建立在委托代理关系之上。业主与社会资本之间在法律关系受《合同法》调整。PPP 政府与社会资本之间在法律上是一种民事合作法律关系，受《民法总则》调整。所以，BT 与 PPP 是建立在两种完全不同的法律关系之上的民事法律行为，其受不同的民事法律调整，所发生的法律后果也会完全不同。

（三）PPP 与政府购买服务不同

政府购买服务顾名思义，政府与社会资本之间形成一种法律上的“买卖关系”。业主与社会资本之间的法律关系受《合同法》调整。PPP 是政府与社会资本合作，政府与社会资本之间形成的是一种民事合作法律关系，受《民法总则》调整。因此，从法律上看，政府购买与 PPP 是两种完全不同的民事行为。从 PPP 的实操上看，在 PPP 实操流程采购阶段，政府采购的并不是“公共产品与服务”，PPP 是一种合作关系，而非买卖关系。

将 PPP 简单地归为政府购买，在理论上和实操上都难自圆其说。

（四）“政”“事”分开

PPP 不仅是一种新的投资模式，也是政府投融资机制改革的深入。PPP 模式的适用范围为能源、交通运输、水利、环境保护、农业、林业、科技、保障性安居工程、医疗、卫生、养老、教育、文化等公共服务领域。这一领域与传统的事业单位所涉及的领域基本吻合，可以说，国务院推广 PPP，是我国的改革从企业改革向事业单位改革的拓展，是改革的深入与发展，是实现政府与事业单位分离的有效切入口。

将 PPP 与政府推进的事业单位改革相结合，有益于 PPP 项目的落地。

（五）效率与公平兼顾

PPP 不是政府与社会资本之间的一场婚礼，而是一场婚姻。引进社会资本从事公共产品的提供，本质上就是引入社会资本在商业运营中的高效率，有效盘活政府沉淀的资产，提高资产运营效率。政府参与合作，承担最低使用量采购风险，就是保障社会资本在提供公共产品的过程中基本的投资回报，保障社会资本的合理收益。与此同时，由于政府保障了社会资本投资的合理收益，极大地减轻了社会资本所面临的市场风险，因此，PPP 项目一旦产生超额利润，政府也就享有分成的权利，实现真正意义上的政府与社会资本合作。

第三节 固废处理在公共产品提供过程中的特点

一、行业特点

（一）政策支持力度大

2016 年 10 月 22 日，住房城乡建设部等部门联合发布《关于进一步加强城市生活垃圾焚烧处理工作的意见》（建城〔2016〕227 号）。文中明确提出，生活垃圾焚烧处理技术具有占地较省、减量效果明显、余热可以利用等特点，在发达国家和地区得到广泛应用，在我国也有近 30 年应用历史。目前，垃圾焚烧处理技术装备日趋成熟，产业链条、骨干企业和建设运行管理模式逐步形成，已成为城市生活垃圾处理的重要方式。各地要充分认识垃圾焚烧处理工作的紧迫性、重要性和复杂性，提前谋划、科学评估、规划先行、加快建设，尽快补上城市生活垃圾处理短板。同时也提出了明确的工作目标，将垃圾焚烧处理设施建设作为维护公共安全、推进生态文明建设、提高政府治理能力和加强城市规划建设管理工作的重点。到 2017 年底，建立符合我国国情的生活垃圾清洁焚烧标准和评价体系；到 2020 年底，全国设市城市垃圾焚烧处理能力占总处理能力 50% 以上，全部达到清洁焚烧标准。对于垃圾焚烧项目落地过程中出现的附近居民不予理解的状况，文中提出对疑虑和误解，应耐心做好沟通解释工作，要充分考虑其合理诉求，积极研究解决措施；对采取不当方式表达不合理要求的，应依法依规坚决予以制止。对于对推广垃圾发电持有顾虑的官员，文中提出对推进生活垃圾处理工作不力，影响社会发展和稳定的，要追究有关责任。

不足一年，时至 2017 年 7 月 18 日，财政部等国务院四部委联合发布《关于政府参与的污水、垃圾处理项目全面实施 PPP 模式的通知》（财建〔2017〕455 号。文中明确在污水、垃圾处理领域全面实施 PPP 模式的原则为以全面实施为核心，全方位引入市场机制，推进 PPP 模式应用，对污水和垃圾收集、转运、处理、处置各环节进行系统整合，实现污水处理厂网一体和垃圾处理清洁“邻利”，有效实施绩效考核和按效付费，通过 PPP 模式提升相关公共服务质量和效率。以因地制宜为基础，加大引导支持力度，强化按效付费机制，政府和社会资本双方按照市场机制原则协商确定 PPP 模式实现方式。以规范操作为抓手，严格执行财政 PPP 工作制度规范体系，防止变相举借政府债务，防范财政金融风险，深入推进相关领域内 PPP 改革。以提升效率为导向，增强相关领域内项目融资能力，畅通社会资本进入渠道，提高项目管理水平。明确了具体的适用范围：政府以货币、实物、权益等各类资产参与，或以公共部门身份通过其他形式介入项目风险分担或利益分配机制，且财政可承受能力论证及物有所值评价通过的各类污水、垃圾处理领域项目，全面实施 PPP 模式。明确要求：符合全面实施 PPP 模式条件的各类污水、垃圾处理项目，政府参与的途径限于 PPP 模式。政府与社会资本间应签署 PPP 协议，明确权益分配和风险分担机制，并通过成立具有独立法人资格的 PPP 项目公司实现项目商业风险隔离。政府可以在符合 PPP 相关政策规定的前提下对项目给予必要的支持，但不得为项目融资提供担保，不得对项目商业风险承担无限责任，不得以任何方式承诺回购社会资本方的投资本金，不得以任何方式承担社会资本方的投资本金损失，不得以任何方式向社会资本方承诺最低收益。在财政支持方面明确：大力支持污水、垃圾处理领域全面实施 PPP 模式工作，未有效落实全面实施 PPP 模式政策的项目，原则上不予安排相关预算支出。各级地方财政要积极推进污水、垃圾处理领域财政资金转型，以运营补贴作为财政资金投入的主要方式，也可从财政资金中安排前期费用奖励予以支持，逐步减少资本金投入和投资补助。加大对各类财政资金的整合力度，涉农资金整合中充分统筹农村污水、垃圾处理相关支持资金，扩大规模经济和范围经济效应，形成资金政策合力，优先支持民营资本参与的项目。在组织领导方面提出：污水、垃圾处理领域全面实施 PPP 模式工作以“中央引导、地方推进、市场配置资源、模式全面实施”为主线，建立中央规划部署、地方贯彻落实、多部门协调合作的工作机制。各级地方政府是污水、垃圾处理领域全面实施 PPP 模式工作的责任主体，要逐级建立工作机制，强化组织领导，加强对相关工作的考核。

（二）厂址选择要求难

厂址原则上应当选在远离生态资源、地面水系、机场、文化遗址、风景区等的区域。通常情况，厂址选择应当符合下列要求：

1. 厂址应满足工程建设的工程地质条件和水文地质条件，不应选在发震断层、滑坡、泥石流、沼泽、流砂及采矿陷落区等地区。

2. 厂址不应受洪水、潮水或内涝的威胁；必须建在该地区时，应有可靠的防洪、排涝措施。其防洪标准应符合国家现行标准《防洪标准》（GB50201）的有关规定。

3. 厂址与服务区之间应有良好的道路交通条件。

4. 厂址选择时，应同时确定灰渣处理与处置的场所。

5. 厂址应有满足生产、生活的供水水源和污水排放条件。

6. 厂址附近应有必须的电力供应。对于利用垃圾焚烧热能发电的垃圾焚烧厂，其电能应易于接入地区电力网。

7. 对于利用垃圾焚烧热能供热的垃圾焚烧厂，厂址的选择应考虑热用户分布、供热管网的技术可行性和经济性等因素。

由于近年垃圾焚烧发电推行力度大，民众对垃圾焚烧发电的认识尚不足以跟得上行业的发展速度，形成明显的民众对垃圾发电的质疑与抵触，影响了项目选址。

（三）烟气净化要求高

垃圾焚烧烟气中含有一种化学物质二噁英。二英不是某一具体物质的名称，它是一个集合名词，代表着同一类物体的总称，其化学名称为多氯二苯并一对一二噁英（Polychlorinated Dibenzo-P-Dioxins，简称 PCDDs）和多氯二苯并呋喃（Polychlorinated Dibenzofurans，简称 PCDFs）。从二噁英的化学分子结构看，PCDDs 有 75 中不同的结构，PSDFs 有 135 种不同结构，两者合计有 210 种分子结构。在 210 种二噁英中，只有 17 种二噁英具有毒性，其中以 2，3，7，8- 四氯二苯并一对一二噁英（2，3，7，8-Tetrachloro Dibenzo-P-Dioxin，简称 TCDD），毒性最大。

自从 1977 年在荷兰阿姆斯特丹垃圾焚烧炉排放的飞灰和烟道气中检测出二噁英之后，垃圾焚烧发电似乎就成了二噁英的代名词。

二噁英无色无味，标准状态下呈固态，熔点为 303℃ -305℃。常温下其在水中的溶解度为 7.2 × 10-6 ㎎ /L，说明二噁英难溶于水。同样在常温下，其在二氯苯中的溶解度为 1400 ㎎ /L，说明二噁英易溶于脂肪，容易为野生动物、家禽、人类所吸收。其在气体状态下的半衰期为 8-400 天，在土壤和沉积物中为 17-273 年；在人体内，其衰变期区间为 7-11 年。这表明在二噁英的污染区，人们不仅在空气中受到二噁英的直接侵害，在食用有脂食物时还将受到二次污染的侵害。

二噁英对人体侵害造成的损害具有多样性。由于其在环境中存量的低微性，只有长期暴露在二噁英污染环境下的受害者才会有轻微症状，通常表现为头痛、失聪、失眠、皮肤病等等，严重者可能导致心力衰竭、内分泌失调、染色体损伤。不排除发生男性生育能力降低、女性青春期提前、新生儿畸形等状况的可能性。由于二噁英对人类危害的存在的潜伏性、严重性和不确定性，1997 年国际癌症研究机构（IARC）将二噁英 2，3，7，8-TCDD 确定为 I 类人类致癌物。

我国 2001 年颁布的《生活垃圾焚烧污染控制标准》（GB18485-2001），对二噁英排放量的控制标准为欧盟的10倍。2014年国家颁布的《生活垃圾焚烧污染控制标准》（GB18485-2014），将二噁英排放控制标准提高到与欧盟相同，目前，国内的垃圾焚烧工艺水平完全可以达到这一技术标准。

对二噁英的控制标准的提高，不仅仅局限在国家标准上。垃圾焚烧行政主管部门加大了对垃圾焚烧发电企业的烟气排放监管力度，要求焚烧炉必须设置烟气净化系统并安装烟气在线监测装置。对未按照《生活垃圾焚烧污染控制标准》要求开展在线监测和焚烧炉运行工况在线监测的焚烧厂，应及时整改到位，并通过企业网站、在厂区周边显著位置设置显示屏等方式对外公开在线监测数据，接受公众监督。对于不能连续稳定达标排放的设施，要及时停产整顿，认真分析存在的问题和原因，采取针对性措施予以解决。对整治后仍不能达标排放的设施，依法进行关停处理。对故意编造、篡改排放数据的违法企业，依法加大处罚力度。

二噁英的排放量能否稳定地控制在现今国家标准的范围之内，直接关系到垃圾焚烧发电运营的合法性，关系到整个行业存在的必要性。因此严控二噁英的排放量是垃圾焚烧发电行业的重中之重。

（四）影响公共产品质量因素较多

垃圾焚烧发电为社会提供公共产品的模式与其他行业有所不同。一般的行业为社会提供公共产品只是一种，而垃圾焚烧发电为社会提供的公共产品具有多样性。垃圾焚烧发电通过对生活垃圾的焚烧，巨幅减少垃圾的存量，为社会提供的是一种净化环境的公共产品；通过焚烧的余热进行发电，并入电网，为社会提供的是又一种公共产品——电力；其向大气中排放出符合国家标准的烟气，同样是为社会提供公共产品——净化的烟气。

在垃圾焚烧发电为社会提供的三项公共产品之中，减量垃圾净化环境、电力这两种公共产品的质量都易于控制，烟气排放达标就存在较多的不确定性。

烟气排放能否达到国家标准，取决于垃圾在焚烧炉中焚烧是否充分，获得充分焚烧基于两个因素，一个是燃烧室的温度，一个是垃圾的成分。燃烧室的温度通过技术很容易实现有效控制，垃圾的成分则难以把握。这难以把握之处在于垃圾的废弃物的构成和垃圾的含水量。焚烧的垃圾中，含有塑料成分，是导致燃烧烟气中产生二噁因的直接原因。我国目前垃圾分类水平低，现有的垃圾分拣水准直接达到投入的垃圾原料经燃烧产生的飞灰二噁英的含量符合国家标准的程度，我国城市生活垃圾尤其是厨余垃圾的含水量也时常导致垃圾焚烧炉内的温度不能稳定保持在应有的设计温度，这同样促进焚烧过程二噁英的产生。垃圾焚烧发电的垃圾提供是由当地环卫部门，由于政府方面负责提供的垃圾不满足垃圾焚烧对垃圾的要求导致排放飞灰二噁英含量超标的结果，责任的分担的不确定性，是本行业的又一大特点。

二、行业技术水平及技术特点

中国垃圾焚烧发电行业主要采用炉排炉或流化床两种焚烧技术。炉排炉技术起源于德国、日本和美国，在过去几十年内发展迅速，是垃圾焚烧发电行业中最为成熟、也是应用最广泛的一种技术。国内的炉排炉技术主要是通过直接引进国外设备或吸收消化国外技术，并有部分技术领先的国内企业已研发出适合中国生活垃圾特点的炉排炉技术。炉排炉技术的关键设备是焚烧炉排，各种炉排炉的最大区别在于炉排的结构形式和运动方式，焚烧炉排大致上可分为三种：逆推式炉排炉、顺推式炉排炉及往复翻动式炉排炉。

当前我国使用较为普遍的是逆推及往复翻动式炉排炉。建设部、国家环保总局以及科学技术部联合发布的《城市生活垃圾处理及污染防治技术政策》中建议垃圾焚烧宜采用炉排炉技术，审慎采用其他炉型的焚烧炉。该政策的约束使得炉排炉技术成为中国垃圾焚烧发电行业的主导技术。综合来看，炉排炉焚烧技术已成熟，并占据了性能、环保、政策支持的优势。因此，未来炉排炉焚烧技术的广泛应用将成为必然趋势。

第四节 PPP 在固废处理领域的应用

一、PPP 在固废处理领域应用的历程

固废处理在我国早已有之。只是建国之初整个社会物质贫匮、生产发展缓慢、人员流动受限，所产生的固废尚不足以对正常的生产生活构成威胁。在当时的情形下，工业固废主要以堆放为主，城市垃圾则主要是以掩埋方式处理。

改革开放之后，我们的社会进入了高速发展轨道。大批的劳动力从农村的土地上解放出来，进城务工，带来城市区域急速扩张。同时，随着人民生活水平的提高，人均垃圾产生量也急剧增加。如何高效地处理城市生活垃圾，妥善解决城市人口与垃圾“争地”之困，给市民创造一个洁净的生活工作环境，成了摆在各级政府案头的重要工作。

为了妥善解决这一问题，20 世纪末，天津市人民政府决定引进国际先进的垃圾焚烧技术和国际先进的 BOT 商业模式，建设天津垃圾焚烧发电厂，为城市生活垃圾处理闯一条新路。

1999 年，天津泰达股份有限公司与天津市环境卫生设计院签署了《合资协议书》，决定共同投资兴建天津双港垃圾焚烧发电厂。项目选址在天津市津南区双港镇附近，占地面积 91 亩，建筑面积 24100 平方米，建筑密度 25.4%，绿地率 49.8%。项目采用世界领先的日本 TAKUMA（田熊）公司的 SN 型炉排焚烧技术。垃圾焚烧系统由每条每天处理垃圾 400 吨的三条的焚烧线组成，采用连续运转的方式；发电系统配置 2 台 12 兆瓦的汽轮发电机组；除尘系统采用先进的“烟气净化工艺 – 半干法 + 布袋除尘 + 活性炭系统”，使垃圾焚烧产生的烟气经过处理后各项指标均可达到优于当时国家排放标准，甚至超过欧盟标准。

根据 2000 年制定的《天津市城市垃圾管理与处理规划（2001—2015 年）》规定，2001—2015 年城市生活垃圾处理规划目标为：建立与现代化城市相适应的城市垃圾收集运输体系；建立垃圾“减量化、资源化、无害化”的综合处理体系；建立较为完善的保障和管理体系；采用综合处理为主，适当发展焚烧技术，最终放弃卫生填埋。通过综合利用，使填埋场的使用寿命延长。综合利用的措施包括：源头减量、分类收集、资源回收再生、焚烧等，实现垃圾的无害化、减量化、资源化，使天津市生活垃圾处理走在全国先进的行列。为实现这一目标，预计 2010 年垃圾处理率将达 90%，无害化达标率将达 80%；2015 年垃圾处理率将达 95%，无害化达标率将达 85%以上。该项目是实施天津市垃圾处理规划中须在 2005 年前建成的重要垃圾处理工程项目之一，符合天津市城市总体规划和垃圾处理规划的要求。被列为天津市“十五”规划重点项目。

2001 年，国家环保总局颁布《生活垃圾焚烧污染控制标准》（GB18485-2001），替代GWKB3-2000，其中对二恶英排放量的控制标准为欧盟的10倍。

2001 年 11 月 9 日，项目公司天津泰达环保有限公司成立。主要营业范围为建设经营天津双港垃圾焚烧发电项目。公司注册资金 4 亿元，天津市环境卫生设计院以土地折价 1314 万元入股，天津泰达股份有限公司以资金入股，项目总投资 5.7 亿元。项目建成后，年处理生活垃圾 40 万吨，占天津全市生活垃圾量的 1/4。

项目实施方案载明，建设规模为日处理生活垃圾 1200 吨，焚烧炉每年运行小时不低于 8000，垃圾焚烧处理后的炉渣热灼减率小于 3%。全年处理垃圾约 40 万吨，利用焚烧产生的余热发电，发电装机容量 24 兆瓦，年上网电量 1.2 亿千瓦时。该项目预计将每年给项目公司带来 10300 万元左右的收入，其运营成本约为 5600 万元 / 年，投资回收期为 10.12 年，内部收益率为 9.33%。污染物排放符合国家标准。

项目技术方案载明：城市生活垃圾有全封闭的环卫车辆载运至发电厂，经地磅称重进入垃圾卸料区，将垃圾倒入垃圾池；垃圾卸料区设计为一个封闭的的空间、垃圾焚烧需要的氧气从这个区域抽取，从而形成该区域的负压，使垃圾产生的臭味不会外散，保障厂区周围空气中没有异味；垃圾池中的垃圾由抓斗上料装入料斗，再由推料机将料斗中的垃圾推入到焚烧炉。焚烧炉分成干燥、燃烧、燃尽三个焚烧阶段。炉膛中的炉排设计成相互交错的固定炉排与可动炉排，可动排炉的前后运动，推动的垃圾沿排炉运动方向移动，同时对垃圾进行有效翻转搅拌；空气从排炉的中空结构中吹出对垃圾进行干燥，并提供燃烧所需的氧气。各炉排间设计有落差，使垃圾中的可燃成分与炉内氧气充分混合，实现完全燃烧；燃烧后的垃圾成为炉渣落到下方的收集装置中，经冷却、挤压后通过输渣机转运至渣坑；燃烧生成的烟气携带热量，进入热交换系统，将热交换器形成的蒸汽再加温形成过热蒸汽，通过管道送入汽轮发电机组发电。完成热交换以后的烟气转入半干反应塔，反应塔顶部装有旋转喷雾器，所喷出的经过雾化后的 $Ca(OH)_2$ 与烟气发生化学反应，完成对烟气的脱酸脱硫过程；从半干塔导出的水平走向的烟气管中装有活性炭喷射管，将极具吸附力的活性炭粉末喷入到烟道中，吸附烟道中可能存在的有毒有害物质；最后烟气进入布袋除尘器，将烟气中的固态颗粒过滤下来，经过收灰装置运送到飞灰储罐中；穿过布袋除尘器的烟气，经烟囱排入大气。

该项目 2006 年通过建设部组织的现场验收，获得建设部“科技示范工程”称号。在全国同类项目中自动化程度最高，建设成本最低，是全国第一个垃圾焚烧国家级示范工程。同年，通过了英国劳氏质量认证（上海）有限公司的 ISO9001 质量管理体系、ISO14001 环境管理体系和 QES 三标一体化认证。

2006 年是泰达环保产业首个完整的运营年度，本项目共处理生活垃圾 40 万吨，实现上网电量 7064 万千瓦时，完成当年度计划垃圾处理量 40 万吨的 100%。有害气体排放，特别二噁英气体，均值仅为 0.065 ng/Nm3，仅为当时国家标准的 1/10，超过欧盟标准。

天津双港垃圾焚烧发电项目走出了一条将垃圾“变废为宝”的垃圾处理新路，项目在设计、建设、工艺、运营上都成为当时垃圾处理行业的样板。为垃圾焚烧发电项目在全国推广积累了宝贵的技术资料与运营经验。在此基础之上，垃圾焚烧发电项目迅速在全国普及，形成燎原之势。截至 2014 年，全国生活垃圾设计处理能力达到 19.1 万吨 / 日。

2014年，国务院推广PPP模式，PPP适用的模式涵盖能源、交通运输、水利、环境保护、农业、林业、科技、保障性安居工程、医疗、卫生、养老、教育、文化等公共服务领域。垃圾焚烧发电就属于“能源”+“环境保护”领域。借助于近二十年BOT模式的运作经验，垃圾焚烧项目的垃圾收集、垃圾成分、焚烧工艺、烟灰处理、项目现金流测算、投资回报测算都已经形成行业共识。应用PPP模式实施垃圾焚烧发电所要做的就是将BOT模式下的政府担保转换成以项目预测的现金流形成的收益权去质押担保，实现项目融资。

2017年12月1日实施的中国人民银行3号令《应收账款质押登记办法》，将应收账款定义为权利人因提供一定货物、服务或设施而获得的要求义务人付款的权利以及依法享有的其他付款请求权。并将能源、交通运输、水利、环境保护、市政工程等基础设施和公共事业项目的收益权归为应收账款。为垃圾焚烧项目收益权质押提供了直接的合法性依据，使垃圾焚烧项目收益权质押成为可能。

目前，垃圾焚烧发电行业应用PPP模式在设计、承建、融资、运行、维修维护等方面不存在技术上和法律上的障碍。PPP模式在垃圾焚烧发电行业的运用前景广阔。

垃圾焚烧发电为社会提供的是公共产品，该项技术在理论上和工艺上都是成熟的，它将成为我国垃圾处理的主流方式。目前需要跟上的是对垃圾焚烧发电企业运营阶段的管理和监督以及对广大民众垃圾焚烧发电知识的普及。我们相信随着国家法治环境的不断完善、国民对垃圾焚烧发电不断真实、全面的了解，垃圾焚烧发电事业将获得更进一步的发展。

二、PPP 在固废领域落地的路径

1. 项目建议及其必要性分析

固废处理项目的发起不是偶然的，是一个城市经济发展过程的内在需求，其决策过程应严谨，有必要进行充分的论证。垃圾焚烧发电项目的上马不是一时兴起，应景之作，而是城市发展、环境保护、人与自然和谐相处的必然选择。项目建议案的提出也是基于这样一个科学分析与论证的基础。

项目发起是项目运作的第一步，这一步不是可有可无的，是相当关键的一步。应对城市的发展，人口与土地、环境的现状与趋势进行科学严谨的调查与分析，并对城市规划布局合理安排，完成对固废处理项目科学选址，适时把握重要的建设机遇。

2. 项目方案规划及投资估算

固废处理的建设有城市自身发展的内在动因，但是受到经济能力的限制，难以在短时间内在每个城市建设垃圾焚烧项目，因此，需要对规划建设的区域进行分析，初步确定拟规划建设固废处理项目的技术方式，以适应当地地方经济发展与固废处理的需要。

项目方案规划应当从当地经济建设水平现实需求与预测需求出发，规划经济合理的规模，通常可以提出多种方案进行比选与优化选择，这一过程通常需要委托有实力的专业机构进行或通过公开招标方式征集方案，通过方案规划并进一步分析效益与成本，以此作为决策的重要依据。

3. 提出“预可行性研究报告”

以上两步是固废处理项目决策的基础与依据，通常以“预可行性研究报告”的方式提请相关部门决策，这是项目建议的主要成果形式。一方面作为决策依据，另一方面也是进行项目投融资、项目具体设计等进一步运作的指南。

4. 确定实施方案

提交“预可行性研究报告”之后，决策机构应集合相关部门及专家组对研究报告进行评审与论证，并根据成本与效益分析作出决策，选择一种规划方案作为项目实施方案，在此基础上对确定的实现方案进一步进行工程可行性研究。

工程可行性研究除了进一步论证项目实施的必要性与可行性之外，还应根据实施方案对固废处理进行初步设计并进行工程预算，最终形成“工程可行性研究报告”进一步深化实施方案，提请决策机构讨论并进行项目立项。

5. 项目立项

立项，是指决策机构对项目以文件形式同意建设的核准或备案，也就是项目的决策成果。项目立项通过的审批文件一般被作为编制初步实施方案的依据。项目立项是在前期反复论证的基础上进行的，对工程总体规模，相关经济、技术指标已基本明确，以此作为项目投资建设的控制标准。

项目立项过程离不开政府相关部门的参与，通常包括市府主管部门、发改委、建委、建委、土地局、物价局、财政局、税务局等其他相关部门，这些政府职能部门从不同的方面对项目进行论证，并且相关部门进行充分协调以确保项目的进一步运作。目前 PPP 项目在政府投资主管部门依据项目的投资规模实行核准制或备案制。

6. 两个论证

PPP 项目必须做两个论证。一个是“物有所值”评价，一个是“政府财政承受能力论证”。评价的对象都是项目的可行性研究报告或项目初步实施方案。物有所值评价所要解决的是项目的投资回报在法律上是否具有合法合规性、在经济上是否具有可行性。政府财政承受能力论证是要解决对于政府负有支付责任的项目，政府的财政支付能力是否能够满足项目的需求。通过了两个论证的项目，应该说基本具备了采用 PPP 模式运作的条件。

7. 编制项目实施方案

项目实施方案是项目未来编制 PPP 合同的依据，是对政府与社会资本合作双方权利义务的分配以及实现投资回报的具体商业路径。实施方案包含七个方面的内容，项目基本情况、风险分配、运作方式选择、交易架构、合同体系、监督架构、采购方式。实施方案通过地方政府批准之后，成为 PPP 项目编制招投标以及编制合同的依据。

8. 项目竞标

实施方案一经通过，即可开始具体实施。由于固废处理项目在建设、工艺、运营上都基本成熟，项目未来的现金流也可以得到较为真切的预测，因此，选择有经验的、成熟的运营商是保证固废处理项目能否成功的关键。政府通过竞争方式选择社会资本是项目运作过程的重要一步，能否成功吸引有经验的社会资本参与项目投资直接关系到项目的投资建设与今后的运营管理。

由于固废处理项目对运营能力要求较高，专业性强，故政府对项目最低使用量采购支出责任的设定一定要具有合理性，达到能够保障社会资本合理收益的水准。从经济上防止社会资本对固废物处理的“跑、冒、滴、漏”，保障社会资本德道风险不发生。

9. 合同签署

通过政府方招标后，对中标候选人，政府部门应与之进行合同谈判，进一步确定投资细节并以合同形式予以生效。合同中应明确各方投资者的权利与义务关系，并确定资金联合方式，各方出资比例及建设期、运营期的资金投入与回收方式等其他相关细节。

合同文件是项目投资建设的主要约束文件，直接关系到参与各方的利益及项目的成败，因此，整个操作过程应当合法、合规。

三、项目公司主要工作内容

1. 组建投资方联合体（项目公司）

通过政府方招标及签署合作协议，即可按协议规定组建投资方联合体，通常以项目公司的形式作为下一阶段项目运作的主体。至此，项目运作主导由政府过渡到社会资本，项目公司应按照市场规则进行运作。

需要强调的是，由于垃圾焚烧项目是城市的生命线系统，在市场运作过程中，政府的监督职能不能松懈，政府从前期运作主导的地位转至监管的地位，并在相关政策上对项目公司予以支持以促使其顺利融资及其他相关运作，既保证项目市场化运作的高效率，又确保项目为社会提供公共产品的安全性，实现政府与社会资本共同利益最大化。

2. 项目融资

组建完投资方联合体（项目公司），项目公司即可通过各种渠道进行融资，包括银行信贷，国际贷款、发行债券或股票等，由于垃圾焚烧项目一次性投入规模大，政府方通常承担最低使用量采购的支出责任，因此，项目进入运营阶段之后，通常具有良好的现金流。这为项目通过 PPP 模式融资提供了强有力的增信。在目前 PPP 应用的各领域中，垃圾焚烧项目是最适宜采用 PPP 模式且最容易获得成功的项目之一。

3. 项目建设与工程验收

通过对项目资金结构的设计与安排，并进行有效的现金流管理与风险控制，项目应及时着手建设，以降低资金成本。

项目建设过程，对工程设计方、施工承包商、运营商，成为项目联合体成员的主体，可以不再进行招标。在建设过程中，工程的完工保证与质量保证对整个项目的运作至关重要，因此，应通过严格管理程序以控制风险，并定期定时进行检查，组织专家及专业咨询机构进行全过程管理与监控，确保工程顺利完工并通过工程验收。

4. 项目交付运营

项目完工并通过验收后，即可交付运营。垃圾焚烧项目的运营模式与项目结构有较大关系，通常应强调项目的市场化运营模式，由专业的运营公司进行管理与运营，政府部门及投资方对其进行监控与管理以确保垃圾焚烧项目的安全高效运营，发挥工程效益。

5. 项目移交

新增垃圾焚烧项目作为准公益性项目建设期长、投资回报率有限，因此通常采用 PPP 模式下的 BOT 方式。政府与社会资本合作期届满之时，社会资本应当将垃圾焚烧项目的资产以及经营管理权返还政府。返还时，垃圾焚烧项目的各项经济技术指标应当达到 PPP 合同约定的条件。

四、PPP 在固废处理领域应用中的问题及应对

作为固废处理具体方式之一的垃圾焚烧发电 PPP 项目，尽管拥有先进的技术、成熟的运营商、广阔的发展前景，但是就个体项目而言，也还是存在需要正视的问题。

1. 垃圾分类存在的问题

目前，我国城市生活垃圾尚未形成分类收集。尽管随着近几年垃圾焚

烧发电行业的兴起，国内上下已经意识到生活垃圾分类对垃圾焚烧处理的意义，但是，仍然还是处在宣传层面，城市和农村的居民，远未形成对生活垃圾分类的习惯。这使得垃圾焚烧发电项目的优越性大打折扣。

在我们日常生活中的塑料制品给我们的生活带来了极大的便利，因此得到了广泛的应用。塑料制品的废弃物和作为城市家庭垃圾的塑料马甲袋是我国城市垃圾中不可排除的组成部分。塑料制品与垃圾混同或埋在地底下均不具有降解性；现在最先进的垃圾分拣自动设备将塑料制品尤其是轻薄的塑料物质从垃圾中有效分拣尚不足 80%。对塑料制品的焚烧必然产生有毒气体，垃圾焚烧发电排放气体中的二噁英成分就是源于焚烧的垃圾中含有塑料成分。高含量的塑料制品混存在生活垃圾之中，直接挑战垃圾焚烧项目飞灰排放中二噁英的含量值。

中国人的饮食习惯，对垃圾焚烧效果也构成影响。中国人的饮食习惯于饭菜分离，菜经烹制过程，通常含水分较高，更有甚者还有汤。餐后形成的垃圾含水分较高，进入垃圾焚烧炉后，引发炉内燃烧值下降，导致垃圾焚烧不充分。一方面致使排出气体毒性增大，使得气体排放不达标；另一方面增加了燃烧时间，加大了发电成本。

2. 固废处理领域存在问题的应对

首先，项目合作方政府环境行政监督部门应当进行长期驻厂监测，并在场内设有办公地点，对烟气、炉渣、飞灰等处置情况进行监管；相关职能部门成立的监管中心，有专人 24 小时联网监督重要的生产数据。

其次，垃圾焚烧发电项目的所有烟气排放均实行在线公布，通过厂门口的巨型电子显示屏向公众公示；且所有环保数据第一时间通过网络传输到政府环卫监管中心、区、市环保局，实现政府对运行状况的实时监控。

再次，政府部门每年两次委托市级以上政府环保监测机构对项目展开定期及不定期的常规烟气监测及二噁英检测，企业每年两次委托第三方对环境各项指标检测，确保项目运行中的环境安全。其中，二噁英每年共检测四次，由省级环境检测站检测两次，项目公司自检两次，其他环境空气、生产废水、回用水检测频率达到每月两次。从检测结果分析，各项烟气排放指标是否长期、稳定达到国家标准。同时地方政府对项目规范运营、技术创新给予奖励资金。

参考文献

[1] 贾康，孙洁.公私伙伴关系（PPP）的概念、起源、特征与功能.财政研究，2009 年第 10 期
[2]《PPP 基本概念及理论基础》http：//www.lunwenstudy.com/hbyh/98429.html
[3] 张益.生活垃圾焚烧厂中二噁英的产生与控制.环境保护，2001 年第 1 期

第三章　固废处理PPP项目的总体应用

第一节　固废处理应用PPP的特点

一、固废所指范围

固废处理主要包括工业固废和生活垃圾的处理，本章主要探讨生活垃圾，特别是城市生活垃圾的处理问题。

新型城镇化建设以来，经济发展所带动起来的城市的迅速扩张给我国带来很多城市问题，各种城市问题中，垃圾的严重堆积与污染问题较严重。根据有关资料可知：1970年以来，城市生活垃圾的产量一直保持高速增长，平均每人每年的垃圾产量高达220–300公斤，由此带来的后果如不遏制不堪设想。同时，城市生活中的垃圾在构成方面也发生了很大的变化：过去的垃圾主要由菜渣、纸屑等有机成分构成，现在主要是由无机成分为主，这样的垃圾危害性更大。目前，我国政府在处理城市生活垃圾上的技能水平比较落后，与实际情况对垃圾处理提出的要求存在很大差距，大量的城市面临垃圾围城的局面。

根据国务院有关部门2000年5月颁布实施的《城市生活垃圾处理及污染防治技术政策》的定义，城市生活垃圾是指城市日常生活中或者为城市日常生活提供服务的活动中产生的固体废物以及法律、行政法规规定视为城市生活垃圾的固体废物，主要包括居民生活垃圾、公共场所清扫垃圾、商业垃圾、企事业单位垃圾等，不包括建筑垃圾和渣土、工业固体废弃物和危险废物等。

本章所指的城市生活垃圾处理不仅仅是指垃圾的终端环节处理，而是指垃圾从产生地收集开始，经过分类、回收、转运到最终的垃圾处理厂处理等全过程。

二、垃圾处理技术简介

在垃圾处理技术上，世界各国主要采用垃圾卫生填埋、焚烧发电和生物堆肥三种办法处理生活垃圾

在我国，垃圾处理领域经过多年的发展形成了填埋处理为主、焚烧处理快速发展、堆肥处理作为辅助的垃圾处理方式格局。下面将分别简单介绍这 3 种垃圾处理的方式：

1. 填埋处理。填埋处理是指选择合适的场所将经过压缩或初步处理的垃圾用土层掩埋起来的处理方式。我国当前城市采取的垃圾无害化填埋方式是，通过开挖填埋厂地，然后对填埋场地进行一定的工艺处理，保证填埋厂的防渗防漏。填埋厂多为封闭填埋厂或生态填埋厂，经过卫生填埋的方式处理后的垃圾，对环境的污染能够达到国家规定的标准。垃圾的卫生填埋处理方式在我国垃圾处理领域占据绝对的统治地位，其具有成本低、处理方法简单、处理量大的优点。但是垃圾填埋并未真正地处理了垃圾，垃圾中存留的细菌、病毒、重金属等害物质都会都还残留于地下，一旦防渗工作不好，这些有害物质会对地下水造成污染，这种处理方式只是把现在的垃圾留给子孙后代，给可持续发展带来巨大压力，此外垃圾填埋还会占用大量的土地资源，因此填埋处理的方式已经被很多发达国家所淘汰。

2. 焚烧处理。垃圾焚烧处理的方式是指将垃圾投入高达 800 摄氏度以上的高温焚烧炉进行焚烧，杀灭垃圾中的细菌病毒并且实现垃圾的减量化，运用净化装置对垃圾焚烧后产生的有毒污染物进行净化。这种处理方式的优点是能够实现垃圾的减量化，通过焚烧处理，垃圾能够减重 80%，减容

90%，此外还能够有效地消灭垃圾中的有害物质，防止二次污染。生活垃圾具有一定的能量，焚烧过程中的能量释放可以发电或者供热，能够带来一定的经济效益。相比简单填埋而言，焚烧发电有资源再利用、处理时间短、占用空间小和二次污染小等优点，是最经济性的处理方式，但焚烧处理方式也有着自身的缺点：首先采取焚烧方式进行垃圾处理会产生大量的污染物，特别是会产生大量的一级致癌物质二噁英，如果垃圾焚烧厂的净化装置或者焚烧设备出现问题，就会导致大量二噁英排入周边环境，这也是垃圾焚烧项目在我国造成严重的“邻避效应”的主要原因，此外垃圾焚烧厂的设备造价很高，对企业的经济实力要求较高。

3. 堆肥处理。堆肥处理是利用自然环境中存在的各种能够分解有机物的细菌，通过细菌使垃圾中的有机物得到分解，分解后的垃圾不仅能够得到减量，而且分解后的残留物还可以作为农业肥料使用。堆肥处理分为封闭堆肥和开敞堆肥，其中封闭堆肥的方式处理效果好，环保性好，但成本较高，而开敞式堆肥方式处理简单，但是会对周边环境产生很大影响。堆肥处理方式的优点是技术简单，处理成本较低。缺点是微生物能够降解的垃圾成分相对固定，像塑料、玻璃等都无法降解，堆肥处理前需要对垃圾进行分拣，分拣的成本较高。

三、固废处理行业面临的主要难题

1. 选址问题。“谁也不希望垃圾场建在自己家的后院”，这一“邻避现象”使垃圾处理选址显得尤为困难。自 2006 年反对北京六里屯垃圾焚烧发电厂以来，“邻避运动”在中国持续了 11 年，广州番禺反烧事件及杭州堵路事件更将“邻避运动”推至高潮。2016 年，浙江海盐、海南万宁、湖北仙桃、广东肇庆等地的项目又相继引发激烈的邻避抗议事件。“邻避效应”的根源在于民众对垃圾发电项目排放质量的不信任。

2. 技术问题。从工艺技术发展来看，填埋在我国中小城市很长时间内还是一种主要的处理方式，焚烧在未来几年会加快发展，生物处理也会有一定发展，填埋将向处理残渣方向转化。垃圾焚烧厂的大量投资集中于焚烧设备的投资上，因此采取适合的技术是保证项目正常运作的前提，而不是越贵越好。由于我国的垃圾有其自身的特征，国外生产的很多设备是依据国外垃圾分类程度高的状况设计的，而我国的很多投资者往往以为国外的东西就是好的，进口的垃圾处理设备不符合当期垃圾的特征，例如昆明某项目中引进的美国设备只能处理经过分类收集后的垃圾，而当地居民根本无法做到垃圾分类，导致项目迟迟不能开工。

3. 环保问题。垃圾焚烧过程中会产生大量的污染物质，包括有剧毒的一级致癌物质二噁英，因此对企业的运营能力要求很高，但是还是有一些投资者为节省成本，简化处理程序、采用低品质的工艺设备，造成周边环境受到污染，威胁周边居民的健康。在我国运作出现问题的垃圾处理项目有一半以上是由于运营方面出现问题导致的。其中宁波某焚烧发电项目因为采用小口径的排污管道导致废水不能排放完全，产生的臭气严重影响周围环境。以北京为例，北京市高安屯垃圾发电厂附近居民因发电厂散发出刺激的难闻气味向政府申诉其生活环境受到严重影响。政府在 2008 年 9 月 4 日上午专门召开新闻发布会，向当地居民道歉，同时表示力争 20 天实现明显好转。通过安装环长 2100 米的高竿用于喷雾除臭；自主开发了 57 个单体点燃器，把臭气从地下抽上来点燃，才将矛盾得以暂时缓解。

4. 垃圾供应。垃圾焚烧发电项目的处理对象和收益来源都是生活垃圾，因此生活垃圾的供应量和质量是保证项目能够持续运营的基础，一旦垃圾供应量不足或者供应垃圾不符合项目预期，会造成项目难以继续运营。例如在中山市某垃圾焚烧发电项目中，供应的垃圾经常出现建筑废弃物，这些石块经常会卡住焚烧炉，需要工人进入炉内清理，处理过程会耗费一定的时间，在项目投产运营的 4 个月中由于此类原因造成的停机达 10 余次，严重影响项目的运营。

5. 投资问题。建成一个大型的垃圾焚烧电厂是一个资金和技术密集的项目，工艺复杂而且前期投资巨大，后期运营和处理成本很高。国外投运一个垃圾焚烧发电厂一般需要几亿到几十亿美元，有的甚至上百亿美元。在我国，日处理 1000 吨的垃圾发电工程投资在 4 亿 ~ 6 亿元人民币，平均每吨垃圾处理成本超过 150 元人民币。燃煤火力发电上网电价每千瓦时约 0.4 元，而垃圾发电的上网电价一般 0.6–0.7 元人民币。如果单纯按市场化运作，这类企业可能连生存都存在问题，更不要说盈利。这些都说表明，政府在开发这类项目时需要通过和工程技术公司及专业的运营公司长期合作，以降低项目的投资成本和运营成本，来提高项目的经济强度。以重庆的同兴垃圾焚烧发电厂为例：重庆市政府 2004 年投资 3 亿多建成的 1000 吨垃圾发电厂，该项目和传统 BOT 项目的主要差别在于投资结构的差别，当时政府以国债方式直接投资和土地作为出资的方式占有项目公司的股份。该发电厂 2005 年亏损 300 多万元，2006 年也亏损接近 300 万元，2007 年虽然盈利，但也是来源于政府追加的财政补贴，并非是真正意义上的盈利。

四、固废处理采用 PPP 模式的必要性和可行性

第一，必要性分析。

1. 社会需求。我国由于人口众多，所面临的垃圾负担远远超过其他国家。城镇化带来生活垃圾加速增长的挑战，每人每年所产生的垃圾量高达约 880 斤。城镇化下城市人口不断增加，居民收入也在不断提高，居民的消费数量、结构和观念也都发生了改变，这必然使得居民生活垃圾的产生量不断增加，因此，其增长速度一定程度上取决于城镇化的速度和质量。城市生活垃圾产量大、堆积广、侵占大量土地面积，当前情况下，垃圾围城不在少数，城市的垃圾危机已经蔓延到周边乡镇，加之相伴而生的二次污染问题，严重危害到城乡结合区的环境质量。垃圾处理问题降低居民生活质量，不利于社会的和谐发展，成为限制经济增长的主要原因，随着我国人口的增长及城镇化建设进程的加快，经济的飞速增长与有限资源环境的束缚使得我国城市生活垃圾的处理陷入困境，需要通过 PPP 模式的应用来开拓一条城市生活垃圾处理市场化、产业化的道路。

2. 政策要求。当前我国大力倡导循环经济，重视社会的可持续发展，对垃圾处理提出了更为严格的“三化”要求，这是目前政府开展城市生活垃圾处理工作的重要准绳。近年来我国城建部、发改委等共同颁布《生活垃圾处理技术指南》，该指南把垃圾处理的“三化”要求摆在了重要位置，但“三化”目标的实现还不容乐观。所谓“三化”指的是垃圾处理的减量化、资源化、无害化。目前而言，“三化”目标实现较好的是无害化。而资源化和减

量化则不尽如人意，目前我国生活垃圾的资源化主要依靠焚烧发电和生物堆肥，垃圾的减量化则主要依靠垃圾回收和垃圾收费等举措，但是我国对垃圾的焚烧发电和生物堆肥的应用并不多。垃圾回收和垃圾收费在实践中取得的成果也不容乐观，我国现有的垃圾回收主要依靠四处散落的拾荒者，他们主要是对单位价值较高的废弃物进行回收，因而回收的程度还远远不够。

循环经济理论要求城市生活垃圾处理的技术水平要极大提高，只有市场化后引入竞争机制，充分利用私营企业的创新技术才能真正实现垃圾处理的循环结构，而 PPP 模式作为一种政府和私人合作的模式，可以在政府的协调、管理、支持和监督的背景下全面发挥私营部门的效率和创新力，为实现循环经济提供技术进步的动力。

此外，《指南》提出，由于城市生活垃圾处理的环节繁多而复杂，所以我们要综合考虑到每个环节的实施，努力保证垃圾处理在整个过程中运行；要努力促进城市生活垃圾处理的市场化转型，综合运用经济行政等工具解决处理过程带来的污染问题。显而易见的是当前我国采用的传统的城市生活垃圾处理模式无法跟上政策指导的步伐，引入 PPP 模式势在必行，它不仅可以借助私人资本的资金，还可以刺激国内企业学习借鉴国外的先进技术和管理经验，促进国内垃圾处理企业的技术升级，有利于实现垃圾处理的“资源化”“无害化”“减量化”要求。

3. 传统的城市生活垃圾管理模式弊端重重。一直以来，我国城市生活垃圾在管理方面采取的是政府包干式的环卫管理模式，这种模式完全由政府负责，不存在与其他主体的合作，不论是投资建设，还是管理监督，所有的工作都由政府去负担完成。一方面，政府要负担城市生活垃圾处理的投资，划拨财政资金，作为唯一的投资主体面临着巨大的财政压力；另一方面，这种模式阻碍了民间资本的进入，不利于竞争局面的开展，没有竞争就没有高的效率。再者，在我国的政府环保治理模式中，管理部门众多，并且权责界定不清晰，各个部门之间的职责划分较模糊，存在职能重叠，由此引发的后果就是当问题发生时，部门之间可能会相互推诿不愿主动承担责任，或者干脆不作为，这些问题将严重阻碍我国城市生活垃圾处理工作的顺利开展。

4. 提高财政资金的使用效率，缓解财政支付压力。政府在城市生活垃圾处理领域的资金支付压力非常大，而且现有的城市生活垃圾处理水平也远没有达到“三化”的基本要求，再加上城镇化的客观现实要求，未来在垃圾处理领域的资金需求会更大，因而有必要寻求一种新的可持续性的资金给付模式，而且在高回收率和高资源化率的情况下，垃圾经济能够给私营部门提供较高的利润回报，因而引入 PPP 模式会吸引较多的私营部门参与其中，政府也能减轻资金压力，同时由于私营部门有较高的管理和技术水平，不仅能提高生活垃圾的处理质量，还能提高财政资金的使用效率。目前，以 BOT 模式为主的垃圾焚烧项目已历经十余年的发展，在开展 PPP 运作方面可借鉴经验较多，以光大国际等上市公司为主的 PPP 参与方也因自身较强的经营实力和国有背景，在与地方政府的合作上障碍和顾虑较少，开展上相对较为顺利。

5. 全生命周期规划管理的要求。结合西方在治理城市生活垃圾方面的经验历程可以发现，城市生活垃圾治理的思路大体经过了一个从关注消费者责任的“污染者付费”理念到同时关注消费者和生产者共同责任的理念，再到最后的全生命周期规划管理城市生活垃圾的过程。所谓全生命周期垃圾处理的管理就是要求长期全流程综合化管理，因此，在生活垃圾处理市场化的背景下，要实现这种长期的全流程综合化管理只有 PPP 模式是最理想的模式，因为 PPP 模式是政府与私人部门通过契约的模式进行交易，在整个生活垃圾处理过程中都有政府和私营部门双方甚至多方的参与，这样就避免了单纯由政府供给这一服务时产生的资金使用效率低下和服务质量不能满足公众要求的情况，同时也避免了传统的政府采购模式下出现的种种问题，而且传统的政府采购公共服务只是对某一项或者某一阶段的服务进行采购，容易出现供应商只注重本环节的成本效应分析而无法实现全生命周期的效益最优，而 PPP 这种包括生产、运营整个过程的公私合作模式是与全生命周期的理念相一致的，因此有必要在生活垃圾处理领域应用 PPP 模式。

大力推行 PPP 模式对政府来说裨益良多，主要体现在：一是，通过与私人部门进行合作，政府可以减少城市生活垃圾处理领域内财政资金的花费，缩小财政缺口，拓宽融资渠道。二是，私人资本带来了竞争机制，打破传统生活垃圾管理模式的政府垄断局面，既可以在公私合作中避免传统模式出现的资金浪费情况，又可以通过竞争促进垃圾处理技术升级，提高垃圾处理项目的运营效率。三是，把私人企业引入到 PPP 项目中，将原先完全由政府一方负责的工作如建设运营等分配给私人企业来完成，使得政府退出垃圾处理的某些环节，这在一定程度上减少了政府所承受的风险。四是，PPP 模式带动私人企业的垃圾处理技术升级，改进垃圾处理设施，促进他们积极吸取国外先进经验，更能满足当前提出的垃圾处理“三化”要求。

第二，可行性分析。

1. 国家政策的支持。20 世纪 90 年代中后期以来，政府先后颁布实施了大量的相关法律法规，完善充实了我国生活垃圾处理的法律体系，大力推行市场化改革。如：建设部于 2000 年颁布实施《城市生活垃圾处理及污染防治技术政策》，文件明确提出，在垃圾处理领域内，可以大力借助民间资本的优势和帮助，充分利用社会和市场的力量来完善治理方案；第十届全国人民代表大会常务委员会于 2004 年底颁布《中华人民共和国固体废物污染环境防治法》，该法提出，可以凭借招标的途径挑选综合实力最强的企业来分担政府的一部分垃圾处理工作，比如垃圾的清运处理等方面；2007 年颁布《城市生活垃圾管理办法》，强调对城市生活垃圾收费制度的完善，里面的规定非常详细，具体到了生活垃圾过程中的方方面面，除此以外，还对垃圾处理的监管及法律责任进行了界定。总之，对 PPP 项目各方面的法律政策在日渐充实，涉及面越来越广，这都为 PPP 模式的应用提供了越发完善的制度环境，使得 PPP 模式应用于城市生活垃圾处理领域具备了可行性。

2. 民间资本的发展壮大。十一届三中全会以来，我国由计划经济体制向市场经济体制转变，这为民营企业的快速发展创造了良好的制度环境。具备了政策的支持，私有经济很快发展壮大起来。有关调查数据表明，早在 2012 年，私有经济对我国 GDP 的贡献率已经超过 60%，民营企业的数量飞速增加，早已突破千万家，占据全国企业总数的绝大部分，在民营企业中工作的人数达到 8907 万人，注册资本达 29.8 万亿元。再者，私有企业注重自我创新能力的提升，广泛寻求与大学的技术研究合作，以此提高了自身的科技水平。总而言之，私有经济具备蓬勃生命力，是活跃于市场经济中的重要一分子。在投资增长率方面，我国私有经济的固定资产投资的增长速度达到了很高水平，为 26%–27%，由此可以看出，私有经济生命力旺盛，在很大程度上为我国的经济增长贡献了重大的力量。再者，根据国家统计局的研究文件，我们发现私有经济对县级经济的增长贡献很大：县级政府作为地方政府，一直以来就面临巨大的财政负担，地方经济发展落后加上贷款获得难度大，造成县级政府不得不寻求私有经济的帮助。为了最大限度刺激民营经济的发展，政府需要的是减少私有经济发展道路中的障碍，提供行政和法律上的援助，减少其进入市场的壁垒，为它创造良好的发展环境。出于这样的目的，政府应该在多方面努力，如完善政策与法律体系的构建、制定投资手册、审批上减少不必要的程序等。

3. PPP 模式的运作已具备一定基础。PPP 模式在 20 世纪 80 年代中期传入我国，主要应用于电力、水利等基础设施领域。截至目前，我国已开展了上万亿元的 PPP 基础设施项目，广泛涉及垃圾处理、自来水、桥梁、市政公路等多个领域，并且在此过程中积累了丰富的经验，培养出大量的具备各领域知识的复合型人才，这些都为 PPP 模式在城市生活垃圾处理中应用奠定了基础。

4. 城市生活垃圾处理项目符合 PPP 模式的要求。PPP 项目具有投资大、工期长及风险复杂等特点，如果后期没有稳定的现金流入做保障，私人资本就不会有意愿参与进来，就会造成项目无法开展。城市生活垃圾其实是一种资源，只不过它的价值要通过回收利用来发现。首先，城市生活垃圾行业蕴含巨大商机，通过回收等技术手段的利用可以创造利润；其次，垃圾能够被转化为电能等其他能源，发挥出巨大的能源价值，总之城市生活垃圾处理是有利可图的。城市生活垃圾处理项目虽然投资成本巨大、项目运营周期很长，但是它可以有稳定的现金流入，这些现金的流入来自于垃圾产品的销售额、政府财政补贴和垃圾收费等。伴随着垃圾处理收费机制的日渐完备和对垃圾产品的旺盛需求，城市生活垃圾处理项目中的现金流入通常都能保持稳定。某些城市垃圾处理环节表现出一定的私人属性。一直以来城市垃圾处理服务被认为是公共福利事业，是典型的准公共品，应由政府负责供给。事实上，如果把垃圾处理服务各环节拆开来看，其竞争性、排他性和外部性是不完全一样的。一般而言，在垃圾的收集、运输环节具有明显的排他性和竞争性，主要是因为这些环节会有较大的规模经济效应，垄断是比较有效的供给；而在垃圾的分类回收环节则有明显的市场特征，即竞争性很强，虽然我国目前也形成了一定的垃圾回收市场，但是回收率太低，还缺乏一定的竞争性；而在终端处理环节主要是存在一定的技术垄断，如果技术成熟，则该环节也是一个可以市场化的环节，PPP 模式的多样性正好符合垃圾处理的特征，因此从这个角度来讲，PPP 模式是可以应用于垃圾处理行业的。城市垃圾处理服务具有一定的可营利性。由于不同环节的服务其私人属性不一致，而且国外相当多的成功经验表明：通过一定的制度设计，可以实现对城市垃圾处理服务按量收费，因而从某种程度来说实现私人企业参与该服务的供给是可行的。而且随着居民受教育程度的普遍提高，居民素质、道德水平也有所改善，因而收费制度不太可能产生大规模的道德败坏。1994 年《世界发展报告》对民营企业供给公共产品和服务的可行性进行了研究，通过对产品和服务的特征、竞争的程度、向使用者收费以补偿成本的可能性、公共服务的政府责任以及其他外界等因素进行分析，来判断一项公共产品或服务是否可以市场化。这些研究都说明城市垃圾处理行业对民营企业来说是有利可图的，因而私人部门可以参与其中，而 PPP 模式就是私人部门参与公共产品和公共服务供给的有效方式。

五、社会资本参与固废行业面临的主要障碍

第一，固废处理行业在公众关系处理方面面临一些阻碍。

尽管社会公众希望政府加强环保投入，营造良好的生活环境，但都希望环保项目工厂尽可能远离自身居住地。近年来，垃圾处理项目选址过程中引发的民众集聚抗议件屡见不鲜，给项目推进带来一定阻力。目前，政府已经通过提高行业标准等方式降低垃圾处理项目对周边区域的负面影响，例如，2014 年 7 月新修订的生活垃圾焚烧污染控制标准已提高至国际水准。但总体而言，垃圾处理项目仍会对周边居民的生活舒适程度有所影响，政府一是需要加强对民众的教育，降低民众抵触心理；二是需要合理布局城市功能，为项目的选址做好铺垫。

第二，价格机制有待进一步明确。

目前，固废处理项目主要收费模式包括用户付费、政府付费、或用户付费与政府补贴相结合等，未来将更多地向用户付费模式转变。用户付费通过单独征收或并入水、电等其他费用中合并征收的方式进行，在开始收取以及未来调价两方面都面临一定的社会压力，易被指责为乱收费、乱涨价等；而定价过低和未来调价不顺畅则会导致项目盈利状况不佳，降低社会资本的进入动力，或使政府补贴增加，给财政带来负担。因此，定价及调价问题亦是困扰项目开展的制约因素之一。

第三，盈利障碍。

垃圾处理项目属于市政公用行业的特性决定了其难以取得暴利，在实际项目操作过程中，保本微利这个模糊概念往往成为民间资本市场准入的隐性壁垒。垃圾处理项目的收入主要是垃圾处理费和售电收入（如果采用生物厌氧发也可以是天然气收入），其中处理费收入是收入的主要来源，以泰达公司双港垃圾焚烧项目为例，售电收入和处理费收入的比例大概在 1∶2 左右。在不同地区不同项目中垃圾处理费差别很大，从每吨 20 元到每吨 200 元都有，垃圾处理费收费标准的不清晰使得垃圾处理行业存在大量的鱼龙混杂的局面，企业和政府之间尖锐的博弈往往集中在垃圾处理费的标准上，企业在博弈中明显处于弱势地位。虽然市政项目就其市场需求稳定性的角度风险较低，利润水平可以相对较低，但民间资本面对较大的政策性不确定性风险和利润水平不确定性等问题，其完全可以不在该行业内进行投资。如果国家像对待供水行业一样，确定一个各方都能接受和认可的垃圾行业的基本财务内部收益率、投资利润率，如果有这样明确的指标设定，在政府和企业共同投资参与下，企业有政府的保驾护航，政府有企业的技术、施工、运营、管理能力的支持，大家的互信程度将大大提高，信息不对称的局面将大大改善，整个行业的投资透明度就会相对提高，在这样的基础上政府来确定行业的税收优惠、处理乃至发电等补贴，才能逐步克服行业的盈利障碍。

第四，融资障碍。

PPP 项目在国际上已经是一种成熟的经营模式，其不同于其他经营模式的本质区别在于其融资方式是有限追索还是无限追索。项目融资，银行是重要的参与者，项目融资是以项目投资所形成的资产、未来的收益或权益作为建立项目融资信用的基础，取得债务融资，项目的股本投资方不对项目的借款提供担保（无追索）或只提供部分担保（有限追索）。项目融资不同于传统的银行贷款，但现实是多数国内银行没有有限追索融资的经验和规定，银行对这种融资方式持观望态度，大多要求提供另外的资产质押和担保，而且考察投资人的资质和投资结构也非常苛刻，这些都为项目融资造成很大困难。一些地方政府还要在协议里明确要求，特许权协议的所有权、收益权都不能质押和抵押，这种情况下银行就更难以接受了。但随着我国金融市场的逐渐成熟，PPP 项目融资这个金融工具的应用也会更加广泛。如果项目的收入水平能够提高，项目的投资结构比较牢靠，银行（特别是政策性银行）支持的力度也会逐渐增大。

第五，市场环境障碍。

国内一些超大型项目，由于缺乏合理投资结构依据，缺乏风险风担的机制基础，投标价格往往成为政府选择中标人的唯一指标，政府也缺乏有效的评选标准，致使一些企业抱着不可告人的目的拼命降低投标报价，而不是从中选择适当的联合体、确定合理的投资结构比例以提高项目未来数十年的风险承受能力作有针对性的投标。投标价之低难以想象，别说处理的经营费用，投标价连财务费用都不够，中标后扯皮耍赖、项目建设中偷工减料或者建成后无法正常运营就是必然的结果。市场环境非常混乱。这种恶意降价、恶意竞争的做法，搅乱了市场公开、公平、公正竞争的基本原则。

第六，法律法规的不健全及监管执法的不到位。

对于餐厨、危废处理等细分行业，固废产生单位若通过非法手段处理可降低成本甚至可将垃圾出售获取收益，而规范后需向处理企业支付远高于过去的处理成本，若没有严厉的法律法规和严格的执法手段，垃圾产生单位主动寻求处理的动力明显不足。故政府在加强相关法律法规的同时，应着力于法律执行的落实情况，良好的秩序建立是固废处理行业健康发展的一大前提。在短时间内完成并制定一部《市政公用基础设施特许经营法》或《BOT 项目投融资法》之类的单行法并不现实和也不是最佳的解决方案，但是现行法律规范的某些规定对民间资本参与市政公用基础设施形成阻碍还是客观存在的。立法机关或主管部门对此应给予重视，并适时加以修改或做出明确的界定。当法律法规和现实情况之间出现抵触或矛盾，没有解决的依据时，只能靠政府自发地站在投资人和接受服务人的双重立场设身处地的寻求解决的办法。真正从自身收益、公众受益的层面考虑问题，否则其他投资人对政府而言如果只是单一的受授关系，平等协商以及投资者权益的保护将无从谈起。

第七，政府从市政项目的直接投资方、建设方和运营管理方到项目的监管方，将是一个巨大的体制和思想观念的转换。

这需要很长时间的过渡过程，企业也需要一个时期的过度，通过和政府授权的投资代表共同参与项目中，和政府风险共担、利益共享，不断提升自身适应能力和抗风险能力。

第八，诚信及腐败障碍。

政府的信用风险是垃圾处理产业民间资本进入的一大障碍。我国部分地方政府视市政公用基础设施项目为纯粹的招商引资项目，但招商却不重商，不把诚信责任放在心头，违约情况时有发生。诸如，地方政府支付能力有限，市场化条件尚未具备的项目经政府包装后推介给民间资本，只会降低地方政府的信誉。政府承诺不能兑现、政策无法落实等问题时有发生。在与地方政府签订的特许经营权协议中，虽然有看似对等的权利义务条款以及违约的罚则，但实质上两个不平等的签约主体使得企业仍然处于弱势群体。

第二节　固废处理应用 PPP 的政策环境

城市生活垃圾处理属于典型的市政公用事业，2002 年以前，我国主要由城市政府主管部门直接承担有关的收集、运输和处理事务。随着国民经济和城市建设的飞速发展，人民生活水平不断提高，城市生活垃圾产生量也持续增长，对环境的压力越来越大，并严重影响城市的可持续发展，城市生活垃圾处理的问题越来越受到各方面的关注，尽管中央政府和地方政府不断投入大量资金建设城市生活垃圾处理设施，但原有的管理和投融资体系不能满足垃圾处理和污染控制的要求，“垃圾围城”成为非常紧迫的问题，迫切需要打破已有体制，引入民间资本和管理。为此，城市生活垃圾处理领域是我国较早引入民营企业参与的领域之一，而特许经营是我国垃圾处理市场化最重要的制度安排。2004 年，国家建设部发布了《市政公用事业特许经营管理办法》，为垃圾处理产业化的发展提供具体的指导。近些年来的主要政策包括：

一、《关于实行城市生活垃圾处理收费制度促进垃圾处理产业化的通知》（计价格〔2002〕872 号）

2002 年 6 月，国家计委（现国家发改委）、财政部、建设部、国家环保总局四部委联合出台的《关于实行城市生活垃圾处理收费制度促进垃圾处理产业化的通知》，该通知建立了垃圾处理市场化收费制度的基础，垃圾处理成为了投资的热点。文件的主要内容包括：

1. 全面推行生活垃圾处理收费制度，促进垃圾处理的良性循环。所有产生生活垃圾的国家机关、企事业单位、个体经营者、社会团体、城市居民和城市暂住人口等，均应按规定缴纳生活垃圾处理费。实行生活垃圾处理收费制度，是适应社会主义市场经济体制的客观要求，促进垃圾处理体制改革，实行政事、政企分开，逐步实现垃圾处理产业化的重要措施。各地要充分发挥市场配置资源的基础作用，拓宽投融资渠道，改善投融资环境，鼓励国内外资金，包括私营企业资金投入垃圾处理设施的建设和运行，最终建立符合市场经济要求的垃圾处理运行机制，解决当前垃圾处理能力不足所造成的环境污染问题。

2. 合理制定垃圾处理费用标准，提高垃圾无害化处理能力。按照垃圾处理产业化的要求，环卫企业收取的生活垃圾处理费为经营服务性收费，其收费标准应按照补偿垃圾收集、运输和处理成本，合理盈利的原则核定，并区别不同情况，逐步到位。垃圾收集、运输和处理成本主要包括运输工具费、材料费、动力费、维修费、设施设备折旧费、人工工资及福利费和税金等。垃圾处理费收费标准，由城市人民政府价格主管部门会同建设（环境卫生）行政主管部门制定，报城市人民政府批准执行，并报省级价格、建设行政主管部门备案。目前垃圾处理费仍是按行政事业性收费管理的，应创造条件，结合环卫体制改革，尽快向经营服务性收费转变。制定、调整生活垃圾处理费标准要实行价格听证会制度。

3. 制定科学的计收办法，加强收费管理。生活垃圾处理费应本着简便、有效、易操作的原则，按不同的收费对象采取不同的计费方法，并按月计收。对城市居民，可以以户或居民人数为单位收取；对纳入城市暂住人口管理的居民以及国家机关、事业单位，可以以人为单位收取；对生产经营单位、商业网点可以按营业面积收取；船舶、列车及飞机等交通工具可以按核定的载重吨位或座位收取；其他生产经营单位产生的生活垃圾，原则上以人为单位计收，生产垃圾处理费与工业废物垃圾处理费不得相互重复计收。具备条件的城市可以按照生活垃圾量计收垃圾处理费。对下岗职工自谋职业者和城市下岗职工、失业人员及低保对象，应实行收费减免政策。垃圾处理费的具体计收办法和收费减免办法由城市人民政府根据实际情况制定。任何单位和个人都不得擅自减免垃圾处理费。对不按规定缴纳垃圾处理费的，各地要采取措施加强管理。生活垃圾处理费全部用于支付垃圾收集、运输和处理费用，任何部门和单位不得截留、挪用。对于生活垃圾处理设施不足，已经投资在建的垃圾处理设施，经城市人民政府批准，收取的生活垃圾处理费可用于补充生活垃圾处理设施的建设费用，但在建项目 3 年内必须建成，并实施垃圾处理。

4. 改革垃圾处理运行机制，促进垃圾处理产业化。各地要按照城市总体规划和建设计划，制定生产垃圾处理设施专项规划和建设计划，处理设施布局和规模要合理。城市稠密地区，可按市场化运作方式建设区域性处理设施。垃圾处理设施的建设，要符合国家或有关部门颁发的产业政策、技术政策、建设标准和环境标准。要逐步关闭过渡性的简易处理设施，不断提高垃圾处理水平。改革垃圾处理体制，实行企业化管理。垃圾处理单位应实行政企、政事分开，要引入竞争机制，通过公开招投标的方式，择优选择有资质的企业承担城市生活垃圾处理工作。积极探索特许经营、承包经营、租赁经营等多种运营方式，降低建设和运营成本，不断提高服务质量。城市建设（环境卫生）行政主管部门要建立市场准入制度，通过公开招投标择优选择有能力的企业（单位）承担生活垃圾收集、运输和处理工作。通过签订合同，明确责任和义务。垃圾处理企业（单位）应转变经营管理体制，实现独立核算、自负盈亏的企业化管理、确实保证垃圾处理质量。城市建设（环境卫生）行政主管部门应加强对生活垃圾处理的监督管理，对达不到处理标准和服务质量的，应责令其改正；对现有存在污染隐患的垃圾处理厂应责令提出改造方案，限期整改。各级环保部门应加强对垃圾处理设施周围环境质量的监测检查，对处理不达标造成二次污染的应按有关规定进行处罚。

二、《关于印发推进城市污水、垃圾处理产业化发展意见的通知》（计投资〔2002〕1591 号）

该通知要求建立城市污水、垃圾处理产业化新机制。《通知》要求各地区要转变污水、垃圾处理设施只能由政府投资、国有单位负责运营管理的观念，解放思想，采取有利于加快建设、加快发展的措施，切实推进城市污水、垃圾处理项目建设、运营的市场化改革。推进城市污水、垃圾处理产业化的方向是，改革价格机制和管理体制，鼓励各类所有制经济积极参与投资和经营，逐步建立与社会主义市场经济体制相适应的投融资及运营管理体制，实现投资主体多元化、运营主体企业化、运行管理市场化，形成开放式、竞争性的建设运营格局。

三、《市政公用事业特许经营管理办法》（中华人民共和国建设部令第 126 号）

2004 年住建部发布了《市政公用事业特许经营管理办法》，垃圾处理正式开始实施特许经营，此后该行业的市场化程度逐步提升。该办法明确了市政公用事业特许经营的定义及所适用的范围，提出了特许经营参与各方的行为规范，对推进包括固废处理在内的市政公用事业市场化改革起到了重要引导作用。

四、《中华人民共和国固体废物污染环境防治法》

2005 年，《中华人民共和国固体废物污染环境防治法》经过修订后正式颁布实施。该法明确县级以上人民政府应当将固体废物污染环境防治工作纳入国民经济和社会发展计划，对固体废物污染环境防治实行污染者依法负责的原则，从法律上明确了固废处理的责任人。

五、《可再生能源发电价格和费用分摊管理试行办法》（发改价格〔2006〕07 号）和《可再生能源发电有关管理规定》（发改能源〔2006〕13 号）

2006 年 1 月，国家发展和改革委员会发布了上述规定和办法，针对垃圾作为可再生能源发电项目的电价补贴及电网接入给予了明确的指示。

六、《城市生活垃圾管理办法》（中华人民共和国建设部令第 157 号）

2007 年原建设部颁布了《城市生活垃圾管理办法》，明确了产生城市生活垃圾的单位和个人，应当按照城市人民政府确定的生活垃圾处理费收费标准和有关规定缴纳城市生活垃圾处理费，城市生活垃圾处理费应当专项用于城市生活垃圾收集、运输和处置，严禁挪作他用，这成为我国城市生活垃圾治理的法治依据。

七、《关于资源综合利用及其他产品增值税政策的通知》（财税〔2008〕156 号）

2009 年 1 月，财政部、国家税务总局颁布了《关于资源综合利用及其他产品增值税政策的通知》，对垃圾发电或产生的热量，以及垃圾处理的下端产品的销售实行免征增值税政策，对垃圾处理项目给予财政税收方面的优惠政策。

八、《国务院批转住房城乡建设部等部门关于进一步加强城市生活垃圾处理工作意见的通知》（国发〔2011〕9 号）

2011 年，《关于进一步加强城市生活垃圾处理工作的意见》出台，明确提出健全收费制度：按照“谁产生、谁付费”的原则，推行城市生活垃圾处理收费制度。产生生活垃圾的单位和个人应当按规定缴纳垃圾处理费，具体收费标准由城市人民政府根据城市生活垃圾处理成本和居民收入水平等因素合理确定。探索改进城市生活垃圾处理收费方式，降低收费成本。城市生活垃圾处理费应当用于城市生活垃圾处理，不得挪作他用。

九、《国家发展改革委关于完善垃圾焚烧发电价格政策的通知》（发改价格〔2012〕801 号）

2012 年，国家发改委制定了《关于完善垃圾焚烧发电价格政策的通知》，提出每吨垃圾的折算上网电量暂定为 280 千瓦时，折算上网电价执行 0.65 元 / 千瓦时，这为垃圾焚烧发电技术的应用和推广提供了很好的机会。

十、《国务院关于创新重点领域投融资机制鼓励社会投资的指导意见》（国发〔2014〕60 号）

2014 年 11 月，《关于创新重点领域投融资机制鼓励社会投资的指导意见》发布。意见指出，积极推动社会资本参与市政基础设施建设运营：通过特许经营、投资补助、政府购买服务等多种方式，鼓励社会资本投资城镇供水、供热、燃气、污水垃圾处理、建筑垃圾资源化利用和处理、城市综合管廊、公园配套服务、公共交通、停车设施等市政基础设施项目，政府依法选择符合要求的经营者。政府可采用委托经营或转让—经营—转让（TOT）等方式，将已经建成的市政基础设施项目转交给社会资本运营管理。

十一、《关于印发政府和社会资本合作模式操作指南（试行）的通知》（财金〔2014〕113 号）

2014 年 12 月，《政府和社会资本合作模式操作指南》发布。指南规定何种项目宜于采用政府和社会资本合作的模型进行建设，如投资规模大、建设周期长等公共基础服务设施，这为固废项目的 PPP 模式运作提供了重要的指导和借鉴。

十二、《国家发展改革委关于开展政府和社会资本合作的指导意见》（发改投资〔2014〕2724 号）

2014 年 12 月 4 日，《关于开展政府和社会资本合作的指导意见》发布，意见指出何种建设模式可考虑采用 PPP 模式，如燃气、供电、垃圾处理等公共基础设施项目。

十三、《关于市政公用领域开展政府和社会资本合作项目推介工作的通知》(财建〔2015〕29 号)

2015 年 2 月,《关于市政公用领域开展政府和社会资本合作项目推介工作的通知》发布，财政部、住房城乡建设部决定在城市供水、污水处理、垃圾处理、供热、供气、道路桥梁、公共交通基础设施、公共停车场、地下综合管廊等市政公用领域开展政府和社会资本合作（Public-Private Partnership，以下简称 PPP）项目推介工作。

十四、《关于在公共服务领域深入推进政府和社会资本合作工作的通知》(财金〔2016〕90 号)

2016 年 10 月 11 日，财政部发布《关于在公共服务领域深入推进政府和社会资本合作工作的通知》，其中最受关注的是财政部将在垃圾处理、污水处理等领域探索开展 PPP 模式强制试点，即在垃圾处理、污水处理等公共服务领域，项目一般有现金流，市场化程度较高，PPP 模式运用较为广泛，操作相对成熟，各地新建项目要推广应用 PPP 模式，中央财政将逐步减少并取消专项建设资金补助。

十五、《住房城乡建设部等部门关于进一步加强城市生活垃圾焚烧处理工作的意见》(建城〔2016〕227 号)

2016 年，住建部、国家发展改革委、国土资源部和环境保护部联合发布的《关于进一步加强城市生活垃圾焚烧处理工作的意见》提出，要加强焚烧设施规划选址管理。项目用地纳入城市黄线保护范围，规划用途有明显标示。《意见》提出，要实施精细化管理，落实运行管理责任制度和应急管理预案，采取切实有效措施，控制二次污染。在落实环境防护距离基础上，面向周边居民设立共享区域，因地制宜配套绿化、体育和休闲设施，实施优惠供水、供热、供电服务，安排群众就近就业。变短期补偿为长期可持续发展，变“邻避效应”为“邻利效益”，实现共享发展。

综上可知，近 15 年来，国家对固废处理的市场化运行一直在出台各种鼓励政策，这为发展固废处理的 PPP 模式提供了基础和条件。但是，我们也应看到，有关生活垃圾管理的部门行政规章还并不系统，全国大部分城市还未颁布有关生活垃圾管理的专门法规。现行的生活垃圾管理法规体系中存在的法律规范不够具体，法律责任不够明确，缺少实施细则，这不利于生活垃圾综合利用和处理处置市场运作体系的建立。

第三节　固废处理 PPP 项目的主要模式

一、PPP 模式主要的三种形式

1. 由私营机构来负责项目的前期建造工作和项目的具体运营，并在运营期内实现回收投资并获得一定收益的目的。建造—经营—转让（BOT），建造—转让—经营（BTO），建造—拥有—经营（BOO）等采用的都是这类形式。

2. 地方政府将全生命周期的特许经营权授予项目公司，同时以土地、政策、税收、贷款等方式对项目公司进行贴补。工程实际当中比较常用的设计—建造—融资—经营（DBFO）就属于这种方式。

3. PPP 项目的前期咨询和建造工作由地方政府来负责，项目建成后政府将经营权以特许经营的形式移交给专业化项目公司 SPC。这一类型的运作形式主要包括两种，即：建造—租赁—经营—转让（BLOT）和转让—运营—转让（TOT）。

对 PPP 模式的选择，应综合考虑政府参与度、所有权归属和融资的主体等要素，并结合项目的实际情况，做出最合适的决定。

这里主要介绍最常用的 BOT 模式。

BOT（Build-Operate-Transfer）即建设－经营－转让，是指为将政府所规划的工程交由民间投资兴建并经营一段时间后，再由政府回收经营。在城市垃圾处理方面，企业首先通过自筹资金建立城市垃圾处理站，解决政府资金不足的问题。然后，企业通过收取垃圾处理费和垃圾循环利用来回收资金，同时，政府每月也会支付一定数额的垃圾处理费。这样在有限的财政经费的情况下，既提高了垃圾处理率，又有利于城市环境的改善。此外，企业来建立垃圾处理站，在管理方面更利于采用企业管理制度，提高管理效率。

作为 PPP 的一种 典型模式，BOT 融资模式已经在基础设施建设领域发挥了重要作用，并得以广泛应用，通过这种模式不但吸收了大量民间资本参与到基础设施投资领域中，而且由于民间资本的参与在一定程度上提高了基础设施项目的投资效益和运营效率。

在垃圾处理项目中，由上海市政府投资、上海城投和上海浦发集团公司和国外公司、国内国有企业、民营企业、政府共同投资建设，合资期限 50 年，吸收社会资本 7.5 亿元人民币，日焚烧处理垃圾 1600 吨，每吨处理成本 46 万余元。在设计标准不降低，关键设备技术由国外引进的条件下，大量吸收了民间资本，大幅降低了垃圾焚烧发电厂的单位投资成本。

但是，BOT 模式在国内垃圾处理项目应用的过程中也存在着诸多的问题。城市垃圾处理项目不仅具有公益性和基础性的特点，而且关系到城市的生态环保安全问题。该类项目本身属于资本、技术密集型产业，一次性投资大，技术要求和环保要求高，运营风险大，收益相对较低，不确定因素较多，运营期和投资回收期长。某些企业抱着圈钱、占地的目的，而不是采取利益共享、风险共担、各方优势互补的原则，实现通过项目的运营长期获益的目的参与到 BOT 项目中，严重扰乱了市场环境；有些项目开发初期没有充分研究投资结构的合理性，责任和权益不对等，资本金不到位而又刻意压低建设投资总额，套取银行贷款，待建设持续一段时间问题暴露出来以后，又和政府在投资、收费等问题上反复纠缠，严重耽误项目的建设和开发。

此外，还有一种模式也应用较多，即服务合同模式。服务合同模式先由政府出资建立城市垃圾处理站，负责基础建设和设备等所需投资。然后，政府选择有资质的企业将垃圾处理站的部分运营权承包出去。企业按照政府规定的标准进行运营，获取利润，政府则按照合约规定，收取一定的费用，回收资金。服务合同模式是最有竞争力的一种合作方式。第一，服务合同的期限比较短，这就要求企业必须按照低成本原则来进行经营，以获取较高的利润。第二，服务合同规定的经营范围有限，企业进入障碍比较少，允许更多的企业参与竞争，这样可以择优选择。

二、固废处理 PPP 模式的案例简析

案例 1：常州市餐厨垃圾 PPP 模式创新案例

政策与行业背景

近年来，中央政府和地方政府不断投入资金建设城市生活垃圾处理设施，并采用 BOT 等模式引入民间资本和外资，通过各种途径建设垃圾处理设施，使我国生活垃圾处理能力不断增大。但是，我国城市生活垃圾污染控制的被动局面并没有得到解决，各级政府仍然面临着如何实现垃圾处理的可持续发展这一难题。这主要表现在：

1. 垃圾处理设施建设面临新的问题。

随着社会经济发展迅速，民众对环境和健康的要求越来越高，也越来越关注垃圾处理的问题。垃圾处理也不仅是资金和技术的问题，更多成为社会问题。尤其是对于二噁英对健康影响的关注，在许多城市，反焚烧的倾向越来越强，甚至延伸到所有的垃圾处理设施，严重影响垃圾处理设施的建设，许多城市面临填埋场几乎填满，而新的设施不能实施的窘境。

2. 垃圾处理的产业化比较多地集中在技术成熟、收益有保证的领域，如垃圾焚烧发电和卫生填埋领域，而利用新技术和工艺进行机械生物处理的领域，则鲜有成功的案例。

3. 有机污染物，尤其是餐厨垃圾的管理和处理，由于关系到食品安全和民众健康问题，受到政府和民众的关注，成为新的热点，迫切需要新的收集和处理设施。而由于缺少成熟可靠的技术和案例，在引入民营资本的同时，带来较多的问题。

4. 垃圾管理向县级和乡镇延伸，带来新的处理设施和能力需求。

5. 虽然垃圾处理市场已经形成，同时经济的持续发展也为垃圾处理产业的发展提供了经济条件，我国垃圾处理产业已有雏形，但是由于相关法律法规还不健全，缺乏必要的支持条件，市场机制不规范，管理体制不适应垃圾

处理产业化和市场化的发展需要等问题，严重影响垃圾处理目标的实现。

餐厨垃圾问题在中国具有特殊性。国家为应对餐厨废弃物引发的“地沟油”“垃圾猪”等食品安全问题，自 2010 年起，启动了城市餐厨废弃物资源化利用和无害化处理试点工作，旨在从源头上斩断“地沟油”回流餐桌和餐厨废弃物直接饲养畜禽等非法利益链，推动餐厨废弃物资源化利用和无害化处理，变废为宝，化害为利，促进循环经济发展。2011 年 4 月，住建部等 16 个部门联合发布《关于进一步加强城市生活垃圾处理工作的意见》，到 2015 年，50% 的地级城市初步实现餐厨垃圾分类收运处理。国办发〔2012〕23 号“国务院办公厅关于印发‘十二五’全国城镇生活垃圾无害化处理设施建设规划的通知”规划“十二五”期间，地级城市的餐厨垃圾必须进行无害化处理，规划建设餐厨垃圾处理设施 242 座，达到 3 万吨 / 日的处理能力，包括餐厨垃圾专项工程投资 109 亿元。从 2010 年起至 2013 年，国家发改委和住建部先后分 3 批确定了共 69 个试点城市，对餐厨垃圾项目进行专项资金支持，促进餐厨垃圾处理。这 69 个试点城市和项目绝大多数由民营企业参与实施，是典型的 PPP 领域。但是，由于我国在该领域缺乏必要的技术积累和运营管理经验，尽管中央政府提出了较高的要求和时间节点，但由于对于处理技术、目标要求、处理价格等缺乏必要的认识，尤其是缺乏成熟可靠的技术和运行实践，一直到今日，实际建成并运行的项目屈指可数。

常州市餐厨垃圾处理 PPP 项目的具体运作

常州市城管局和江苏维尔利环保科技股份有限公司在常州市餐厨垃圾项目的合作，是城市垃圾处理领域创新性技术、创新性业务领域 PPP 合作的典型成功案例。

1. 公共需求。为贯彻中央精神，有效控制餐厨垃圾污染，保障民众健康，江苏省政府于 2011 年颁发了省长令，要求重点城市开展餐厨垃圾处理工作。常州市政府积极响应省政府要求，并要求由城管局负责，在 2012 年 5 月建设完成应急处理设施并开始实施餐厨垃圾的集中收集和应急处理，并同时开展 200 吨 / 日餐厨垃圾处理和资源化项目准备。由城市管理局牵头，一方面组织城管、公安、环保、卫生、工商、药监等部门，联合开展餐厨废弃物收运处置综合整治工作，取缔非法收运餐厨废弃物车辆、非法加工餐厨废弃物窝点；另一方面，一开始就计划引入 PPP 的机制，通过招标引入具有技术、资金和经营能力 的 企 业进 行 项 目 的 投 资、建 设 和 运 行管理。餐厨垃圾的收集和处理设施建设及运营是餐厨垃圾管理工作最主要的两个环节。由于过去缺乏相应的经验，国内缺乏成熟的技术和可参考工程案例，如何开展餐厨垃圾处理项目的特许经营，成为城管局面临的难题。

2. 私人资本优势。江苏维尔利环保科技股份有限公司是一家高浓度有机废水处理和有机垃圾处理领域领先的上市环保企业，通过国际合作和自助研发，发展了适宜中国餐厨垃圾处理要求的成熟技术和成套装备。江苏维尔利环保科技股份有限公司正在进行的餐厨垃圾处理技术研发已经取得实质性进展，完成了中试工作和关键设备开发，迫切需要在实践中对其工艺和设备进行检验和进一步的完善。

3. 公私合作的规划。双方经过沟通，确定由常州市政府和江苏维尔利环保科技股份有限公司一起，发挥各自优势，实施常州市餐厨垃圾应急工程，一方面，由市政府出资 500 万元，购买 21 辆餐厨垃圾收集运输专用车辆，分配到各城区环卫部门，进行餐厨垃圾的收集和运输；另一方面，由维尔利公司负责 100 吨 / 日餐厨垃圾应急处理设施的技术工艺、设备投资和建设运行。

4. 项目运作效果与效益。由于双方的目标明确，配合得当，准备工作充分，在很短时间内完成了应急处理工程的建设，初步建立了餐厨垃圾收集体系，并于 2012 年 5 月 20 日正式开始餐厨垃圾应急工程的运行工作。从 2012 年 5 月到 2014 年 3 月不到 2 年的持续运行实践中，重点收集 335 个大型餐馆饭店的餐厨垃圾，平均每日收集处理量 70 吨。2013 年，在应急工程运行 1 年后，常州市城管局不仅对餐厨垃圾的源头管理、收集运输管理具有了全面的认识和经验，而且对餐厨垃圾处理技术和工艺有了较深刻的认识，对运行成本有了较明确的了解。初步建立了适合市情的收运体系和监管机制，基本做到了宣传到位、执法有序、台账规范、工作创新，并被国家发改委等五部委确定为第二批餐厨废弃物资源化利用和无害化处理试点城市。同时，维尔利公司通过 1 年多的应急工程项目运行，对其餐厨垃圾处理工艺和设备的可靠性、适应性进行了生产性检验，并在实践基础上，对其工艺和设备进行了进一步改进，形成了完善的技术和成套设备。

5. 后续长期的 PPP 项目合作。在此基础上，常州城管局组织了常州市 200 吨 / 日餐厨垃圾处理特许经营项目的公开招标工作，并最终授权江苏维尔利环保科技股份有限公司，承担该项目的为期 25 年的投资、建设和运行的特许经营权，包括源头收集、运输、处理和资源化利用等。该项目一期工程总投资 1. 4 亿元，收集、处理 200 吨 / 日餐厨垃圾，对其中的废油脂进行回收，对有机质通过厌氧消化沼气发电利用；负责 20 吨 / 日地沟油的收集，制取生物柴油利用；并过程达到全方位的环境保护目标。

常州市餐厨垃圾处理 PPP 项目实践的经验借鉴

1. 政府职能转变过程中明确责任意识和服务意识。

常州市政府具有对市政行业特许经营实施的经验，一开始就对项目的执行标准和处置费补贴有明确的认识和考虑。

技术标准和处置费补贴是所有特许经营项目最关键的两个问题，在针对新技术和不确定性目标的情况下，这两个问题也是争议最大的问题。大多数业主单位都是在希望达到必要标准的情况下，补贴价格越低越好，但由此带来的问题很多。由于餐厨垃圾处理项目国内还缺少成功的参考案例，已经运行的项目多是以饲料添加剂生产为主要目标，是缺乏环保控制目标的不完善项目，不具有参考性。国内的咨询公司也缺乏有关技术和运行方面的实际数据和经验，而同时，由于市场规范性有待完善，一些企业不负责任的宣传，对技术标准和处置费补贴造成不利的引导。

针对以上情况，常州市城管局有关负责人员通过应急工程实践积累实际运行数据，多方面了解情况和产品行情，并组织进行地沟油收集的跟踪调研，对处理成本和项目运行成本目标进行细致的测算，确定特许经营定价原则。

2. 充分体现 PPP 的合作伙伴关系。

餐厨垃圾处理是国内市政管理的新领域，涉及新技术，政府主管部门很难自己进行开发，同时也由于信息不对称等原因，很难了解到一般供应商的工艺实质和实际情况，这也是国内这类项目发展不顺利的主要原因之一。

常州市政府一开始就与维尔利公司建立了伙伴关系，为其技术发展提供生产性试验的平台的同时，对餐厨垃圾处理技术和成本控制真正做到了心中有数。而维尔利公司也利用其在资金和技术方面的优势，为政府分忧解难，出资进行餐厨垃圾应急工程建设，在解决政府燃眉之急的同时，对自己的技术进行检验和提升，也为后来的项目实施提供了信心保障。

3. 充分体现风险共担的原则。

对于餐厨垃圾处理项目，由于存在很大的不确定性，如是否能够收集到足够的数量餐厨垃圾和地沟油；副产品如生物柴油等是否能够保障销售和价格等，所有这些都构成项目公司的经营风险。因此，在特许权协议中，提出了试运行的概念，即按照确定的补贴价格试运行一年后，再根据实际情况进行价格调整。

这样，既降低了企业未来的经营风险，又能够完成政府既定的目标。同时，政府承担了可研、环评、征地等对企业来讲具有难度的工作，为项目实施打下了良好的基础条件。

案例 2：大连中心城垃圾焚烧发电项目

大连市建立的基于 PPP 模式的垃圾处理项目——中心城垃圾焚烧发电项目，这是属于市政设施领域的新建项目，位于大连甘井子区拉树房村西侧，占地约 110 亩，该项目设计年处理生活垃圾 55 万吨。2013 年垃圾处理量接近 60 万吨，2014 年达到 64 万吨，发电量 2014 年达到 1.4 亿千瓦时，2015 年接近 1.6 亿千瓦时。达到设计指标的同时，比预计的垃圾处理量多处理了近 10 万吨，满足了中心城区的垃圾处理需求，为大连市财政节省支出近 3000 万元。大连传统的垃圾回收方式大多以填埋为主，但是目前这种方式已经不能满足生活垃圾处理的需求。而采取垃圾焚烧发电，可以很好地节约资源，同时可以防止垃圾侵占土地、污染土壤和水源。

1. 项目风险

作为 PPP 项目其也具有一定的风险，主要体现在以下几个方面：

（1）土地使用风险。由于垃圾厂占地面积大，区域广，所涉及的住户和市民较多，所以在土地使用方面要提高警惕。

（2）公众抵制。垃圾焚烧处理可以很好地防止侵占土地、污染土地和水源，但是在垃圾焚烧的过程中同样会产生很多有害气体，加重环境负担，所以需要进行一定的废气处理，而这无形中又会增加设备投入。

（3）设计标准。垃圾焚烧可以利用产生的动能发电，对于垃圾焚烧发电厂的设计标准需要进行前期技术引进和支持，使其符合相关的生产标准。

（4）行业法规。21 世纪市民对环境提出了更高的要求，同时政府部门也公布了相关行业的各项节能减排的标准，新标准必然对工艺和设备提出更严格的要求。

2. 成功经验

2003 年该项目公开招标失败，2009 年大连市人民政府重新选择项目投资人，吸取前次招标失败教训，在公开招标前对所有项目条件进行细化、落实，使得项目投资人在统一的项目条件下参与投标，达到了政府利益最大化。项目最终由 9 家单位参与投标，经过公开评标，天津泰达环境联合体以 51 元 / 吨的报价中标。在项目实施过程中，政府严格按照前期协议约定的技术要求进行监管。

垃圾发电项目在前期准备阶段引入了专业的咨询公司，对特许经营权条款和实际技术方案进行了周密的考虑，编制了整套方案，对可能发生的风险做了明确的界定，项目整个招标文件文本非常严谨，为项目实施奠定了坚实的基础。例如，协议中明确约定了主流处理工艺，包括焚烧处理工艺、烟气处理工艺、污水处理工艺、飞灰处理工艺等。其次，运营企业有一套相对完善的建设运营管理经验，运营团队对整个设备相当熟悉，对垃圾发电的工艺理解到位。

3. 存在的问题

2003 年项目采用公开招标的方式对投资人进行招标，但是经过前后 5 年的谈判，特许经营协议内容越来越多，越来越细。垃圾处理价格也由 65 元 / 吨上升到 105 元 / 吨，但是双方仍未达成一致。这些问题反映出政府对 PPP 项目经验不足，也反映出垃圾处理价格设立缺少恰当的依据，设立合理的垃圾处理价格是问题的关键。

第四节　固废处理应用PPP的主要流程和核心机制

一、主要流程

1. 项目前期准备阶段

在PPP模式中，项目前期准备阶段包括项目发起和项目准备两个部分。

（1）项目发起。项目发起阶段工作的主要内容包括启动准备和前期调研：组建项目实施班子、制定整体工作计划、开展项目调查等。

实施固废处理PPP模式是一个系统工程，其复杂、专业程度极高。一要组建一个PPP项目实施团队，由市政府牵头，规划、建设、土地、发改、财政、审计、国资委、法制办等部门组成领导小组；二是制定具体工作实施方案，明确部门责任分工、目标任务和实施工作计划安排等；三要根据城市总体规划和近期建设规划，由政府组织相关部门或机构梳理拟新建的固废项目和存量项目，决定可以通过PPP模式运作的具体项目清单，构建PPP项目库。

（2）项目准备。项目准备阶段工作主要是项目策划实施方案研究和编制：一是聘请顾问团队；二是项目协议；三是开展项目的前期论证，确定项目范围和实施内容（项目建设规模、主要内容和总投资）；四是前期沟通，研究项目模式，设计项目结构，编制项目实施方案；五是设计项目主要商业原则；六是财务分析，编制财务模型；七是确定投资人比选方式和原则（确定投资人应具备的条件和能力及招标方式；双方的主要权利和义务）；八是组织相关单位讨论方案；九是实施方案公示和报批。

在项目实施的最初阶段，需要考虑项目的可融资方式和财政是否负担得起，并要评估传统方式与PPP方式之间的效率，分析该项目是否适合采用PPP方式，拟定项目协议。

聘请专业咨询机构，负责研究项目模式，设计项目结构，编制项目实施方案，关键是设计项目主要商业原则，进行财务分析，编制财务模型。组织专家对项目实施方案进行论证，并报市政府批准和省住房城乡建设厅备案。

2. 项目招投标实施阶段

项目招投标实施阶段包括协议编制、竞争性程序、签署协议三个部分。

（1）协议编制。细化研究协议文件编制：研究和分析项目的技术、商务边界条件（如：投资、运营成本与收益测算，回购总价、回购期限与方式，回购资金来源安排和支付计划）；落实建设内容分工、投资范围（投资建设期限、工程质量要求和监管措施）；研究和编制项目协议等法律文件（项目移交方式及程序、项目履约保障措施、项目风险和应对措施等）；落实招标条件。

（2）竞争性程序。主要包括：发布项目信息；投标人准备投标文件；制定评标标准、评标细则和评标程序；成立评标工作组，开标、组织评标；编写评标报告，推荐候选人；与候选人澄清谈判。

（3）签署协议。先草签项目协议，中标人在约定时间内办理好项目公司成立的有关事宜，资金到位，政府配合完成资产交割及项目审批有关事宜，正式与项目公司签约。

3. 项目实施阶段

实施阶段包括项目建设和项目运营两个部分。

（1）项目建设。首先，项目公司与各联合单位签订正式合同，包括贷款合同、设计合同、建设合同、保险合同以及其他咨询、管理合同等；其次，项目公司组织各相关单位进行项目开发。在开发过程中，政府及相关部门对项目开发的过程进行监督，出现不符合合同的情况及时与项目公司沟通，并确定责任主体。工程验收试运营合格以后，开发阶段结束，项目进入运营阶段。

（2）项目运营。政府与项目公司签订特许经营权协议，约定特许经营期限。在整个项目运营期间，项目公司应按照协议要求对项目设施进行运营、维护。为了确保项目的运营和维护按协定进行，政府、贷款人、投资者和社会居民都拥有对项目进行监督的权利。

4. 合同终结阶段

转移终止是项目运作的最后一个阶段，包括项目移交和项目公司解散等内容。

（1）项目移交。特许经营期满后，项目公司要将项目的经营权（或所有权与经营权同时）向政府移交。在移交时，政府应注意项目是否处于良好运营和维护状态，以便保证项目的继续运营和服务提供的质量。

（2）项目公司清算。项目移交以后，项目公司的业务随之终止。因此，项目公司应按合同要求及有关规定到有关部门办理清算、注销等相关手续。

二、核心机制

1. PPP 项目核心利益相关者的界定

PPP 项目利益相关者的界定。从广义上来理解，因项目的建设活动而受益或受损，能够影响项目目标的实现或被项目目标的实现影响的人或团体，都是 PPP 项目的利益相关者。PPP 项目涉及项目发起与确立、项目资金的筹措、项目设计、建造、运营管理等诸多方面和环节。整个过程中涉及的利益相关者主要有项目发起人、公共部门（为项目公司提供特许经营权，最终可能拥有项目）、私人投资者（项目公司的主要股东）、委托代理中的项目公司（负责项目的建设、运营）、金融机构（主要是贷款银行和财团）、最终用户（产品购买者或使用者）。此外还可能会涉及为项目公司提供保险的保险公司，承包商、建设商、供应商、运营商等。他们在项目中分享不同的利益、相应承担不同的风险，共同构成了政府特许经营项目的利益相关者。

PPP 项目核心利益相关者的界定。根据在 PPP 项目中利益相关者的参与及影响程度，本文对 PPP 项目利益相关者作出进一步的界定，认为 PPP 项目中的核心利益相关者主要包括：公共部门、私人投资者及项目公司。

核心利益相关者，在整个项目中有着举足轻重的地位，对项目能够产生重大直接的影响，甚至可以决定项目能否顺利开展，他们承受着项目的一定风险。一般利益相关者，与项目有着比较紧密的联系，由于专用性投资的付出，他们需要承受一定的项目风险。边缘利益相关者，通常是被项目所影响，而自身很难对项目产生较大影响。

无论是核心利益相关者，还是一般利益相关者，或是边缘利益相关者，他们都会影响到 PPP 项目的发展或受其发展的影响，只不过这三种利益相关者地位和作用有所差别。PPP 模式运行中，最为关键的部分是公私双方基于实际的建设运营等问题互相沟通与交流。协商机制可以促成合作关系的形成。因为一般的 PPP 项目与传统的 BOT 项目其实本质相同，而且从任何角度来看公共部门和私人部门都是 PPP 项目中最为核心的利益相关者，故本文研究的核心利益相关者为公共部门和私人投资者。

2. PPP 项目核心利益相关者的利益分配分析

（1）PPP 项目核心利益相关者的利益取向

公私双方的立场不同，但都最关注利益问题，虽然他们处在同样一个项目运行环境里，但是他们的利益取向会因出发点与立场的不同而不同，了解各方的利益取向是利益协调的前提。

1）公共部门的利益要求。公共部门，是指项目所在国或所在地政府。通常情况下，政府可以决定私人合作者能否获得特许经营权，只要深入了解政府部门的利益诉求，利益分配的有效性才可以得到保证。公共部门之所以愿意与私人部门进行合作，共同运行一个项目，原因是私人部门可以弥补自身的资金不足与低效率问题。对公共部门来说，其最终合作目的是实现项目保质保量地完工，为公众提供高质量的公共产品与服务，创造出预期的社会效益。总而言之，公共部门最基本的利益要求是保障公共利益的实现。

2）私营部门的利益要求。对于私营部门来说，参与到 PPP 项目中不只是为了利润的获得，有些时候，他们还可以因此获得一段与政府的友好关系，抑或是打开一扇走进 PPP 项目领域的大门。一般来说，利润是大部分参与 PPP 项目的私人部门的首要目标。为了保障利润的获取，他们通常会选择与信誉高的政府进行合作。

（2）PPP 项目核心利益相关者的利益冲突

基础设施 PPP 项目中，私人部门的投资收入来自于产品或服务的销售，而基础设施产品或服务的购买者是消费者，所以，私人投资者的投资收入要么由消费者支付要么由消费者和政府共同支付。站在政府角度，政府所重视的项目的社会成本中主要包括消费者和政府自身。通过分析可知，私人投资者追求的是投资收入的最大化，而政府部门追求的是社会成本的最小化，投资收入的增长意味着社会成本的增长，因此投资收入最大化与社会成本最小化不可能同时实现，这表明公私双方的利益存在冲突，需要我们做出权衡和协调。而冲突产生的原因，一般来说有以下几个方面：

1）合作伙伴目标的不一致。参与 PPP 项目的成员之间的合作关系不同于合资、合并、合营等关系，前者缺少行政体系或经济体系的控制，各个合作成员的目标只能部分叠加，很难使所有成员的目标都完全一致。如果 PPP 项目中的利益相关者只是一味追求自身利益最大化，而毫不顾忌其他合作成员的利益，那么项目就很容易失败。

2）合作契约的不完备性。客观世界复杂多变，因而合作各方难以获得完备的信息，进行决策之前通常无法获得所有关联信息，导致 PPP 项目利益相关者签定的契约往往是不完备的。契约不完备性的存在会造成契约各方钻空子，为了自身利益不惜损害其他人的利益，最终使项目走向失败结局。可以这么认为，PPP 项目要想顺利进行，就得在这个过程中力图化解利益相关者之间的利益冲突，最终达到利益协调。

（3）PPP 项目利益分配的基本原则

在 PPP 项目中，最具矛盾的问题就是利益分配问题，为了确保合作关系的稳定长久，利益分配必须兼顾到合作各方的利益诉求。在 PPP 项目伙伴关系开始之前，各利益相关者会就利益分配问题进行协商，并达成共同认可的方案。利益相关者对彼此的信息无法做到充分和对等的了解，因而会造成利益分配存在一定程度上的不均等，尽管如此，利益分配存在以下基本的分配原则，主要包括：

1）互惠互利原则。也就是双赢原则，公私双方不仅追求社会效益，还重视经济效益的获取，因此进行利益分配时要兼顾到公私双方都有的投资期望，在沟通协调中寻求最佳利益分配的比例使得双方都可以获取利益，以保证合作关系的稳定。分配方案要在确保维系合作伙伴关系的前提下尽最大可能去实现各方追求的利益，使合作各方在互利互惠中长久发展。

2）投入、风险与收益对称原则。在进行利益分配时，要综合考虑到多种因素，除了各利益相关者的投入资本大小外，还有顾及到各利益相关者的承担风险大小，因为对风险的承担需要得到相应的利益补偿，否则就会损害风险承担者的积极性。在进行 PPP 项目的利益分配时，我们应该考虑到投资与承担风险的影响，以此来确定利益的大小。正常的市场经济环境中，风险与收益往往成正比。所以，城市生活垃圾处理 PPP 项目的利益分配也应该遵从这样的原则，利益的分配与风险的承担能匹配起来，根据风险承担的多少来决定利益分配的多少。

3）结构利益最优原则。即立足于现实情况，综合考虑到方方面面的影响因素，以公平分配为原则，以达到帕累托最优状态为目的，通过科学合理的分析，确定一个最好的利益分配比例，只有这样才能促进公私双方互相协调共同发展。通过采取激励措施，在项目进展中培育彼此间的信任，这样可以提高利益相关者参与合作的积极性。政府应该发挥一定的监管作用，防止私人部门出现懈怠。不可否认的是，监督越严格，项目主体就会越努力，项目的整体收益就会越大，因此在划分 PPP 项目中的收益时，我们要综合考虑到各种因素的合力效果，这些因素包括监督程度、努力程度等。

4）公平兼顾效率原则。PPP 项目要想成功运营，离不开内部各个利益相关者之间的密切协作。公平能够保障合作关系的长久维系，减少矛盾问题。但是我们应该看到，过度追求公平会打击利益相关者在节省成本和提升效率方面的积极性，因此追求公平的同时应兼顾到效率。

5）信息透明原则。信息流通不畅往往会导致冲突发生。所以，化解利益相关者之间由信息沟通不足所引发的矛盾的有效途径是在利益分配的过程中双方要加强交流以保证信息的双向流通。

（4）PPP 项目的利益分配机制分析

因为公私双方利益取向不同，我们应该有全局意识，在保持公私双方稳定合作关系的前提下，尽力去满足两方的利益需要，这需要建立一个利益分配的机制，公平地对项目的收益进行合理分配。第一步是算出项目总的收益，当项目总收益大于零时，接下来进入利益分配流程，我们要对公私双方的投入资本、风险承担以及贡献度进行计算，然后与显性企业中关于利益分配的规定作对比，当低于规定要求时，对相关组织进行惩罚，而当满足条件时，则根据分配机制的计算方法在各成员之间进行利益的分配。

1）公私双方的投入资本。通常情况下，投资者的投资额与期望的收益额存在正相关关系。由利益与投入匹配及公平原则可知，投入的资本越多那么分到的利益也越多。这就意味着，当其他条件不变时，公私双方的收益将会随着投入的增加而增加。

2）公私双方的风险分担。通常情况下，风险与收益存在正相关关系，对风险的承担需要牺牲自身的利益，这种利益应该通过其他方式得到补偿。尽管 PPP 项目充满了复杂性和多变性，但是合作关系还是能够保持，这是因为风险与收益相匹配原则的存在。只有做到了对风险的合理分配，PPP 模式的合作关系才能够形成并维持。我们应该注意到，风险应该由能力更强、意愿更强的一方来承担。

3）公私双方贡献度。贡献度其实就是公私双方对合同的实际履行程度，一般情况下，履约程度越高其贡献度越大，显性契约的目的就在于提前在合同中规定公私双方的权利与责任，尽最大努力保障项目的顺利实施。然而，合作过程中难免会出现违约行为，这种行为会损害到项目整体利益。履约程度充分地反映出合作双方在项目中对签订契约的执行程度，体现了他们对项目完成所作出的贡献，可以作为利益分配的有效依据。对贡献度的衡量能够降低消极怠工的发生概率，加快整个项目的进程。实际操作中，决定利益分配的因素往往更多。显性契约是不完备的，在项目的实际运行过程中，会发生各种偶然事件，显性契约无法在合同中对偶然事件做规定，这个时候，就需要有一方顾全大局暂时做出一些牺牲。只有把这种行为的价值添加到收益分配的模型中，才会激励这种行为的发生。在合法的前提下，公私双方才会有强大动力以实际行动去改善项目，促进帕累托最优状态的形成，从而鼓励和推动公私双方朝着正确的方向进行努力。

3. PPP 模式利益相关者的风险分担分析

（1）PPP 项目的主要风险识别

本文根据大量的文献研究，总结出 PPP 项目的 34 个主要风险，并将它们划分为三个级别，分别是：国际级风险 13 个、市场级风险 7 个、项目级风险 14 个。

根据风险理论，偏向于由政府（私人投资者）承担的风险，其归责对象是政府（私人投资者），或者政府（私人投资者）对这些风险的控制力要远远大于私人投资者；而偏向于双方共同承担的风险，需要双方通力合作共同分担才能最小化项目成本最有效控制风险。

13 项国家级风险因素中，4 项（政府或公众反对、气候地质条件、不可抗力风险、环保风险）偏向于由项目双方共同承担，其余 9 项风险偏向于由政府承担。7 项市场级风险因素中，其中有 1 项（唯一性）偏向于由政府承担，1 项（融资风险）偏向于由私人投资者承担，其余 5 项偏向于由项目双方共同承担。14 项市场级风险因素中，其中有 1 项（招标竞争不充分）偏向于由政府承担，4 项（收费变更、费用支付风险、项目财务监管不足、项目测算方法主观）偏向于共同项目双方承担，其余 9 项偏向于由私人投资者承担。

（2）PPP 项目的风险分担机制分析

第一步，了解公私双方对这个风险的有效控制力，并作对比看有没有显著差距，若无显著差距就直接开始下一个步骤。若存在差距，就看这个风险是不是由有效控制力更强的一方承担，如果不是，就要更改为让优势方来承担。所谓风险的有效控制力体现在很多方面，比如是否可以提前发现风险的来临、是否可以准确估计出风险的影响力、是否有能力规避风险的发生、是否可以降低风险带来的损失等。

第二步，对比公私双方的比较优势，看是否有显著差距，如果没有就直接进行下一个步骤。如果有，看这个风险是不是由比较优势强的一方承担，如果不是，就把这个风险的承担者更改为比较优势更强的一方。这里的比较优势包含很多方面的内容，比如双方的项目经验、双方的竞争力和协商力、双方的阅历等。

第三步，弄清楚政府部门愿不愿意采取激励措施，如果不愿意，就直接进行到下一个步骤。如果愿意，就看这个风险的承担者是不是政府部门，如果不是，就要更改为由政府部门承担这个风险。这里提到的政府部门的激励措施包含很多内容，比如税收优惠、财政补助、政府担保等。

第四步，弄清楚谁是这个风险的归责对象，当风险承担者正好是归责对象时，就直接跳到第六个步骤，当风险承担者不是归责对象时，就直接进行下一个步骤，并且在第五个步骤中，归责对象要对风险承担者做出应有的弥补。

第五步，根据风险收益对等原则来设定，把因为承担该风险而应该获得的收益算出来，或是把该风险引入到定价结构 / 调整机制中。只有在存在风险分担合理的前提下，才可以根据风险收益对等原则来计算该风险对应的收益，不可以颠倒前后逻辑。

第六步，弄清楚政府部门愿不愿意采取激励措施。这里的激励措施不同于第三个步骤中的激励措施，后者意味着政府主动付出去担起更多的义务，前者则是指政府无偿地不图回报地承担起该风险，以达到吸引私人资本参与的意图。

4. 基于利益分配和风险分担的契约治理分析

（1）PPP 项目中的契约

一定数量的显性契约的集合构成了 PPP 项目。项目会涉及不同利益主体，要解决这些主体间可能出现的各种问题，还应该有其相关制度方案的保障，可以选择利益优化、风险分担、目标激励等机制，这些机制能够化解矛盾减少冲突促进合作，使得所有的契约能够在运行周期内达到最佳效果。

广义上契约的治理可分为显性契约治理和非显性契约治理。如果 PPP 项目选择显性契约治理，这种情况下，契约的完成状况将左右着治理的成效大小，但是显性契约的实际工作往往不能顺利完成，再加上显性契约本身存在一定的缺陷，这必然会出现项目的现实需求不能得到有效保障的现象。所以在采用了显性契约治理的框架下，也要采用非显性契约来协作治理，才能为 PPP 项目治理的预期成效和项目的顺利完成提供有力保证。但是在实际运行阶段，项目治理的决策者往往会忽视非显性契约的重要意义，让项目治理变得备受局限。

（2）PPP 模式下显性契约的治理

1）显性契约的内涵

显性契约以书面的合同或协议为表现形式，具有法律效力，在 PPP 项目中是各利益相关者在彼此不了解的情况下维护各方利益的一个最有效的方式。显性契约对 PPP 项目贡献很大，主要体现在两个方面，第一减少不确定性和潜在风险的负面影响；第二划分利益相关者之间的权利义务分配，使得各利益相关者能够做到定位清晰与分工明确，做到面对问题或冲突时有据可依。

2）显性契约的治理

A. 治理的效果

所谓显性契约的治理就是指依据显性契约里的条款与规定对项目中各个利益相关者的行为及关系进行治理。由于显性契约具有法律效力，所以一旦出现违约现象，就要受到支付违约费的惩罚，这种惩罚可以在很大程度上减少合作过程中可能发生的敲竹杠、搭便车等行为，降低这些机会主义行为会引发的项目风险，这也是我们设计显性契约应该遵守的原则。通过对大量 PPP 项和经验总结，我们归纳出显性契约治理在 PPP 项目的几个重要作用：

①明确了履约范围。PPP 项目具有规模大、主体多和周期长等特征，所以 PPP 项目中的显性契约应该提前对履约内容及范围进行界定，只有这样才会保证后续项目的顺利运行。通过界定各个项目主体的权利义务，明确他们各自的分工范围，一旦有主体出现了违约行为，其他主体就可以迅速识别并对其进行违约惩罚，如此一来，履约范围的确定可以大大减少项目中违约行为的发生。

②减少了履约成本。在实际的 PPP 项目执行中，合作各方都是自觉按照契约要求来行动，但是违约行为还是时有发生，当违约行为发生时，显性契约就可以凭借它所具备的法律效力来对违约方做出惩罚，如此一来就减少了其他合作方搜集惩罚证据的人力物力投入。

③激励了签约各方。PPP 项目中的专用性投资具有被挪用后价值降低的特征，因此合作各方会尽量避免主动发起专用型投资，对于这种情况，我们可以在显性契约中对专用性投资的收益做出明确保证，这样就可以增加专用性投资者的信心和积极性，激励合作各方。

B. 治理的局限性

从契约治理角度考虑，项目参与者一般都希望制定出尽可能周详的契约，因为契约越明确，治理效率就会越高，各个参与主体的行为判断就能得到更明确的依据。但在实际操作中，显性契约不可能做到完备，加之 PPP 项目本身就更加复杂多变，因此要想使显性契约趋于完备难度就更大。显性契约内容的精确性越高，就越会加大签约过程中的成本投入，那么这将不利于项目全面效益的提高：

①交易成本。交易成本按照字面含义可以理解为，在 PPP 项目中，各参与主体在直接的交易过程中所要花费的人力物力。

②搜寻成本。搜寻成本指的就是，由于需要清晰明了的条款，各参与主体在找寻数据时所花费的成本。

③再谈判成本。再谈判成本指的就是，为了制定出更加完备的合同或者协议，各参与主体在显性契约首次达成后进行的多次谈判而产生的成本。

签约成本高到一定程度后，会造成参与各方的履约效率很低，由此可知，不可能制定出完全精确的显性契约，PPP 项目的契约治理中不可能出现完全契约治理。

3）显性契约的治理原则

PPP 项目中显性契约的治理和维护需要遵守以下几个原则：

A. 依法治理。在依法治国、依法行政的框架下，充分发挥市场在资源配置中的决定性作用，允许政府和社会资本依法自由选择合作伙伴，充分尊重双方在合同订立和履行过程中的契约自由，依法保护 PPP 项目各参与方的合法权益，共同维护法律权威和公平正义。

B. 平等合作。在 PPP 模式下，政府与社会资本是基于 PPP 项目合同的平等法律主体，双方法律地位平等、权利义务对等，应在充分协商、互利互惠的基础上订立合同，并依法平等地主张合同权利、履行合同义务。

C. 维护公益。建立履约管理、行政监管和社会监督“三位一体”的监管架构，优先保障公共安全和公共利益。PPP 项目合同中除应规定社会资本方的绩效监测和质量控制等义务外，还应保证政府方合理的监督权和介入权，以加强对社会资本的履约管理。与此同时，政府还应依法严格履行行政管理职能，建立健全及时有效的项目信息公开和公众监督机制。

D. 诚实守信。政府和社会资本应在 PPP 项目合同中明确界定双方在项目融资、建设、运营、移交等全生命周期内的权利义务，并在合同管理的全过程中真实表达意思，认真恪守合同约定，妥善履行合同义务，依法承担违约责任。

E. 公平效率。在 PPP 项目合同中要始终贯彻物有所值原则，在风险分担和利益分配方面兼顾公平与效率：既要通过在政府和社会资本之间合理分配项目风险，实现公共服务供给效率和资金使用效益的提升，又要在设置合作期限、方式和投资回报机制时，统筹考虑社会资本方的合理收益预期、政府方的财政承受能力以及使用者的支付能力，防止任何一方因此过分受损或超额获益。

F. 兼顾灵活。鉴于 PPP 项目的生命周期通常较长，在合同订立时既要充分考虑项目全生命周期内的实际需求，保证合同内容的完整性和相对稳定性，也要合理设置一些关于期限变更（展期和提前终止）、内容变更（产出标准调整、价格调整等）、主体变更（合同转让）的灵活调整机制，为未来可能长达 20–30 年的合同执行期预留调整和变更空间。

（3）PPP 模式下非显性契约的治理

1）非显性契约的内涵

契约形式多样，除最常见的显性契约外，由关系契约和心理契约构成的非显性契约的作用也受到关注。PPP 项目具有规模大、周期长、主体多、信息不对称等特征，这些特征造成 PPP 项目本身风险复杂利益冲突多发。为了保证项目各利益相关者的风险和利益得到合理的分配，推动项目的顺利发展，不仅需要签订显性契约，还要鼓励各方在充分了解和信任的前提下构建关系契约进而发展出心理契约。与显性契约不同，非显性契约有很强的适应性和弹性，有利于 PPP 项目中各利益相关者间关系的调节，是对显性契约的有效补充。再细致精确的显性契约也无法涵盖将来可能的所有意外情况，因为显性契约有其自身的局限，而非显性契约可以弥补这种局限，在意外情况发生时发挥其弹性作用。

A. 关系契约

关系契约有的是交易各方潜在形成的约定俗成的规定，有的是具备文本表现形式的协议，这样的协议基于交易各方达成的共识，并不受到法律的保护，所以违背合约的一方只能受到中止合作惩罚或者另一方做出的惩罚，其他第三方没有权利处置违约一方。这种惩罚只能对意图建立长期合作关系的主体产生作用，属于一种远期成本，所以关系契约是建立在致力于发展长期关系的合作双方的共同意愿之上的。

关系契约的特征：

①长期性。关系契约的存在前提是长期的合作关系，如果合作关系很短暂，交易一次性就终结，那么关系契约无从产生，这也是关系契约最本质的特点。PPP 项目需要参与者保持长期的合作关系，这为关系契约的产生创造了条件。对合作双方来说，长期的合作具有约束效力，双方只有培养信任才可以维系好合作关系，才能尽量避免机会主义行为的发生。

②灵活性。PPP 项目投资大、周期长、情况复杂的特征决定了其显性契约的复杂程度，再加上显性契约具有不完全性，造成它不可能预见到将来可能发生的所有情况，而关系契约就不同，因为它的内容易于调整，灵活性强，所以在显性契约无法界定的范围内关系契约可以发挥作用，从而促进合作关系的发展。

③自发性。与显性契约不同，关系契约不具有强制执行力，也不需要外在压力的约束，它的维持主要是依赖自身的履约机制，契约的履行是自主性的，所以诚信度是制定关系契约的先驱条件，关系契约的顺利实行不仅要有默契的关系，还需必要的监控和赏罚制度来加以约束和激励。

B. 心理契约

因为契约不可能做到完备，所以契约都不可避免地受到心理作用的影响，在正式的协议条款外，契约各方都有自身内在的感知，伴随着契约各方之间关系的进展，一方对认定另一方理应做出某些承诺或承担某些责任，一旦走到这种阶段，说明心理契约已经产生。心理契约有别于显性契约和关系契约，它不仅没有文本的表现形式，甚至连口头上的约定都不具有，它仅仅是来自于契约各方的心理判断，代表了他们在交易过程中产生的主观感受。心理契约可能无法促成契约各方的行为完全一致，但是它促进契约各方加强沟通增进了解，由于它不受到法律的保护，所以任何第三方没有权利干涉心理契约，为了发挥心理契约的良性作用，契约各方应该彼此信任，兑现承诺，在交易中严格要求自我。

心理契约的特征：

①不确定性。心理契约不具有文字和口头上的表现形式，所包含的内容也无法固定，没有固定的模式和统一的标准，公私双方互动状况的好坏将直接对其造成影响。

②主观性。心理契约指的就是双方对彼此间关系的不同认识，它所表达的是组织双方对彼此的心理预期，这种理念的产生是基于组织双方对彼此的信任、承诺等。

③记忆性。显性契约和关系契约都可以有书面形式的表达，而心理契约则是公私双方在交往过程中产生的主观感受。记忆性表现为公私双方会在内心记录下对方的行为并不断调整自己心理契约的内容，心理契约的长久维持需要公私双方严格要求自己对承诺的遵守和约定的履行。

2）非显性契约的治理

A. 关系契约的治理

PPP 项目中关系契约的治理和维护需要做到以下几点：

①信息的传递与沟通。

PPP 项目中的关系契约，是依靠信息的沟通与参与主体之间的交流构建而成的，所以为了组织双方能更好地发展下去，加强彼此之间的认知程度，必须要建立高效的信息交流机制，从而为各个组织间的沟通创造有利环境。在 PPP 项目中，信息作为关键性数据，有助于促进各利益主体间形成良好的沟通，信息可以表现为多种形态，既能够口头表达，也能够书面表达。同处一个环境下，信息不对称会带来敲竹杠与机会主义等问题，信息的畅通与交流对解决这些问题作用重大。

②目标整合。

拥有相同的目标是组织双方建立契约的基础，是能够共同奋斗的前提。PPP 项目是包含了多重目标的复杂模式，各参与主体不仅会考虑到关于项目的共同目标，还会考虑关于本身权益的个人目标，举个例子，政府会把注意力放在公共利益和执政效率的目标上，私人部门则是更加注重利润和未来发展的目标。矛盾的产生往往是由目标不同带来的，若不能妥善解决，有可能会导致组织双方的矛盾升级恶化，这将不利于组织间关系的友好发展，因此为了解决组织双方间的不同需求，要建立一个共同的目标集合，用于整合彼此间的不同目标。因为彼此目标有着差异性，所以根据目标整合的要求，组织双方要表明各自的目标，并分组细化这些目标，最终创建出清晰可寻的目标库，定时对目标库中目标的完成状况进行分析总结，当目标需求不能得到满足时，应及时对目标和流程进行调控。

③冲突处理。

在公私双方之间的关系契约形成后，因为项目的一次性而产生的不确性，让双方对于未来难以预测，彼此在项目的运行过程中会存在矛盾冲突的可能性，而解决矛盾冲突的过程，就是调整关系契约的过程，只有满足双方的需求，才能将关系契约顺利地运行下去。因此需要建立一个协调机制，在加强彼此之间沟通联系的同时，也要预测到不同矛盾冲突发生的可能性，当矛盾冲突出现后，根据不同的矛盾冲突采用不同的解决方案。

合作性解决方式指的就是组织双方在沟通协商之后，共同提出对于解决冲突的合作途径，这种方式有利于提高组织双方的交流频率与效率，深化双方之间的认知程度。在国际工程中，普遍采用替代性纠纷解决机制（ADR）来解决彼此间的冲突，因为这种机制具有合作性、流程友好、方式灵活、效率高等优势，所以它被广泛应用到各种类型的项目中。

在 PPP 项目中，合作性解决方式的应用，是以维护公私双方的共同利益作为解决方向，保障了双方的基本立场，得出彼此都满意的解决方案。采用这种方式必须是以关系契约的建立为先决条件，通过和平手段将冲突缩小，使冲突双方间的关系契约不断被调整，直至达到彼此满意的程度。因此通过这种方式来解决冲突，不仅有利于关系契约对 PPP 项目的约束管理，还能为改善冲突双方之间的矛盾创造有利时机。

④激励与惩罚。

关系契约建立之时，参与主体就会按照关系契约所制定的各项条款，对 PPP 项目加以约束管理。关系契约能够为显性企业的不足之处提供可靠保障，但是关系契约没有法律效力，不能够被强制实行，它的执行程度要靠自我约束和调控机制的补充。所以要建立奖惩机制，以此形成对公私双方的关系契约的管束，否则，可能会出现关系契约中的某方因为自身监督力度不够，或者行动力量不足，而不能遵守彼此间的契约关系的现象，最终导致违约行为的情况，这将不利于关系契约治理效率的提升，严重的会导致关系契约的破裂。因此，建立奖惩机制不仅有利于关系契约长久性，还有利于关系契约的稳定性，而奖惩机制又包含物质和精神两个不同的角度。

从物质角度来讲，是指在关系契约中，给那些主动履约并且结果不错的行为，予以一定的经济奖励，给那些故意违约以及结果没有达到预期要求的行为，予以一定的惩罚，这种经济激励的方法，会促使双方能够自觉履行关系契约中所制定的各项条款，赋予关系契约中的双方经济动力。

从精神角度来讲，主要考虑组织在从事商业活动和社会交往的过程中，行业内外对组织的信用和声望的总体评价。在 PPP 项目中，组织双方要培育共同的声誉体系，组织双方的履约行为，会被记录到声誉体系之中，这种声誉体系可以为将来参与 PPP 项目的组织提供参考价值，当组织存在发生较好的履约行为而获得声誉奖励，有利于该组织在将来的工作中迅速获得其他组织的认可；而当组织存在发生恶劣违约行为而受到声誉惩罚，将不利于该组织在以后的项目中开展工作。因此，声誉体系的建立加大了组织违约的成本，让组织在进行违约行为时有所顾忌，达到减少甚至避免违约行为的发生。

B. 心理契约的治理

PPP 项目中心理契约的建立与维护需要做到以下几点：

①信任和知识共享。PPP 项目中的心理契约是以组织双方的彼此诚信度为先决条件的，双方之间缺乏足够的诚信度会加剧公私间的不理解不信任，因此在项目内创造彼此信任的气氛，有利于双方避免产生冲突，保障心理契约的顺利实现。

②知识共享。在公私双方彼此形成心理契约时，公私双方会主动地分享彼此组织的内部知识，这将有利于强化项目的组织能力，同时知识共享为心理契约的建立提供了进一步保障。在 PPP 项目中，随着公私双方之间关系的发展，知识的交流与分享变得越来越重要，可以说，共享度越高越对双方关系的协调有利。在 PPP 项目进行过程中，为了把不同行业的参与主体

进行资源整合，需要通过知识共享的途径，建立起包含所有参与主体的知识共享平台。

③兑现承诺。心理契约对于组织双方来讲，他是组织对双方内在的自我认知，在 PPP 项目进行的过程中，会随着组织双方的接触情况的变化而变化，心理契约的整体流程，本质上就是组织双方对彼此承诺的完成。心理契约不具备书面的呈现形式，也不具有法律上的效力，它只是双方从心理上达到的一种协议，正因如此，为了保证心理契约的履行，承诺一旦给出就要去努力兑现，否则会严重破坏心理契约的巩固。

第四章　固废处理PPP项目重要环节操作指南

第一节　固废处理PPP的立项

项目立项分为审批、核准和备案三种类型。其中，审批针对政府投资项目，核准和备案针对社会投资项目。根据现行政策规定，启动固废处理PPP项目运作程序前，与一般项目一样，均须遵照《政府核准的投资项目目录（2016年本）》（国发〔2016〕72号）、《企业投资项目核准和备案管理条例》（中华人民共和国国务院令第673号），以及投资项目管理有关规定，完成前期立项。

PPP是一种创新的投融资模式，与固废处理工程项目相比，固废处理PPP项目除了履行立项等基建审批手续外，还需进行PPP模式审批以及项目收费定价和项目财政性支出（如有）审批等程序。

一、固废处理PPP项目建设手续审批

1. 固废处理项目开工建设条件

为加强和规范新开工项目管理，切实从源头上把好项目开工建设关，

维护投资建设秩序，2007 年 11 月 17 日，国务院办公厅发布《关于加强和规范新开工项目管理的通知》（国办发〔2007〕64 号），对于各类投资项目开工建设条件进行了全面规定。

该通知规定，各类投资项目开工建设必须符合下列条件：（1）符合国家产业政策、发展建设规划、土地供应政策和市场准入标准。（2）已经完成审批、核准或备案手续。实行审批制的政府投资项目已经批准可行性研究报告，其中需审批初步设计及概算的项目已经批准初步设计及概算；实行核准制的企业投资项目，已经核准项目申请报告；实行备案制的企业投资项目，已经完成备案手续。（3）规划区内的项目选址和布局必须符合城乡规划，并依照城乡规划法的有关规定办理相关规划许可手续。（4）需要申请使用土地的项目必须依法取得用地批准手续，并已经签订国有土地有偿使用合同或取得国有土地划拨决定书。其中，工业、商业、旅游、娱乐和商品住宅等经营性投资项目，应当依法以招标、拍卖或挂牌出让方式取得土地。（5）已经按照建设项目环境影响评价分类管理、分级审批的规定完成环境影响评价审批。（6）已经按照规定完成固定资产投资项目节能评估和审查。（7）建筑工程开工前，建设单位依照建筑法的有关规定，已经取得施工许可证或者开工报告，并采取保证建设项目工程质量安全的具体措施。（8）符合国家法律法规的其他相关要求。

2. 新建固废处理 PPP 项目建设审批文件

（1）项目建议书

项目建议书是管理项目建设前期工作的第一步。项目建议书主要是从项目自身的客观条件方面考察项目建设的必要性，一般由项目发起人向发改部门报送，提出立项申请，发改部门审查通过后下达项目建议书批复文件。经批准的项目建议书是编制可行性研究报告和作为拟建项目立项的依据。项目建议书的批复单位应为国家或地方发改委。

（2）可行性研究报告

可行性研究报告是在项目建议书的基础上，结合专项评估报告，对项目市场、技术、财务、工程、经济和环境等方面进行详细分析后编制的。项目可行性研究报告的编制是确定固废处理建设项目之前具有决定性意义的一项工作，是在投资决策之前对拟建固废处理项目进行全面技术经济分析的科学论证工作。

编制可行性研究报告时，有多个专项报告需要审批，其中水土保持方案、环境影响报告、土地使用预审等审批作为项目立项和核准的主要条件之一。项目可行性研究报告的批复单位为国家或地方发改委。

实践中，为节约项目审批流程、加快项目落地，针对项目实际需要也可以通过编制项目工程预可研的方式来评估项目产出要求在工程和技术方面的可行性并提出方向性建议。固废处理项目的工程预可研报告应由地方 PPP 管理部门会同发改部门、财政部门和住建部门共同审查。

（3）水土保持方案

水土保持方案必须先经水行政主管部门审查批准，按照国家规定水土保持方案报告书与环境影响报告书实行同级审批。水土保持方案审批的主要依据是:《中华人民共和国水土保持法实施条例》(国务院令〔1993〕第 120 号)、《开发建设项目水土保持方案编报审批管理规定》(水利部令〔1995〕第 5 号)及地方相关实施办法。

（4）环境影响评价报告

环境影响评价是指对拟建项目可能造成的环境影响进行分析、论证的全过程，该影响既包括环境污染和生态破坏的不利影响，亦包括对环境的有利影响，并在此基础上提出防治措施和对策。环境影响评价是管理项目评价体系的重要组成部分，内容包括项目建设方案所需要的环境条件研究，影响项目建设环境因素的识别和分析，需要采取的保护对策和措施，以及相关的环境损失和环境效益经济分析。

环境评价报告实行分级审批的办法，报有审批权的环境保护行政主管部门审批。由有审批权的环境保护主管部门负责组织对评价报告的审查，审查批准后的评价报告作为环境影响评价工作和收费的依据。环境影响评价报告的审批一般不超过 60 个工作日，需要进行听证、专家评审和技术评估的，一般不超过 90 个工作日，个别重大环境敏感项目一般不超过 120 个工作日。环境影响评价报告审批的主要依据是:《中华人民共和国环境保护法》《中华人民共和国环境影响评价法》，以及《建设项目环境保护管理条例》。

（5）土地使用预审

土地使用预审是指国土资源管理部门在固废处理建设项目审批、核准、备案阶段，依法对建设项目所涉及的土地利用事项进行的审查。土地使用预审实行分级预审，需人民政府或有批准权的人民政府发展和改革委等部门审批的项目由该人民政府的国土资源管理部门预审。土地使用预审的主要依据是：《中华人民共和国土地管理法》《建设项目用地预审管理办法》，以及《国务院关于深入改革严格土地管理的决定》。

（6）规划选址意见书

项目发起人依据发改部门出具的项目建议书批复文件，向建设规划主管部门申请办理项目规划选址手续，建设规划主管部门审查通过后下达建设项目选址意见书，其主要内容包括建设项目的基本情况和建设项目规划的主要依据，其作用是为明确项目建设的地理位置。

根据《中华人民共和国城乡规划法》第 36 条的规定，“按照国家规定需要有关部门批准或者核准的建设项目，以划拨方式提供国有土地使用权的，建设单位在报送有关部门批准或者核准前，应当向城乡规划主管部门申请核发选址意见书”，可知，按照国家规定需要有关部门批准或者核准的建设项目，以划拨方式提供国有土地使用权的，都应当申请核发选址意见书。建设项目选址意见书核发单位为城乡规划主管部门。

（7）规划及用地许可

固废处理项目发起人依据发改部门出具的项目可行性研究报告批复文件，可向规划主管部门申请办理建设用地规划许可证以及建设工程规划许可证，其作用在于核实项目是否满足用地以及技术上的规划要求。建设用地规划许可证和建设工程规划许可证的审批单位均为地方规划主管部门。

二、PPP 模式相关审批

1. PPP 模式适用范围的审查

固废处理项目具有投资规模较大、价格调整机制相对灵活、市场化程度相对较高、需求长期稳定等特点，因此属于 PPP 模式的适用范围。

2. PPP 项目审批提交的文件范围

财金〔2014〕113 号文针对项目不同类型对项目发起人需要提交的文件作了区分，新建、改建固废处理 PPP 项目应提交可行性研究报告、项目产出说明和初步实施方案；存量固废处理 PPP 项目应提交存量公共资产的历史资料、项目产出说明和初步实施方案。其中，历史资料主要包括存量公共资产的基本信息、日常固废处理资料、生产运营数据、产权人决议、清产核资、财务审计、资产评估、职工安置方案等与存量公共资产有关的资料文件。

3. PPP 项目实施方案审批

除了与建设工程相关的立项等行政审批手续外，财政部门（政府和社会资本合作中心）还要对项目实施方案进行物有所值评估和财政承受能力验证，通过验证的项目，才允许项目实施机构报政府审核。同时，为增强审批的可操作性，各地政府陆续出台了专门的规范性文件或实施细则来落实、细化 PPP 项目的审批流程。

实践中，为进一步减少审批环节，可以由财政部门或其他部门牵头对 PPP 项目实施方案进行联评联审，从项目建设的必要性、合规性、PPP 模式的适用性、财政承受能力以及价格的合理性等方面，对项目实施方案进行可行性评估，评估结果作为项目决策的重要依据。

4. PPP 项目价格审批

固废处理 PPP 项目的定价和收费机制是项目成败的重要基础，关系到项目的风险分配和收益回报，是政府方和社会资本方共同关注的核心事项。由于 PPP 项目的行业、运作方式及具体情况的不同，其价格和收费机制也不尽相同。根据付费来源的不同，PPP 项目的付费方式主要分为三类：使用者付费、政府付费和可行性缺口补助。这里指的价格审批仅指使用者付费的价格（包括可行性缺口补助中的使用者付费）。

《价格法》规定，重要的公用事业价格以及重要的公益性服务价格可以实行政府指导价或政府定价，其政府指导价、政府定价的定价权限和具体适用范围，以中央和地方的定价目录为依据。据此，在进行收费定价时，应当参考中央和地方的定价目录，在明确定价机关和相应的定价程序后，固废处理 PPP 项目建设经营单位应当编制成本资料或可行性研究报告，实施机关会同价格主管部门进行价格成本调查后，组织专家进行价格论证，并举行听证会、听取社会意见，经集体审议后作出定价决定并予以公告。

第二节　固废处理PPP的物有所值分析

物有所值评价体系（VFM）起源于 PPP 的母国英国，是目前国际上最为通用的 PPP 项目可行性评估体系，我国财政部于 2014 年到 2015 年颁布《PPP 物有所值评价指引（试行）》等一系列规范性文件，基本上确立了 PPP 项目的物有所值评价框架和流程。值得一提的是，随着 PPP 资产证券化等新型业务逐渐展开，PPP 正在向阶段化、精细化发展，VFM 也将从一个事前评价体系逐渐成为适用于项目全过程的综合评价体系。

VFM 区别于事后评价，带有明显的预判性，涉及的项目规模越大，要考虑的因素越多。以风险承担这一项指标来举例，一个项目涉及的风险包括法律风险、政策风险、配套支持风险、供应量风险、支付风险、出资融资风险、成本超支风险、财经风险、运用维护移交风险、市场风险、不可抗力风险、应急风险和剩余风险等十几个种类。因此 VFM 实际上是一个繁复庞大的评价体系，对其科学性的要求不亚于对项目本身的要求。

一份 PPP 物有所值评价报告的主要结构包括项目基础信息、评价方法、定性评价、定量评价、评价结论以及附录等六部分。

一、项目基础信息

主要包括项目概况，如项目名称、地点、建设规模与内容、投资估算及资金来源、项目进度计划、项目目标与意义等；项目产出说明，如项目形成资产概况、提供服务概况等；绩效标准；运作方式，如具体运作模式、合作范围、SPV 股权情况、合作期限、回报方式、全生命周期成本、调价机制等；风险分配框架以及付费机制等内容。

二、评价方法

主要是介绍 VFM 的评价原理及流程。现阶段以定性评价为主，鼓励开展定量评价。定性分析重点关注项目采用 PPP 模式与采用政府传统采购模式相比能否增加公共供给、优化风险分配、提高效率、促进创新和公平竞争、有效落实政府采购政策等。定量评价是在假定采用 PPP 模式与政府传统投资方式产出绩效相同的前提下，通过对 PPP 项目全生命周期内政府方净成本的现值（PPP 值）与公共部门比较值（PSC 值）进行比较，判断 PPP 模式能否降低项目全生命周期成本。

三、物有所值定性评价

物有所值定性评价多数采用的是专家评分法，主要包括确定定性分析指标、组成专家小组、召开专家小组会议和做出定性分析结论等。

1. 定性评价程序

根据财金〔2015〕167 号文规定，定性评价程序如下：

（1）根据项目实际情况，确定指标体系及权重；

（2）确定专家组，将相关资料发送专家；

（3）财政部门会同行业主管部门召开专家组会议；

（4）专家组充分讨论后进行评分；

（5）形成专家组意见；

（6）财政部门会同行业主管部门根据专家组意见，做出定性评价结论。

2. 定性评价指标

根据财金〔2015〕167 号文，定性评价指标包括基本评价指标和补充评价指标，基本评价指标包含全生命周期整合程度、风险识别与分配、绩效导向与鼓励创新、潜在竞争程度、政府机构能力、可融资性六项指标。

（1）全生命周期整合程度指标主要考核在项目全生命周期内，项目设计、投融资、建造、运营和维护等环节能否实现长期、充分整合，主要通过查看项目计划整合全生命周期各环节的情况来评分。

（2）风险识别与分配指标主要考核在项目全生命周期内，各风险因素是否得到充分识别并在政府和社会资本之间进行合理分配，主要通过查看在项目识别阶段对项目风险的认识情况来评分。

（3）绩效导向主要考核是否建立以基础设施及公共服务供给数量、质量和效率为导向的绩效标准和监管机制，主要通过查看在项目识别阶段项目绩效指标的设置情况来评分。鼓励创新主要考核是否落实节能环保、支持本国产业等政府采购政策，能否鼓励社会资本创新，主要通过查看项目产出说明来评分。

（4）潜在竞争程度指标主要考核项目内容对社会资本参与竞争的吸引力，主要通过查看项目将引起社会资本（或其联合体）之间竞争的潜力，以及预计在随后的项目准备、采购等阶段是否能够采取促进竞争的措施等来评分。

（5）政府机构能力指标主要考核政府转变职能、优化服务、依法履约、行政监管和项目执行管理等能力，主要通过查看政府的 PPP 理念，以及结合项目具体情况查看相关政府部门及机构的 PPP 能力等来评分。

（6）可融资性指标主要考核项目的市场融资能力，主要通过预计项目对金融机构的吸引力来评分。

根据项目的具体情况，实施机构会同行业主管部门也可以根据实际情况设置补充评价指标。在各项评价指标中，六项基本评价指标权重为 80%，其中任一指标权重一般不超过 20%；补充评价指标权重为 20%，其中任一指标权重一般不超过 10%。

四、物有所值定量评价

定量评价是在假定采用 PPP 模式与政府传统投资方式产出绩效相同的前提下，通过对 PPP 项目全生命周期内政府方净成本的现值（PPP 值）与公共部门比较值（PSC 值）进行比较，判断 PPP 模式能否降低项目全生命周期成本。PPP<PSC 意味着物有所值，使用 PPP 方式能够降低成本。

物有所值定量分析的主要步骤包括:（1）根据参照项目计算 PSC 值;（2）根据影子报价和实际报价计算 PPP 值；（3）比较 PSC 值和 PPP 值，计算物有所值量值和指数，得出定量分析结论。

1. PSC 值的计算

PSC= 基本 PSC+ 竞争性中立调整值 + 项目全部风险承担成本

（1）基本 PSC= 建设净成本 + 运营维护净成本 =（项目建设成本 - 资本性收益）+（运营维护成本 - 第三方收入）

（2）竞争性中立调整值是为了消除政府传统采购模式下公共部门相对社会资本所具有的竞争优势，主要包括政府比社会资本少支出的土地费用、行政审批费用、所得税等有关税费。

（3）项目风险承担成本包括可转移风险、可分担风险以及不可转移分担风险。可转移风险包括项目建设期间可能发生的组织机构、施工技术、工程、投资估算、资金、市场、财务等风险，项目公司通过参加商业保险后，大部分风险可以有效转移；可分担风险包括项目建设和运营期间可能发生的法规政治风险、自然灾害等不可抗力风险等，需要政府和项目公司共担的风险；不可转移风险包括主要项目运营期间受消费物价指数、劳动力市场指数等影响可能发生的价格调整和利润率对运营补贴支出风险责任，不可转移和分担，由政府承担风险支出。

2.PPP 值的计算

PPP 值 = 股权投资 + 运营补贴 + 风险承担 + 配套投入

（1）股权投资应当依据项目资本金要求及项目公司股权结构合理确定，股权投资 = 项目资本金 × 政府占项目公司股权比例。

（2）运营补贴支出应当根据项目建设成本、运营成本及利润水平合理确定，并按照不同付费模式分别测算。

①对政府付费模式的项目，在项目运营补贴期间，政府承担全部直接付费责任。政府每年直接付费数额包括：社会资本方承担的年均建设成本（折算成各年度现值）、年度运营成本和合理利润。

②对可行性缺口补助模式的项目，在项目运营补贴期间，政府承担部分直接付费责任。政府每年直接付费数额包括：社会资本方承担的年均建设成本（折算成各年度现值）、年度运营成本和合理利润，再减去每年使用者付费的数额。

③使用者付费模式的项目无需计算运营补贴支出。

（3）风险承担支出责任是指项目实施方案中政府承担风险带来的财政或有支出责任。通常由政府承担的法律风险、政策风险、最低需求风险以及因政府方原因导致项目合同终止等突发情况，会产生财政或有支出责任。

（4）配套投入支出责任是指政府提供的项目配套工程等其他投入责任。通常包括政府承担的未纳入建设成本的咨询服务费用、市场测试费用、社会资本未中选补偿金、移交补偿款等交易成本，政府负责的连接设施和配套工程建设成本，政府授予社会资本的项目周边土地或商业开发收益权，政府向社会资本提供的贷款贴息，以及政府放弃的项目公司股利等。

五、物有所值评价结论

结合定性分析结果和定量分析结果得出物有所值评价结论。

六、附录

主要包括七位专家的专家打分表。

第三节　固废处理 PPP 项目的财政承受能力论证

财政承受能力论证，是识别、测算 PPP 项目各项财政支出责任，科学评估项目实施对当前及今后年度财政支出影响，为 PPP 项目财政管理提供依据的测算工具。财政承受能力论证主要考察政府是否具备足够的财力支撑 PPP 项目实施。如果财力不济，会产生政府违约风险，影响项目的可持续性。该项工作的开展有利于规范 PPP 项目财政支出管理，有序推进项目实施，有效防范和控制财政风险。从这个角度来说，财政承受能力论证对 PPP 项目具有一票否决的作用。与“物有所值”评价（VFM）类似，财政承受能力论证在国内也处于试行和推广阶段，概念和观念、方法体系也尚在摸索完善当中。

一、财政能力论证责任主体

各级财政部门（或 PPP 中心）负责组织开展行政区域 PPP 项目财政承

受能力论政工作。省级财政部门负责汇总统计行政区域内的全部 PPP 项目财政支出责任，对财政预算编制、执行情况实施监督管理。

财政部门（或 PPP 中心）应当会同行业主管部门，共同开展 PPP 项目财政承受能力论证工作。必要时可通过政府采购方式聘请专业中介机构协助。

各级财政部门（或 PPP 中心）要以财政承受能力论证结论为依据，会同有关部门统筹做好项目规划、设计、采购、建设、运营、维护等全生命周期管理工作。

二、责任识别的注意要点

PPP 项目全生命周期过程的财政支出责任，主要包括股权投资、运营补贴、风险承担、配套投入等。

股权投资支出责任是指在政府与社会资本共同组建项目公司的情况下，政府承担的股权投资支出责任。如果社会资本单独组建项目公司，那么政府不承担股权投资支出责任。

运营补贴支出责任是指项目运营期间，政府承担的直接付费责任，包括：政府付费模式下，政府承担全部运营补贴支出责任；可行性缺口补助模式下，政府承担部门运营补贴支出责任。如果项目采用使用者付费模式，则政府不承担运营补贴支出责任。

风险承担支出责任是指项目实施方案中政府承担风险带来的财政或有支出责任。通常由政府承担的法律风险、政策风险、最低需求风险以及因政府方原因导致项目合同终止等突发情况，会产生财政或有支出责任。

配套投入支出责任是指政府提供的项目配套工程等其他投入责任，通常包括土地征收和整理、建设部分项目配套措施、完成项目与现有相关基础设施和公共事业的对接、投资补助、贷款贴息等。配套投入支出应依据项目实施方案合理确定。

三、支出测算的注意要点

财政部门（或 PPP 中心）应当综合考虑各类支出责任的特点、情景和发生概率等因素，对项目全生命周期内财政支出责任分别进行测算。

1. 股权投资支出

股权投资支出＝项目资本金 × 政府占项目公司股权比例

2. 运营补贴支出

（1）政府付费模式。政府每年直接付费数额包括：社会资本方承担的年均建设成本（折算成各年度现值）、年度运营成本和合理利润。

（2）可行性缺口补助模式。政府每年直接付费数额包括：社会资本方承担的年均建设成本（折算成各年度现值）、年度运营成本和合理利润，再减去每年使用者付费的数额。

在计算运营补贴支出时，应当充分考虑合理利润率变化对运营补贴支出的影响。

PPP 项目实施方案中的定价和调价机制通常与消费物价指数、劳动力市场指数等因素挂钩，会影响运营补贴支出责任。在可行性缺口补助模式下，运营补贴支出责任受到使用者付费数额的影响，而使用者付费的多少因定价和调价机制而变化。在计算运营补贴支出数额时，应当充分考虑定价和调价机制的影响。

（3）风险承担支出应充分考虑各类风险出现的概率和带来的支出责任，可采用比例法、情景分析法及概率法进行测算。如果 PPP 合同约定保险赔款的第一受益人为政府，则风险承担支出应为扣除该等风险赔款金额的净额。

（4）配套投入支出数额＝政府拟提供的其他投入总成本－社会资本方支付的费用

四、能力评估的注意要点

财政部门（或 PPP 中心）识别和测算单个项目的财政支出责任后，汇总年度全部已实施和拟实施的 PPP 项目，进行财政承受能力评估。

财政承受能力评估包括财政支出能力评估以及行业和领域平衡性评估。财政支出能力评估，是根据 PPP 项目预算支出责任，评估 PPP 项目实施对当前及今后年度财政支出的影响；行业和领域均衡性评估，是根据 PPP 模式适用的行业和领域范围，以及经济社会发展需要和公众对公共服务的需求，平衡不同行业和领域 PPP 项目，防止某一行业和领域 PPP 项目过于集中。

在进行财政支出能力评估时，未来年度一般公共预算支出数额可参照前五年相关数额的平均值及平均增长率计算，并根据实际情况进行适当调整。

五、通过论证后的工作

1. 通过财政承受能力论证且经同级人民政府审核同意实施的 PPP 项目，各级财政部门应当将其列入 PPP 项目目录，并在编制中期财政规划时，将项目财政支出责任纳入预算统筹安排。

2. 在 PPP 项目正式签订合同时，财政部门（或 PPP 中心）应当对合同进行审核，确保合同内容与财政承受能力论证保持一致，防止因合同内容调整导致财政支出责任出现重大变化。财政部门要严格按照合同执行，及时办理支付手续，切实维护地方政府信用，保障公共服务有效供给。

六、信息披露要点

省级财政部门应当汇总区域内的项目目录，及时向财政部报告，财政部通过统一信息平台（PPP 中心网站）发布。

各级财政部门（或 PPP 中心）应当通过官方网站及报刊媒体，每年定期披露当地 PPP 项目目录、项目信息及财政支出责任情况。应披露的财政支出责任信息包括：PPP 项目的财政支出责任数额及年度预算安排情况、财政承受能力论证考虑的主要因素和指标等。

项目实施后，各级财政部门（或 PPP 中心）应跟踪了解项目运营情况，包括项目使用量、成本费用、考核指标等信息，定期对外发布。

第四节　固废处理 PPP 项目的融资结构设置

一、PPP 项目融资的基本类型

依据融资特点，可以把 PPP 项目融资的基本类型作如下分类：建造 -

运营－移交（BOT）、民间主动融资（PFI）、建造－拥有－运营（BOO）、建造－拥有－运营－移交（BOOT）、建设－移交－运营（BTO）、重建－运营－移交（ROT）、设计建造（DB）、设计－建造－融资及经营（DBFO）、购买－建造－营运（BBO）、建造－租赁－营运－移交（BLOT）、移交－运营－移交（TOT）。

二、PPP 项目融资的结构设计

从狭义上讲，融资即是一个企业的资金筹集的行为与过程，也就是企业根据自身的生产经营状况、资金拥有的状况，以及企业未来经营发展的需要，采用一定的方式，从一定的渠道向企业的投资者和债权人去筹集资金，组织资金的供应，以保证企业正常生产需要、经营管理活动需要的理财行为。

PPP 项目成功的关键在于各参与方之间实现公平有效的风险分担和利益共享，这需要合理的资本结构安排来实现，即合理分配企业各种长期资本的构成及组成比例，尤其是股权资本和债权资本的比例及构成关系。

在 PPP 项目投融资的结构设计中，应当关注和研究项目公司负债和所有者权益之间的各种比例关系，具体包括：股权资本内部的比例关系，即股权结构；股权资本与债权资本之间的比例关系，即债本比例；债权资本内部的比例关系，即债权结构。

1. PPP 项目投融资的股权结构

股权结构一般指股东数量及其持股比例构成的企业或项目股权的分布状态，体现了企业或项目的所有权性质。在 PPP 项目运作过程中存在两种情形：一种情形是成立项目公司，由所成立的项目公司具体负责 PPP 项目的建设和运营；另一种情形是不成立项目公司，直接由社会资本方具体负责 PPP 项目的建设和运营。无论是否成立项目公司，都会涉及 PPP 项目投融资的股权结构问题，只是在成立项目公司时，系涉及项目公司的股权结构问题，不成立项目公司时，系涉及社会资本方的股权结构问题。

按照股权集中度的不同，股权结构可以分为以下三种类型：一是高度集中型股权结构，第一大股东持股比例超过 50%，唯一的控股股东对公司拥有绝对控制权；二是分散型股权结构，公司没有大股东，所有权与经营权基本完全分离；三是适度集中型股权结构，公司存在几个较大的相对控股股东，同时还有其他大股东。PPP 项目股权的集中度一般较高，多为高度集中型股权结构或适度集中型股权结构。

合理的股权结构是 PPP 项目股东相互制衡的基本条件，只有在相对合理的股权结构下，PPP 项目股东才有可能达到一个以股权份额为基础的相互制衡的状态。就目前我国固废处理 PPP 项目的股权结构而言，适度集中的股权结构是最有效率的，过于分散或过于集中的股权结构都有可能会导致治理绩效的降低。股权适度分散是股权制衡的基本条件，股权过于集中不利于 PPP 项目治理，多元化的投资主体是 PPP 项目与传统政府投资项目的根本区别，对于 PPP 项目来说，股权的分散具有重要的意义，当股权分散化到一定程度，任何一个股东若要直接控制 PPP 项目既没有必要也没有可能时，PPP 项目的产权制度才能真正地确立起来。而且，当 PPP 项目股权分散化和多元化以后，项目的监督主体也就实现了多元化，在一定程序上可以起到降低信息不对称的作用，有利于建立起有效的约束和监督机制，从而提高基础设施项目的建设和运营效率。股权的分散化应当成为 PPP 项目最基本的制度安排。当然，PPP 项目股权也不应过于分散，过于分散的股权结构会带来项目治理绩效的降低。因此，在 PPP 项目股权结构设计过程中，适度集中（或适度分散）的股权结构最有效率。即股权较为集中，但集中程序又不太高，并且又有若干个可以相互制衡的大股东，这种股权结构能够兼顾管理力度与效率，同时起到风险分担的作用。

2. PPP 项目投融资的债权结构

PPP 项目债权融资方式多种多样，国务院及其部委发布的相关规范性文件中对 PPP 项目债权融资方式作了规定，国务院《关于加强地方政府性债务管理的意见》（国发〔2014〕43 号）中提出："投资者或特别目的公司可以通过银行贷款、企业债、项目收益债券、资产证券化等市场化方式举债并承担偿债责任。"国务院《关于创新重点领域投融资机制鼓励社会投资的指导意见》（国发〔2014〕60 号）中提出：“（三十五）探索创新信贷服务。支持开展排污权、收费权、集体林权、特许经营权、购买服务协议预期收益、集体土地承包经营权质押贷款等担保创新类贷款业务。探索利用工程供水、供热、发电、污水垃圾处理等预期收益质押贷款，允许利用相关收益作为还款来源。鼓励金融机构对民间资本举办的社会事业提供融资支持。”“（三十七）充分发挥政策性金融机构的积极作用。在国家批准的业务范围内，加大对公共服务、生态环保、基础设施建设项目的支持力度。努力为生态环保、农林水利、中西部铁路和公路、城市基础设施等重大工程提供长期稳定、低成本的资金支持。”“（三十八）支持重点领域建设项目采用企业债券、项目收益债券、公司债券、中期票据等方式通过债券市场筹措投资资金。推动铁路、公路、机场等交通项目建设企业应收账款证券化。建立规范的地方政府举债融资机制，支持地方政府依法依规发行债券，用于重点领域建设。”《国家发展改革委关于开展政府和社会资本合作的指导意见》（发改投资〔2014〕2724 号）中提出：“鼓励金融机构提供财务顾问、融资顾问、银团贷款等综合金融服务，全程参与 PPP 项目的策划、融资、建设和运营。鼓励项目公司或合作伙伴通过成立私募基金、引入战略投资者、发行债券等多种方式拓宽融资渠道。”《国家发展改革委、国家开发银行关于推进开发性金融支持政府和社会资本合作有关工作的通知》（发改投资〔2015〕445 号）中提出：“开发银行充分发挥开发性金融的中长期融资优势及引领导向作用，积极为各地的 PPP 项目建设提供‘投资、贷款、债券、租赁、证券’等综合金融服务，并联合其他银行、保险公司等金融机构以银团贷款、委托贷款等方式，努力拓宽 PPP 项目的融资渠道。”“开发银行认真贯彻国发〔2014〕60 号文件关于‘探索创新信贷服务’的要求，不断创新和完善 PPP 项目贷款风险管理体系，通过排污权、收费权、特许经营权、购买服务协议项下权益质押等方式，建立灵活有效的信用结构，切实防范贷款风险。”《基础设施和公用事业特许经营管理办法》第二十三条规定：“国家鼓励金融机构为特许经营项目提供财务顾问、融资顾问、银团贷款等金融服务。政策性、开发性金融机构可以给予特许经营项目差异化信贷支持，对符合条件的项目，贷款期限最长可达 30 年。

探索利用特许经营项目预期收益质押贷款，支持利用相关收益作为还款来源。”第二十四条规定：“国家鼓励通过设立产业基金等形式入股提供特许经营项目资本金。鼓励特许经营项目公司进行结构化融资，发行项目收益票据和资产支持票据等。国家鼓励特许经营项目采用成立私募基金，引入战略投资者，发行企业债券、项目收益债券、公司债券、非金融企业债务融资工具等方式拓宽投融资渠道。”第二十五条规定：“县级以上人民政府有关部门可以探索与金融机构设立基础设施和公用事业特许经营引导基金，并通过投资补助、财政补贴、贷款贴息等方式，支持有关特许经营项目建设运营。”

在具体固废处理 PPP 项目建设和运营过程中，社会资本方（或项目公司）应当积极利用上述规范性文件中所规定的各种债权融资方式，包括积极探索和实践上述规范性文件中所明确允许和鼓励创新的各种债权融资方式，特别是其中融资成本较低的债权融资方式。PPP 项目的具体债权融资方式主要包括：

（1）银行等金融机构贷款

银行等金融机构贷款是传统的也是最主要的债权融资方式。按照不同的划分标准，银行贷款可以划分为各种不同的类型。中国人民银行 1996 年 6 月 28 日发布的《贷款通则》中将贷款种类分为：自营贷款、委托贷款和特定贷款；短期贷款、中期贷款和长期贷款；信用贷款、担保贷款和票据贴现。

在 PPP 项目投融资中，应当充分重视和运用以下银行贷款方式：

① 银团贷款

银团贷款又称辛迪加贷款（Syndicated Loan），是由获准经营贷款业务的一家或数家银行牵头，多家银行与非银行金融机构参加而组成的银行集团（Banking Group）采用同一贷款协议，按商定的期限和条件向同一借款人提供融资的贷款方式。银团贷款具有以下优点：第一，贷款金额大、期限长，可以满足借款人长期、大额的资金需求；由于 PPP 项目通常所需资金额巨大、期限较长，银团贷款能够满足 PPP 项目对资金的前述需求；第二，融资所花费的时间和精力较少，借款人与安排行商定贷款条件后，由安排行负责银团的组建，在贷款的执行阶段，借款人无需面对所有的银团成员，相关的提款、还本付息等贷款管理工作由代理行完成；第三，银团贷款操作形式多样，在同一银团贷款内，可根据借款人需要提供多种形式贷款，如定期贷款、周转贷款、备用信用证额度等，同时，还可根据借款人需要，选择人民币、美元、欧元等不同的货币或货币组合；第四，有利于借款人树立良好的市场形象，银团成功的组建是基于各参与行对借款人财务和经营情况的充分认可，借款人可以借此业务机会扩大声誉。

② 政策性银行贷款

政策性银行贷款是目前我国政策性银行的主要资产业务，政策性银行贷款由各政策性银行在人民银行确定的年度贷款总规模内，根据申请贷款的项目或企业情况按照相关规定自主审核，确定贷与不贷。效益也是政策性银行贷款需要考虑的要素之一。政策性银行贷款具有以下特点：一方面，它具有指导性、非营利性和优惠性等特殊性，在贷款规模、期限、利率等方面提供优惠；另一方面，它又明显有别于可以无偿占用的财政拨款，而是以偿还为条件，与其他银行贷款一样具有相同的金融属性——偿还性。在 PPP 项目投融资过程中充分运用政策性银行贷款可以降低 PPP 项目投融资成本。

③ 预期收益质押贷款

所谓预期收益，也称为期望收益，是指如果没有意外事件发生时根据已知信息所预测能得到的收益。预期收益质押贷款属于质押贷款中的一种，该种贷款方式在固废处理 PPP 项目投融资中具有明显的优点。对于固废处理 PPP 项目运作方而言，无论采取何种付费方式，都会存在预期收益（区别在于该预期收益是来源于政府付费还是来源于最终用户付费或者两者兼而有之），如 PPP 项目预期收益质押贷款能够得到推广，将会为大部分 PPP 项目提供一种较为便捷、同时成本也相对较低的银行贷款融资方式，对银行等金额机构而言，以项目预期收益质押方式提供贷款，利用项目相关收益作为还款来源，可以为其贷款提供有效的担保，为其贷款本金的偿还提供法律保障。当然，这种融资方式系以未来预期收益作为还款来源，但预期收益毕竟不是 100% 的保证，未来市场变动及企业管理等因素对预期收益造成不利影响的风险依然存在。在实际操作中，可以将预期收益质押担保与其他担保方式结合使用。

在各种 PPP 项目投融资方式中，银行等金融机构贷款处于非常重要的地位，并起着非常重要的作用。国务院及其部委制定的有关 PPP 的规范性文件中亦非常重视和强调银行等金融机构贷款的地位和作用，如财政部《关于推广运用政府和社会资本合作模式有关问题的通知》（财金〔2014〕76号）中提出："可邀请有意愿的金融机构及早进入项目磋商进程。"《基础设施和公用事业特许经营管理办法》第十七条规定："鼓励金融机构与参与竞争的法人或其他组织共同制定投融资方案。"银行等金融机构需注意的是，较传统基础设施融资方式相比，PPP 模式下银行等金融机构贷款的融资主体是项目公司，不再是传统大中型企业，还款来源为经营收入，而不是财税收入或土地出让收入，追索权变为有限追索或无追索，而不是全额追索。

（2）发行企业债券

企业债券募集资金成本低，融资成本锁定，期限较长，且付息可分摊到不同年份，到期一次还本，对优化 PPP 项目的财务结构非常有利。发行企业债券是固废处理 PPP 项目融资的重要手段，比银行资金的运用更有自主性，可以根据资金运用的长短需求，确定债券期限，比股票市场融资更容易操作，可以更快地筹集资金。

（3）融资租赁

融资租赁是指出租方根据承租方对供货商、租赁物的选择，向供货商购买租赁物，提供给承租方使用，承租方在合同规定的期限内分期支付租金的融资方式。在 PPP 项目投融资中，通过融资租赁公司筹措资金，采取融资租赁方式获得 PPP 项目设备，可以在达到融资目的的同时，由融资租赁公司分担 PPP 项目建设的部分风险。

3. PPP 项目投融资的债本比例

在设计 PPP 项目投融资的债本比例时，至少应当考虑以下两个方面的因素：首先应当满足现行法律法规和国务院文件中对项目资本金比例的相关规定和要求。其次应当充分考虑各种融资方式（股权融资和债权融资）的实际可能性以及不同融资方式的成本。

在设计 PPP 项目投融资的债本比例时，除了应当满足现行法律法规和国务院文件中的规定和要求之外，还应当考虑以下因素：（1）各种股权融资方式和债权融资方式的实际可能性，即各种项目融资的“可获得性”，如银行等金融机构愿意提供更多贷款等债权融资的，则债权融资可以占有更高的比例，反之，则股权融资将占有更高的比例；（2）各种股权融资方式和债权融资方式的成本，应当尽量选择和采取融资成本更低的融资方式。

需要注意的是，PPP 项目融资往往并非一次完成的，在 PPP 项目建设运行过程中，可能会根据 PPP 项目建设运行的实际情况，进行后续融资。为了调动项目公司的积极性并保障项目融资的灵活性，在一些 PPP 项目协议中，还会包括允许项目公司在一定条件下对项目进行再融资的规定。再融资的条件通常包括：再融资应增加项目收益且不影响项目的实施、签署再融资协议前须经过政府方的批准等。PPP 项目协议中也可能会规定，政府方对于因再融资所节省的财务费用享有按约定比例（例如 50%）分成的权利。因此，固废处理 PPP 项目融资结构，包括债本比例等并非一成不变的，而需根据 PPP 项目的实际投融资需求及后续建设运行情况进行设计和相应调整。

三、PPP 项目融资的成本分析

PPP 项目融资的成本是 PPP 项目融资结构设计的重要依据之一。如上所述 PPP 项目融资方式可以分为股权融资和债权融资，两种融资方式的成本是不同的。

股权融资构成企业的自有资金，投资者成为企业的股东，有权参与企业的经营决策，有权获得企业的红利，但无权撤退资金。股权融资所获得的资金，企业无须还本付息，但新股东将与老股东同样分享企业的赢利与增长。股权融资具有以下特点：一是长期性：股权融资筹措的资金具有永久性，无到期日，不需归还；二是不可逆性：企业采用股权融资不需还本，投资人欲收回本金，需借助于股权流通市场；三是无负担性：股权融资没有固定的股利负担，股利的支付与否和支付多少视企业的经营情况和经营需要而定。股权融资的上述特点决定了其用途的广泛性，股权融资所获资金既可以充实企业的营运资金，也可以用于企业的投资活动。当企业需要的资金量比较大时，股权融资就占很大优势，因为股权融资不像债权融资那样需要定期支付利息和本金，而仅仅需要在企业赢利的时候支付给股东股利。

债务融资构成企业的负债，资金提供者成为企业的债权人，企业要按期偿还约定的利息，债权人一般不参与企业的经营决策，对资金的运用也没有决策权。对债权融资所获得的资金，企业首先要承担资金的利息，另外在借款到期后要向债权人偿还资金的本金。债权融资的特点决定了其用途主要是解决企业营运资金短缺的问题，而不是用于资本项下的开支。

两种融资方式相比，股权融资方式可能会引起企业控制权的变更，并且股权融资方式的成本也相对较高。这与两种融资方式下资金提供者所承担的风险不同有关，通常情况下，资金提供者承担的风险越大，报酬要求就越高，融资成本也就越高。在股权融资方式之下，投资人成为企业的股东，在债权融资方式之下，投资人成为企业的债权人，两者相比较，股东承担的风险远远大于债权人，在企业破产清算时，股东只有最劣后的分配权。由于股东承担的风险大，股东要求的报酬也就相应比较高，企业股权融资资金的成本也就会比较高。同时，在债权融资方式之下，企业支付给债权人的利息可以在所得税前扣除，而在股权融资方式之下，企业支付给股东的股息却不能在所得税前扣除，这也会导致股权融资资金成本高于债权融资成本。当然，这仅是对两种融资方式的融资成本所进行的简要分析，在设计具体固废处理 PPP 项目投融资的结构、选择具体投融资方式时，还应当对具体项目中的各种投融资方式的成本进行具体分析。

第五节　固废处理 PPP 的模式设计

具体而言，固废处理建设 PPP 项目，可以通过以下几种模式进行：

一、BOT 模式（建设 – 运营 – 移交）

在 BOT 模式下，政府与社会投资人签订 BOT 协议，由社会投资人设立项目公司具体负责固废处理的设计、投资、建设、运营，并在运营期满后将固废处理设施无偿移交给政府或政府指定机构。运营期内，政府授予项目公司特许经营权，项目公司在特许经营期内向有关部门收取垃圾处理费用，并由政府每年度根据项目的实际运营情况进行核定并通过财政补贴、股本投入、优惠贷款和其他优惠政策的形式，给予项目公司可行性缺口补助。

二、TOT 模式（转让 – 运营 – 移交）

对于政府现有的存量项目，可以采用 TOT 模式进行运作。在 TOT 模式下，政府将项目有偿转让予项目公司，并授予项目公司一定期限的特许经营权，特许期内项目公司向有关部门收取垃圾处理费用、并由政府提供可行性缺口补助，特许期满项目公司再将固废处理移交予政府或政府指定机构。

三、BOO 模式（建设 – 拥有 – 运营）

在 BOO 模式下，政府与社会投资人签订 BOO 协议，由社会投资人设立项目公司具体负责固废处理的设计、投资、建设、运营，政府同时授予项目公司特许经营权，项目公司在特许经营期向有关部门收取垃圾处理费用，并由政府向其提供可行性缺口补助。特许期满后固废处理设备的产权属于项目公司所有，项目公司可以通过法定程序再次获得特许经营权，或将固废处理出租予其他竞得特许经营权的经营者。

第六节　固废处理 PPP 的工程设计和施工

一、固废处理初步设计要点

固废处理工程初步设计是可行性研究设计的深化，要依据项目的可行性研究报告来确定设计原则、设计标准、设计方案和重大技术问题。固废处理工程初步设计应注意以下几个要点：

一是清晰定义项目边界。明确设计依据、设计原则、设计指导思想，明确项目组成、工艺特点、产品方案、总图运输、原材料消耗及来源、建构筑物设计、关键管线、设备及仪器仪表选型、消防、劳动安全、工业卫生、环境保护等。

二是做好工程初步设计概算。工程初步设计概算是前期造价控制的重要文件。项目可行性研究阶段、初步设计阶段、施工图设计阶段均是项目还未实施的阶段，是项目前期投资控制的关键环节。各设计阶段形成的造价（估算、概算、预算）相互制约、相互补充，前者控制后者，后者补充前者，共同组成工程造价的控制系统。初步设计阶段的责任是在可行性研究估算的基础上，把概算做全并且不能超过估算。设计概算全面且准确，是项目造价控制系统的关键指标。当项目业主试图自我承担设计风险时，这个指标便是控制施工图设计的重要参数，即依据施工图编制的预算不能超过初步设计概算。而当项目采用 EPC（工程总承包）模式时，初步设计概算既是项目业主想要达到的总投资控制目标，又是推动承建方合理配置资源、充分释放管理效能以力争达到的项目效益目标。

三是完成工程初步设计审查。初步设计文件系统是工程设计的重要组成部分，也是工程实施所依托的重要的系统文件，因此该文件系统应符合国家行政主管部门颁布的规范要求。初步设计文件编制完成后应报项目设计审查主管部门审批。工程初步设计审查的主要内容有：项目初步设计是否符合国家方针、政策和行业规章、标准的要求；是否符合可行性研究要求；是否切合实际、安全适用、技术先进可靠、经济合理等。初步设计审查是进一步优化设计的过程。

二、固废处理初步设计承担单位的选择

应把具有相应固废处理设计资质作为遴选工程咨询单位的条件之一，以期初步设计与可行性研究能高质量对接，利于项目推进。固废处理的设计必须由具有设计资质的单位承担。

三、固废处理初步设计阶段需要注意的几个问题

1. 保持项目可行性研究的延续性，一次性完成全面设计

固废处理初步设计阶段，项目设计的不完整性将极大地影响固废处理从造价、质量到工期的全面控制，影响固废处理集约化管理效果，影响 PPP

模式的成败。因此，全面完成固废处理工程初步设计是一个基本的要求。

由于可研和初设的承担单位是由政府方分别委托的，故原则上存在初步设计承担单位与项目可行性研究报告编制单位不是同一家单位的可能性。为避免个别设计单位仍套用习惯做法组织编制项目的初步设计，必须突出强调承担固废处理初步设计的单位要保持项目可行性研究的延续性，一次性完成全部工程的初步设计。

2. 突出初步设计总投资控制概念，为后续工作创造条件

初步设计阶段完成的设备清册、概算书是项目实物采购和工程总造价控制的直接依据，而根据初步设计原则进一步编制完成的施工图则是项目工程数量和工程质量的直接控制依据，因此，工程项目的初步设计成果是后续项目实施过程的总体控制依据。

对于固废处理工程而言，无论是在传统的设计、施工独立承包制还是EPC 工程总承包制的建设管理模式下，到了初步设计环节都必须要求设计单位突破单一设计的陈旧观念，在完成必要的初步设计说明书、图纸、清册、概算、专项设计说明等技术文件的基础上，还要为项目的施工组织、进度安排、竣工试验及竣工后试验、劳动定员、资金筹措、财务评价、工程验收等相关管理服务提供信息，发挥好设计项目综合管理龙头的作用。

第七节　固废处理 PPP 的运营和维护

一、建立运维制度

1. 日常维护管理制度

（1）保持固废处理内的整洁和通风良好。

（2）监督固废处理内管线和附属设施施工单位严格执行相关安全规程和批准的安全施工措施方案，做好安全监控和巡查等安全保障。

（3）制定并实施固废处理应急预案。

（4）巡查保护固废处理构筑物的完整、安全，及时发现并制止对固废处理产生危害的行为。

2. 值班管理制度

值班工作是沟通上下，联系内外、协调左右的信息枢纽。对上级重要文件的及时传达，对运营公司内部事务的及时处理等起着重要的保证作用。

（1）值班人员职责

①值班人员要坚守岗位，不得擅自离岗。重要任务必须离开时，应找人替代，不得出现脱岗、离岗现象。

②要认真处理好当班事宜，并记好值班日志，妥善保管、处置好来文来电、重要来访，严格做到事事有登记，件件有着落。

③要认真接好电话，并做好记录和办理工作。

④保持好环境卫生，确保清洁。

⑤办好领导临时交办的各项工作任务。

（2）值班工作要求

①值班人员在接听电话时要做到文明亲切，听话、说话准确，记录完后要认真核对，确认无误后再终止通话。在写电话记录时要做到字迹工整，用词准确。

②值班日记要按要求写清值班时间、值班人员、事项内容等。

③信息传达要做到内容清楚，范围准确。即该传到哪里就准确无误地传到哪里，不能随意扩大或缩小传递的范围。

④值班人员应注意严格执行保密规定。

⑤值班人员由于其他原因不能值班的，应先行请假或请其他人员代替并报领导批准。

⑥每天下班前进行交接班。交接时要把当天未处理完的事项详细记在值班日记上，并须向接班人交代清楚。

3. 安全检查管理制度

建立应急联动机制，实施突发事件的应急处理，事故处理程序、安全责任制等做出了详细规定。

安全检查分为日常检查、定期检查、特殊检查。

（1）日常检查以目测为主，每周不少于一次。

（2）定期检查宜用仪器和量具量测，每季度不少于一次。

（3）特殊检查根据实际需要由专业机构进行。

4. 档案资料管理制度

项目公司运营部按规定的格式就运营维护服务事项备存记录，包括：项目设施状况，包括正常使用中及处在维修状态的项目设施种类及数目；维护维修计划；维护维修计划执行情况；维护维修计划变动情况；项目设施检查记录，包括日常检查、定期检查和专项检查；项目设施状态评定记录；项目设施维修记录，包括日常维修、中修及大修；相关政府部门检查结果；任何事故的详细记录；市建委合理要求的其他事项记录。

5. 安全管理制度

固废处理是城市公共安全管理的重要环节，对进出固废处理应进行严格的审批程序规定，未经审批任何无关人员不得擅自进入固废处理。需要进入固废处理的人员应当先行向项目公司提出申请，并履行相应管理制度。未经同意擅自进入固废处理造成损害的，应负担相应责任。

二、加强安全管理

根据固废处理运营及维护的特点，制定具有针对性的各项安全管理制度。包括安全生产责任制；安全生产奖惩办法；安全生产教育培训制度；安全生产检查制度；安全技术措施交底制度；安全生产资金保障制度；生产安全事故报告处理制度；消防安全责任制度；爆炸物品安全管理制度；文明施工管理制度；特种作业人员管理制度；临时用电管理制度；安全防护设施及用品验收、使用管理制度；各工种及机具安全操作规程；生产安全应急预案等。

1. 安全生产教育与培训

对所有员工进行上岗前的安全教育。对从事电气、起重、焊接、机动车驾驶等特殊工种的人员，经过专业培训，获得《安全操作合格证》后，方准持证上岗。

2. 安全生产检查

（1）运营前的安全检查

主要内容包括：是否有安全措施，机械设备是否配齐安全防护装置，安全防护设施是否符合要求，人员是否经过安全教育和培训，安全责任制是否建立，施工中潜在事故和紧急情况是否有应急预案等。

（2）定期安全生产检查

每月组织安全生产大检查，积极配合上级进行专项和重点检查；施工班组每日进行自检、互检、交接班检查。

（3）经常性的安全检查

安检工程师、安全员日常巡回安全检查。

检查重点：物品管理、施工用电、机械设备等。

（4）专业性的安全检查

针对固废处理的重大危险源，现场设备的运用、运转、维修进行检查。

（5）季节性、节假日安全生产专项检查

在季节变化和节假日安排专职安全检查员对各项设施进行全面检查，对工程施工过程中的安全设施和安全隐患进行全面检查，同时对所有员工进行专项安全教育。

三、制定应急预案

1. 触电事故的救援预案

一旦发生触电伤害事故，首先使触电者迅速脱离电源（方法是切断电源开关，用干燥的绝缘木棒、布带等将电源线从触电者身上拨离或将触电者拨离电源），同时拨打急救电话，其次将触电者移至空气流通好的地方，情况严重者，呼吸停止或心脏跳动停止或二者都已停止，应立即进行口对口人工呼吸法及胸外心脏挤压法进行抢救，等待急救人员或送往医院。在等待或送往医院的途中，不应随意停止抢救。

2. 高处坠落及物体打击事故的救援预案

一旦发生高空坠落或物体打击事故，应迅速拨打急救电话，抢救伤员的同时保护好现场防止事态扩大。如有轻伤或休克人员，现场人员应立即组织临时抢救、包扎止血或做人工呼吸或胸外心脏挤压，尽最大努力抢救伤员。如有人员腰椎、颈椎受伤，不可胡乱搬抬，应令其就地躺卧等待医护人员救治，以免扩大伤势。

3. 坍塌事故的救援预案

一旦发生坍塌事故，应尽快使事故人员解除挤压同时拨打急救电话，在解除压迫的过程中，切勿生拉硬拽，以免进一步伤害，现场处理根据伤情，采取包扎止血、人工呼吸或心肺复苏等急救措施。如有条件应就近送往医院抢救。在急救中应先清除伤员口、鼻污物，保持呼吸畅通。抢救伤员的同时应组织其他组员采取有效抢险支护措施或组织人员撤离危险区域，防止事态扩大。

4. 机械伤害事故的救援预案

对于一些微小伤，工地急救员可以进行简单的止血、消炎、包扎。对伤势较严重的，就近送医院。

发生机械伤害事故后，迅速抢救伤员，使其脱离险境并拨打“120”急救电话（如为交通事故还应同时拨打“122”交通肇事报警电话），同时保护现场，防止事态扩大。对伤员应进行可行的应急抢救，如现场包扎、止血等措施，防止受伤人员流血过多造成死亡。如有条件可就近送往医院。

5. 中毒事故的救援预案

一旦发生中毒事故，应令中毒人员大量饮水、刺激喉部使其呕吐，达到洗胃效果；立即送医院抢救或拨打急救电话，如为食物中毒还应向当地卫生防疫部门报告，保留剩余食品样本以备检验。

6. 火灾事故的救援预案

火灾事故的救援原则是：“救人重于灭火；先控制、后消灭；先重点、后一般。”发生火灾后，应立即组织人员施救、拨打“119”电话报警和撤离，撤离途中如有浓烟时，立即匍匐前进直至安全地带，以免烟熏中毒昏倒。室内人员逃离时，应先触摸一下房门温度，如烫手千万不可打开房门逃生，应从窗口逃离，窗口逃生时，二层以上人员切不可盲目跳楼逃生，可采用床单、衣物、绳索等作为攀系工具逃离火场。如不能逃离时，可堵死门缝，湿润毛巾后蒙住口、鼻上，以防有毒有害气体中毒，并向房门泼水降温，同时呼救等待救援。烧伤人员应采取措施救治，如送至通风良好地带、用干净纱布简单包扎、清理口鼻保持呼吸道畅通等，有条件应立即送往就近医院救治。如有人员烟熏中毒倒地停止呼吸，立即将其抬至安全通风地带，进行人工呼吸，恢复其心肺功能，在医护人员到达之前切不可轻易放弃救治。

如确认是电气火灾应迅速切断电源，以免事态扩大，切断电源时应戴绝缘手套，使用有绝缘柄的工具。当电源不能及时切断时，抢险人员必须穿戴绝缘用品。

扑灭电气火灾时要用绝缘性能好的灭火剂如干粉灭火机，二氧化碳灭火器、灭火砂，严禁使用水或导电灭火剂扑救。

7. 环境保护方案

项目公司对环保工作负全面责任，监督、检查各部门环保工作、环保措施执行情况，定期进行评比、推动环保工作。

专职环保工程师负责具体的施工环保措施的制订、监督落实，及时上报环保工作动态，根据环保相关法规、大力抓好工地宣传教育，发动全体职工从我做起，消灭污染源头。

项目公司运营部负责执行各项环保措施，检查环保工作是否到位，是否满足环保措施要求，确保环保工作不流于形式。

（1）环保工作与经济效益奖金挂钩，奖优罚劣

项目公司运营部与项目公司签订环保合同，并缴纳环境保护保证金，达到要求的予以返还，达不到时扣减，定期进行检查评比，奖优罚劣。

（2）加强环保工作宣传，提高环保意识

深入开展广泛宣传教育工作，编写环保宣传教育资料，充分利用工地宣传形式，聘请环保专家讲授环保知识及保护要求，宣传国家和各级政府关于环保工作的方针政策、法律法规，环保工作的重大意义，切实做好施工过程中环保和生态保护、水土保持工作。

（3）严格执行环保规定及管理办法

第五章　固废处理 PPP 项目的干系人

固废处理 PPP 项目中相关主体的界定

PPP 项目中涉及众多的参与主体，而这些参与主体与 PPP 项目产生相关性的本质原因都是由于他们或多或少都会受到 PPP 项目建设活动的影响，而这些影响直接或间接地会增大或者减少他们的利益。所以说，PPP 项目中的相关主体与我们经常提到的利益相关者是一致的。

PPP 项目所涉及的各个主体参与方之多，虽说不同的 PPP 项目有其各自不同的模式，但是一般来说，PPP 项目的参与方都包括以下几类参与主体：作为公共部门的政府相关部门、作为政府出资人代表的股权投资机构、作为私人部门的私人投资机构、权威的咨询机构、银行等金融机构、保险公司、承包商、设备材料供应商，以及作为广大群众的用户等。

第一节　政府机构在固废处理 PPP 项目中的角色安排

政府是垃圾处理 PPP 项目中最为重要的主体。我国政府在城市生活垃圾处理方面存在各种问题：城市环卫管理法律法规不健全、居民垃圾分类收集意识薄弱、投资主体单一且资金不足、现有垃圾处理管理体制效率低下、垃圾处理设施处置技术落后等，这些问题严重影响了我国新型城镇化建设。

现阶段，政府要做到监管到位，并妥善处理好人的问题。一方面，市场化改革成败，取决于政府监管能否到位；另一方面，政府还要推动已有环卫机构的市场化改革，实际上政府就要付出这些人的分流成本。政府不能解决这些人的生活保障，改革必然遇到阻力。此外，政府财政应加大对城市公用事业投资的比重，特别是加强对县级城市的财政转移支付力度，承担起城市各类市政管网以及大型市政设施的投资，使每年的财政投资与全国社会固定资产投资规模保持在一个适当的水平。

政府除在垃圾处理 PPP 项目中要协调与私人部门之间的关系外，还要承担向城市居民收取垃圾处理费用、向垃圾收集运输单位购买相关服务，还要同电网公司协商垃圾发电项目的上网电价。政府除了要承担传统准公益 PPP 项目中的合作伙伴的选择、特许权的赋予、提供可行性缺口的补贴等责任外，政府在垃圾处理 PPP 项目中的激励监督责任体现的也十分明显，政府需要严格监管垃圾焚烧发电厂，保障社会大众享受良好环境的公共利益不会受损。采取焚烧方式进行垃圾处理虽然能够大大提高垃圾处理的效率，而且这种方式也是发达国家进行垃圾处理的主要方式，但是这种方式对私人企业的运营能力要求很高，因为垃圾焚烧过程会产生大量的污染物，一旦运营过程发生疏忽或处理不当，就会对周边环境产生巨大的影响，这也是在我国出现居民抗议垃圾焚烧厂现象频发的重要原因。因此政府对于私人部门在垃圾焚烧厂运营过程的激励监督十分重要。

具体而言，政府应在以下方面发挥作用：

一、完善 PPP 专门的法律体系，实现 PPP 专门法律与其他法律的协调一致

目前我国的 PPP 没有专门法律，只有 4 部专门的部门规章以及各地方的地方性法规，涉及 PPP 的法律主要有《预算法》《政府采购法》《合同法》《招投标法》等。

首先，法律法规体系的完整性和系统性还有待提高，采购法制定之时我国还没有大力发展 PPP 模式，很多细节性规定没有涉及 PPP 模式，在后

面的部门规章里又增加了相关细节的规定，这样不利于政策的实施，应适时修改《政府采购法》，同时制定专门的 PPP 行政法规以完善 PPP 立法体系。

其次，PPP 相关的法律规章还不够细化，没有形成一个可供实施的流程框架，这不仅是我国的问题，在全球范围内绝大部分国家都没有实现这一做法，但这并不是不需要，而是已经成为全球共同追求的目标，我国应该加强研究，积极向国际组织及发达国家学习，完善 PPP 法律规章的执行过程，实现采购的最大化物有所值。

最后，要改革现有的管理机构。目前，各相关机构和部门大多在参与 PPP 项目的管理，且各自都成立了 PPP 单位，这不仅是对国家资源的浪费，也会阻碍 PPP 的发展，国家应该尽早确定 PPP 的权责关系，避免部门纷争。

二、转变和提高政府职能

PPP 模式是以公私合作的形式出现的，政府的支持对于该模式的推行至关重要。从该意义上看，政府职能概括为宏观和微观两个方面。

宏观职能指的是在 PPP 项目实施的过程中，中央或省级政府作为“大”政府要具备全局指导和控制的能力，做到能够主控政治风险、完善立法体系、引进人才和推广宣传 PPP 模式等。

1. 控制政治风险。政治风险是 PPP 项目中面临的首要风险，某些时候政治风险对整个项目运行具有至关重要的影响。政治风险有两种：一种是国家风险，就是国家政体发生巨变，或者国有财产的变更等；另一种是稳定性风险，就是国家因政治经济策略的调整带来的影响，如税收体制改革、政治战略调整等。

2. 重视人才培养，加强宣传教育。PPP 模式中参与主体众多，运营周期漫长，操作环节复杂，对专业性人才的需求很旺盛。只有具备了高质量专业人才的帮助，PPP 模式才可以达到成功。

政府职能的微观含义指的是在 PPP 项目的实施过程中，省级及以下的基层组织作为“小”政府要履行的职责，要在切实的实际工作中为民间资本提供政策性保障，通过合作等方式实现有效监督。

（1）提供支持。政府能够提供的支持有两种：经济支持和行政支持。

经济支持包括：物质方面、优惠政策（如税收优惠、外汇优惠、土地使用权优惠等）、最低收益担保（如约束性长期协议、提供附加收益等）；行政支持包括：审批程序的简化、成立专项小组或者指定负责人来加强服务。这些支持可以规范行为、统一思想、协调各方利益。除此之外还有其他支持，如排除他人竞争、保护知识产权或机密信息、完善奖惩制度等。

（2）合作与监督。传统模式中，政府通常作为领导者，对企业具有命令和控制权，可以左右企业的重大决策，对企业的运营产生非常大的影响。而在 PPP 模式中，政府变成了合作者，与企业具有平等互惠的关系，最需要是合作信任与监督。政府的监督作用表现在：① 通过监督确保项目按照计划顺利开展，监督项目融资、建设和产品出售等。② 通过监督使项目的风险减小，政府的有效监督有利于提高资金的使用效率、如期地清偿债务、降低资源损耗程度、防止项目产品高价等现象的出现以此达到政府、公众及企业都满意的结果。

地方政府要转变思想，充分认识到 PPP 模式是推进社区垃圾处理服务的有效方式。此外，要推进政企关系科学化，制定切实可行的管理办法以促进 PPP 模式在社区垃圾处理服务中的健康运行。

PPP 模式的运行需要建立多元化的运行环境，政府应该制定开放性的政策，改善投融资环境，拓宽融资渠道，鼓励和引导民营企业和外商资本进入垃圾处理服务的建设运营过程，以形成多元主体共同投资垃圾处理服务项目的新格局。

三、改革现行垃圾处理管理体制

传统的管理模式，只有政府这一个单一主体，投资成本全部来自于政府，无疑对政府构成巨大财政压力；主体单一的情况下自然就缺乏竞争，没有竞争就没有高效率，当政府这一主体独揽所有工作时，不仅造成自身压力过大、力不从心，而且因缺乏竞争机制容易产生懈怠和政企不分的局面，这些问题都会严重阻碍垃圾处理工作的高效顺利开展。所以，对现行垃圾处理管理体制进行市场化改革是一项迫切和重要的任务。通过构建新的体制，政府要达到转变角色的要求，不再是包揽和主导所有的工作，而是退出某些环节让位于具备高效率和技术管理等优势的私人部门，在项目的运作过程中，主要发挥自身的监管和指导作用，以保障项目的成功。

具体的操作中，政府一般是通过公开的招标形式来从众多投标企业中择优，选择最具综合实力的企业作为今后合作的伙伴，然后把垃圾项目中的处理和经营工作交给私人部门来负责，为了确保私人的利润要求，可以对垃圾产生采取收费机制，因为分类收集的垃圾更利于后期处理，所以可以按照垃圾收集方式的不同采取差别价格，这样就会减少垃圾的产生量、督促公民进行分类垃圾收集方式。总而言之，私人部门在新模式中的参与和合作，不仅能够减轻政府部门的财政压力，还可以提高项目运营的整体效率，为社会创造出更大的效益。

四、完善垃圾处理收费机制，建立合理的收费价格制度

我国现有的垃圾处理收费制度存在很多弊端，主要表现在管理不规范、收费标准不合理、对投资主体的界定不清晰、收缴难度大等方面，因此我们要积极完善和改进现有的垃圾处理收费机制。

一是，改变垃圾处理费的计算方式，以垃圾排放者实际产生的垃圾量，来计算应收缴的垃圾处理费用；加大宣传力度，由原来的定额计算转变为定量计算。二是，采取不同的途径解决垃圾处理费收缴率低的问题，可以采用与水、电、煤气捆绑缴费的方法，不仅降低了垃圾处理费的收缴费用，而且有利于处理费收缴率的提升。三是，健全垃圾处理费的监管制度，把使用处理费的流程透明化、公开化，要建立特殊的监管部门，约束处理费的缴纳和利用状况。四是，政府应该搭建城市垃圾处理费的收取和使用的公开性平台，让公众参与到实际的监督工作之中，提高处理费的使用效率。

价格制度的建立应从补偿垃圾收集、运输和处理成本的角度出发，并具有合理的盈利核定。合理的收费价格是保障 PPP 模式处理社区垃圾服务项目长期良好运行的基础和关键。应使垃圾收费体制具有可操作性，现有的垃圾收费体制，缺乏制约性的收费制度，对垃圾处理费实际征收比例很低。借鉴成功经验，结合当地实际，建立可操作性强的收费机制对垃圾处理收费制度的建设是极其重要的。

五、完善财政补贴机制

PPP 模式涉及的行业大多是外部性较大的公共基础设施建设和公共服务供给领域，私人资本参与供给这些项目其回报具有较大的不确定性，因此会导致这些领域私人资本参与的意愿不大，进而会导致政府寻找私人资本的范围缩小，也会因此而无法找到最佳的产品和服务供应商。

此外，对于私人资本直接向公众收费的情况，财政补贴也是必须的，如高速公路项目、城市基础设施建设等，如果直接向公众收费，意味着穷人和富人的支付价格是一致的，这会增加穷人的支付压力，进而会影响穷人消费这些公共服务，这不仅违背了政府建设公共基础设施的初衷，也会导致建成的公共基础设施极大的浪费，无法实现物有所值的目标。

而建立必要的补贴制度是PPP模式发挥其优势的基本保证，具体而言，就是要通过项目的基本特征来建立合适的补贴制度，如非竞争性、非排他性程度以及项目的公益性特征等。

具体到垃圾处理行业，一方面要结合垃圾处理的收费机制来设计补贴制度，在定额收费机制下，要考虑给家庭可支配收入较少的人群以一定的补贴，因为他们的人均垃圾产量一般也比较少；在按量收费的机制下，可以考虑不对消费者进行补贴。

另一方面要结合PPP模式的付费方式来设计对私人合作者的补贴制度，在私人资本向消费者直接收费的情况下，政府可以在一定程度上给私人合作者一定的费率变动权，此时政府可以不向私人合作者进行补贴，但是可能需要对穷人进行补贴以防止产生收入分配的逆向调节；在政府作为直接付费者的情况下，政府则不用考虑再给合作者以补贴，只需要考虑给消费者以补贴；在二者结合的付费模式下，则可以酌情考虑是否要给双方补贴。此外，还要结合垃圾处理的环节来设计补贴制度，因为不同的垃圾处理环节其特点不同，外部性程度也不同，在垃圾的清扫、转运、分类回收和发电阶段会有不同的收入回报，因而可以结合 PPP 的具体模式来设计。

如果是分阶段建立不同的 PPP 项目，则需要对清扫、转运给予较大的补贴，而对分类回收和发电给予较少的补贴。这样不仅能保证公平性，还能激励私人资本更多地投入这一行业，也有利于提高垃圾处理服务的质量和效益。

六、建设竞争性的市场

这包含着两个方面的竞争性：一是可选择的私人合作者是足够的，因此选择合作方时是有竞争的，也是有效率的；二是项目运营时是有竞争的。市场的有效性依托于竞争的有效性，目前在垃圾处理方面参与的民营企业还很少，很难保证这两方面竞争的有效性。为此，一方面政府需要将原有国有性质的部门私营化，将其通过股份转让的方式交由私人企业经营管理；另一方面需要利用各种财政政策以及税收政策鼓励私营企业参与进来，包括一些行政审批上的简化，使私营企业容易突破壁垒进入到市场当中。只有充分利用竞争，市场的优势才能发挥，PPP 的优势才能显现。

此外，要合理地补贴非 PPP 合作方，给予其与 PPP 合作方同样的补贴，以使其能够平等参与竞争，这样才能改善垃圾处理行业的垄断低效现状，提高其服务质量。

七、建立全过程的物有所值评估

物有所值是目前国际国内评价项目或服务是否需要采购的标准，也是各种采购方式选择的标准——最大化物有所值，但是这并不意味着物有所值只需要在项目选择时进行。事实上，物有所值应该是事前、事中、事后都要进行的，事中的物有所值评估主要应用于项目监督和调整，一般在项目建设中期，需要考察之前的合同和评估是否准确，如果偏离较多就必须寻求其他的方案进行补救，这也是政府中期对项目进行绩效考核的办法。事后的物有所值主要涉及项目的绩效评价和审计，全过程的物有所值评价意味着项目的评估方法是连续和一致的，也比较有利于正确客观的评价。目前事前和事后的物有所值评估是较多国家都有的做法，本文认为还应该对事中进行物有所值评估，因为此时项目的不确定性因素减少了，物有所值的可参考性也提高了，事中的物有所值主要是核对之前的估计量是否正确，因而不会产生太大的工作量，是可行的。

八、建立积极有效的监督机制和用户反馈机制

PPP 模式虽然引入了更多的市场资源，但其涉及的是公共部门的产品和服务，公共部门的产品和服务供给本身的特征——信息不对称、搭便车等会使得私人部门较为容易地为了私人利益而损害公共利益，因此在实践中，一是要加强政府管制。在 PPP 模式中政府通过合同与私人合作者建立了契约关系，那么政府就要提升自身的能力，尽量减少因合同未尽事项导致政府承担过多的责任；同时还要积极监督私人合作者履行合同的情况，避免私人合作者浑水摸鱼，间接违反合同规定，损害纳税人的利益。具体而言，就是要建立合理的价格调整机制，要完善城市垃圾处理行业的市场准入和退出机制，要严格质量监督，即一方面要完善各种技术标准，另一方面要严格执行安全标准，避免标准流于形式。

二是政府要与私人合作者一同建立信息披露制度，畅通信息的传递渠道，同时要建立信息反馈机制，通过告知公众服务应有的质量水平和收费标准，以及方便有效的信息反馈平台，以实现全民监督 PPP 项目。公众是公共产品和服务的最终消费者，也是资金的最终支付者，他们应该而且有权成为服务的最终评判者，任何服务如果不能满足公众的需求，则都是浪费和无效益的。

九、加强宣传教育，改变宣传方式

垃圾来源于居民生活，社区居民既是垃圾的制造者，同时也是受害者。政府应通过加强宣传来改变居民垃圾混合投放的传统方式。由于传统的电视、广播、报刊、图片展等渠道的宣传力度有限，在“互联网＋”时代背景下，政府可以采取微信、互联网等新型的宣传方式对居民进行环保意识的教育，使其认识到垃圾分类处理、垃圾处理收费的必要性。在宣传中应该加强垃圾分类方法的教育，达到从源头上保护环境、节约资源的目标。

第二节　社会资本方在固废处理 PPP 项目中的角色安排

我国城市生活垃圾焚烧发电行业的前端包括垃圾的收集、分类和运输，一般由市政环卫部门负责；行业的后端包括城市生活垃圾焚烧发电项目的投资、建设和运营，由政府通过特许经营的方式实行市场化运作。

生活垃圾焚烧发电行业的上游主要包括项目工程设计及建设、设备及材料供应等，下游包括地方政府环卫部门及电力部门。

垃圾焚烧发电企业向地方政府环卫部门提供垃圾焚烧处理服务，并收取垃圾处置费；向电力部门提供电力，并收取发电收入。

私人部门作为 PPP 项目公司的具体运营者，负责项目从城市生活垃圾收集者手中接收城市生活垃圾，并且对垃圾进行一系列的处理后进行焚烧并保证垃圾焚烧过程的规范性，达到垃圾处理的目的。私人部门通过向政府收取垃圾处理费以及垃圾发电获取的收入获取收益，政府对私人部门的可行性缺口的补贴一方面来自于最低垃圾供应量的担保，另一部分则来自售电收入，其中垃圾发电收入往往占整个项目收入的一半上。由于私人部门的逐利性，有很多私人部门在垃圾发电项目中往往过于追求经济收益，在运作垃圾焚烧项目时往往会不顾我国城市生活垃圾热值很低的现状，对垃圾的预处理过程不足，采用增加燃煤辅助燃烧的方式来进行垃圾的焚烧，很多小型的垃圾焚烧厂甚至以焚烧燃煤为主，变成小型“火电厂”，这不仅有违兴建垃圾焚烧厂的建设初衷，而且这种不合理的燃烧方式会产生大量的污染物，对周边环境造成严重破坏，企业的污染行为会造成周边居民的抵制，影响企业的形象甚至是经济收益。

私人投资企业的责权利：一是，公司与政府签订了合同，并在固定投资回收率的基础上，确定政府应支付的垃圾处理费。二是，私人投资企业具体负责项目前期的建设和后期的运营，包括项目前期建设资金的筹集等。三是，私人部门借助政府的支持，顺利从银行拿到贷款，进而借助自己的技术和商业风险处理的能力，使垃圾处理厂得到顺利的运营，并获得收益。四是，在项目经营期内，全权负责项目的运营。项目期满，按照合同规定，无偿移交给政府部门。

第三节　运营机构在固废处理 PPP 项目中的角色安排

在固废处理 PPP 项目中，投资回报来源于项目运营后所产生的收益，因此，项目的高效、平稳运营是取得投资回报的前提及基础。此次中央政府重点鼓励推广的 PPP 模式，与以往的 BT、代建、单一承包等模式最大的不同之处即增加了“运营”环节，突出运营管理的不可或缺性。在固废处理管理领域，运营管理环节将成为企业竞争的主战场。

一是运营管理是未来发展趋势。当前，我国正处于新型城镇化发展加速期，未来包括固废处理在内的基础设施建设市场前景广阔，但随着时间推移，城乡二元化边界逐步减小，城市人口增速也将逐步放缓，固废处理预计在未来 30 年后将逐步缩减，即存量管理逐步取代新增建设，成为建筑业的主战场。因此，固废处理企业应抓住当前 PPP 模式中运营管理环节的发展机遇，积极培育运营管理技术能力，有序调整产业结构，健全产业链条，为保障企业持续发展提前奠定坚实基础。

二是打造运营管理核心能力。未来固废处理管理机构应重点抓住以下两方面：一方面是重点打造固废处理对其他产业的基础服务与沟通链接能力，即，固废处理项目为工业生产、人们生活提供最基础的基建实体保障，其运营管理定位于保障其他各产业的高效运转，同时为其他产业之间的沟通互联提供便捷服务。由此，固废处理运营管理方可持续发挥其最大的价值服务。随着运营管理环节纳入 PPP 模式，并逐步成为主要任务时，掌握运营管理核心技术及对应的管理能力就显得尤为重要。固废处理企业一方面应加强维修养护、升级改造技术科技创新，将不断革新的现代科技运用到存量项目运营管理中，迸发出新的发展活力；另一方面，应转变管理理念，尽快建立健全适应项目长期（一般在 20 年以上，区别于设计施工阶段 3–5 年）运营的管理体制与人才队伍建设。

第四节　设计和施工方在固废处理 PPP 项目中的角色安排

一、固废处理设计方

1. 工程咨询设计企业的特点和优势

工程咨询设计企业的特点是服务型、轻资产型企业，一般来说，其投资能力、融资能力有限，不足以单独支撑大体量、资金密集型 PPP 项目。另外，工程咨询设计企业的业务性质决定其不必通过投资拉动施工建设，PPP 的高风险性也决定其要谨慎进行项目拓展。

工程咨询设计企业的优势在于项目识别和项目筛选，以及项目规划、咨询、设计、管理能力。因此，与金融资本、产业资本结合，寻找收益好的 PPP 项目，不用或少用自有资金，实现工程总承包、设计咨询、投资咨询等业务拓展，应是工程咨询设计企业的重要努力方向。

要开展该类业务，除了传统咨询设计能力外，还要在 PPP 项目全面风险识别、风险分担机制、与政府谈判能力、合同框架设计等方面加大能力培养力度。

此外，鉴于 PPP 项目期限长、收益低的特征，最好能结合产业基金，重点撮合保险、银行等长期低成本资金开展业务。

有实力的工程咨询设计企业，若想作为投资主体参与 PPP 项目，建议以经营收费能够完全覆盖投资成本的特许经营项目为投资目标，以获取长期稳定的收益。

2. 设计企业参与 PPP 项目的主要模式

设计企业参与 PPP 项目的模式主要有四种：一是作为主导单位牵头组建项目公司，二是与大企业集团合作直接投资，三是通过 PPP 产业基金间接介入，四是作为项目设计方参与方案设计。不同模式对设计企业的规模、资金、能力等要求不同，设计企业的获益也将不同。

在作为主导单位牵头组建项目公司的模式中，实力雄厚的设计企业可聚集社会资源和政府资源直接对接政府 PPP 项目、组建 PPP 项目公司。这种模式对设计企业的资金实力、政府关系要求特别高，适用于大型央企设计集团。

在与大企业集团合作直接投资的模式中，设计企业可通过与具有较强实力背景的大型建筑央企、大企业集团合作，利用设计咨询等前端优势参与 PPP 项目，与资金实力较强而设计能力欠缺的大企业集团实现优势互补，通过微比例跟投，分享一定的投资收益。

在通过 PPP 产业基金间接介入模式中，设计企业可通过建立 PPP 产业基金的方式，以融资平台的身份参与 PPP 项目，凭借融资平台优势，带动 PPP 项目投资和承接相关设计咨询业务。

此外，设计企业也可作为 PPP 项目的设计分包商，参与项目的方案设计。此种方式下，PPP 项目对于设计企业而言仅仅相当于产品销售渠道，与一般的设计项目并无太大区别，设计企业仅获得项目的设计收费。

二、固废处理施工方

1. 努力降低成本

结合当前发展趋势，建筑企业降低施工成本可从以下三个方面重点入手：

一是减少人工成本，推广机械自动化。首先，随着中国人口老龄化时代的到来，新生人口增速持续下滑，一线产业工人数量萎缩趋势加剧。其次，随着经济持续增长及人力资源等体制完善，劳动力成本大幅提高，其增速超过了工程成本中其他子项的增速，以往主要依靠剪刀差赚取利润的时期已不可持续。再次，技术整体水平也在逐步提高，对产业工人职业技术能力提出了更高要求，掌握专业技能的高级技工等较为稀缺。因此，企业应抓住当前科学技术快速发展的机遇，大力推广机械自动化，即以更为技术先进、自动化程度高、更为智能化的机械设备、机器人等代替自然人，在提高生产效率的同时大幅降低项目成本。

二是提高物资材料设备的周转效率，推广以大数据为基础的物联网。在工程成本中，物资材料设备等成本一般占 50% 以上。在项目施工过程中，所需的物资材料设备的数量及类别众多，生产加工、采购、运输、存储等环节长，同时材料价格等受市场行情波动影响大，因此物资材料设备成本的因素也往往成为影响工程项目成本的最主要的因素之一。施工企业应积极运用当前的互联网技术，加快建立覆盖建筑业主要物资材料设备的物联网，通过以大数据为基础的物联网对所有物资材料设备进行资源统筹整合，缩减运转周期，规避市场行情变动风险。

三是缩短管理链条，推广信息化。基础设施工程项目管理是一项系统工程，具有单体工程额度大、周期长、一次性成型等特点，其管理链条也明显长于一般的消费品生产环节。在项目实施过程中，具有管理职能的单位包括项目公司（项目法人单位）、设计单位、总承包单位、分包单位、施工班组、监理单位，另外各个单位的母公司或监管单位就项目的管理费用也要项目成本承担。项目施工成本中除工程直接费用外，项目管理成本占了较大比例。当前的信息技术发展为缩短项目管理链条，降低管理成本带来重大变革机遇。一方面，应充分发挥信息通信等技术强大的收集整理能力，其极大提高了项目建设施工信息传递效率，任何施工工作面信息、实际推进信息、组织管理信息等均可以同步呈现在管理者面前。许多管理链条设计均有大幅优化缩减的空间。另一方面，应充分运用信息通信技术的数据分析能力，其通过大数据分析，做出的评测分析精准度更高，人为因素较少，可有效提高施工管理效率，极大减少无效管理及差错发生的概率。因此，未来的施工管理的重心逐步转向优化管理链条，实现人力管理与信息化管理无缝对接。

2. 严格把控风险

（1）政治影响风险。因为 PPP 项目属于公共服务领域，通常与老百姓的生活相关，关系到公众利益。在项目运营过程中，可能会因原材料、年平均工资、CPI 等各种因素导致变动，导致使用者的价格变化，遭到公众的反对。

（2）政府信用风险。政府信用风险主要指的是，在签署 PPP 项目协议时，政府方由于资金缺乏或者项目紧急等原因，对社会资本提供种种优惠政策，但是在项目运作过程中却出现政府不按照合同履约、承诺不兑现、不配合项目公司办理项目审批手续等问题。

企业在考察项目的时候，应关注地方政府的诚信情况，过去是否出现过合同不履约的状况，降低风险成本。同时关注项目是否获得上级政府的关注，是否为国家级或省级的试点项目，还可以联合别的社会资本一起投标，分摊风险成本。

3. 合理扩大收益

（1）定价机制

我国市政公用事业产品和服务的价格主要是政府定价，是考虑居民的接受能力所制定的，均需政府对其进行大量补贴，给政府带来沉重的财政负担。现在采用 PPP 模式，就使用者付费模式而言，应充分考虑如下几个因素：

① 需求的价格弹性。是指需求量对价格变动的敏感程度，即使用者对于价格的容忍程度。收费价格上涨到一定程度后，可能会导致使用量的下降；

②项目公司的目标，即在综合考虑项目的实施成本、项目合作期限、预期使用量等因素的情况下，收费定价能否使项目公司获得合理的收益；

③项目本身的目标，即能否实现项目预期的社会和经济效益；

④参考当地的物价水平，判断定价是否超出使用者可承受的合理范围。

通过多方面考虑各种因素，制定一个合理的价格，既不让项目公司得到超额利润，也不让项目公司承担亏损。

（2）调价机制

PPP 项目的特许经营期一般都长达 10 年至 30 年，在此期间，市场环境的波动会直接引起项目运营成本的变化，进而影响项目公司的收益情况。以政府付费模式举例，常见的调价机制包括：

①公式调整机制。通过设定价格调整公式来建立政府付费价格与某些

特定系数之间的联动关系，以反映成本变动等因素对项目价格的影响，当特定系数变动导致根据价格调整公式测算的结果达到约定的调价条件时，将触发调价程序，按约定的幅度自动调整定价。常见的调价系数包括：消费者物价指数、生产者物价指数、劳动力市场指数、利率变动、汇率变动等。调价系数的选择需要根据项目的性质和风险分配方案确定，并应综合考虑该系数能否反映成本变化的真实情况并且具有可操作性等。

②基准比价机制。定期将项目公司提供服务的定价与同类服务的市场价格进行对比，如发现差异，则项目公司与政府可以协商对政府付费进行调价。

③市场测试机制。在 PPP 项目合同约定的某一特定时间，对项目中某项特定服务在市场范围内重新进行采购，以更好地实现项目的物有所值。通过竞争性采购程序，政府和项目公司将可能会协商更换此部分服务的运营商，或调整政府付费等建筑施工企业，应对政府提出的调价机制进行细致的研究测算，分析其是否合理。若等到签订 PPP 项目协议后，在项目运营中才发现调价机制不合理，再调整调价机制几乎不可能，很有可能项目公司自行承担其决策失误造成的亏损。

第五节　其他利益相关者在固废处理 PPP 项目中的角色安排

一、金融机构

PPP 项目的范围决定了 PPP 项目具有投资规模大、回报周期长的特点，因此，在实践中，PPP 项目需要融资方的介入，以充足的资金保证 PPP 项目的顺利实施。融资方一般为商业银行、出口信贷机构、多边金融机构以及非银行金融机构，根据 PPP 项目的规模和融资需求的不同，融资方可能是一家金融机构，也可能是多家金融机构。

金融机构参与 PPP 项目，可以作为社会资本直接投资，也可以作为资金提供方参与项目。如果作为社会资本直接参与模式，金融机构可以联合有运营能力的社会资本，和政府签订三方合作协议，在协议约定的范围内参与PPP 项目的投资运作。如果作为资金的提供方，金融机构可以为其他社会资本方或者项目公司提供融资，间接参与 PPP 项目。

我们具体来看不同的金融机构的 PPP 参与方式：

1. 政策性银行

政策性银行参与 PPP 项目，可以发挥中长期融资优势，为项目提供投资、贷款、债券、租赁、证券等综合金融服务，并联合其他银行、保险公司等金融机构以银团贷款、委托贷款等方式。政策性银行可以释放国家对所鼓励的 PPP 项目方向、合作模式的信号，某种程度上成为国家宏观调控的一种手段，但是相对于其他金融企业，政策性银行的参与市场化程度相对较低。

2. 商业银行

商业银行是 PPP 项目最重要的资金提供方，可以通过资金融通、投资银行、现金管理、项目咨询服务、夹层融资等方式参与 PPP 项目。

资金融通。可以通过项目贷款、贸易融资、保理、福费廷、银团贷款等，发展供应链金融，为项目公司提供资金融通服务，这是比较传统的对公业务。

投资银行业务。商业银行承销 PPP 项目公司中短融票据、PPN 等融资工具。或者利用产业基金、信托、资产管理、租赁等通道，用自营或理财资金对接 PPP 项目公司的融资需求，比如参与 PPP 产业基金的 LP。

现金管理。针对项目公司日常运营资金的管理，可提供资金结算、现金管理、资金监管、代发工资等、协定存款、企业定制理财产品等服务。

项目咨询服务。凭借金融、会计、法律等方面的专业优势，为 PPP 项目参与方提供合同订立、现金流评估和项目运营等咨询服务。

夹层融资。除了传统融资方式外，商业银行还可以积极探索项目夹层融资。股权 + 债权，具有期限长、结构灵活、限制少和成本低等优点。

商业银行参与 PPP 项目，面临着期限错配和信用风险，PPP 项目大多涉及基础设施建设和公共服务领域，融资周期较一般工商企业贷款更长，对于主要以中短期存款为负债来源的商业银行来说，存在期限错配的风险；PPP 项目涉及地方政府、项目公司等多个主体，相关主体对于契约的遵守情况直接影响项目现金流、盈利能力和融资项目的信用风险。

3. 保险公司

保险公司可以开发信用险种，为 PPP 项目的履约风险和运营风险承保。

从保险资金的运用来看，基础设施一般时间很长，符合险资长期性的特征，有助于缓解资产负债错配的问题，因此险资可以通过专项债权计划或股权计划为大型 PPP 项目提供融资。

保险资金追求安全性，具有期限长、规模大的特点，比较适合基础设施、物业之类的投资，但险资对项目的担保和增信要求较高，大型保险机构一般都要求项目资产的评级达到 AAA 级，符合要求的项目有限。

4. 证券公司

证券公司可以为 PPP 项目公司提供 IPO 保荐、并购融资、财务顾问、债券承销等投行业务，也可以通过资产证券化、资管计划、另类投资等方式介入。

具有未来稳定现金流的资产就可能被证券化，很多基础设施类的 PPP 项目，如供热、供水、供电、污水处理、公共交通、高速公路等具有稳定的现金流，是良好的证券化基础资产，2014 年 11 月企业资产证券化采取备案制后，大大简化了证券化项目设立和发行手续。

另外，国发〔2014〕43 号中明确项目收益债是 PPP 项目的融资方式之一。

5. 信托公司（包括基金子公司）

信托公司参与 PPP 项目可以通过直接和间接两种模式。直接参与，即信托公司直接以投资方的形式参与基础设施建设和运营，通过项目分红收回投资。间接参与，即信托公司为 PPP 模式中的参与方融资，或者与其他社会资本作为联合体共同投资项目公司，采取明股实债的方式，在约定时间由其他社会资本回购股权退出。

相比银行和券商，信托公司的资金成本比较高，在公益性或准公益性的 PPP 项目中很难找到成本收益匹配的项目。

6. 城镇化产业基金

顾名思义，是主要用来为城镇化发展募集建设资金的，具体模式也比较多。

一种是省政府出资成立引导基金，与银行合作成立城镇化建设母基金。各地申报的项目，经过银行审核后，由地方财政做劣后级，母基金做优先级，杠杆比例大多为 1:4。山东、河南推广的比较多。地方政府做劣后，承担主要风险，项目也要过省政府审核。政府对金融机构还是有隐性的担保。

还有一种是有限合伙型的产业基金，一般是金融机构做 LP 优先级，地方政府指定国企做 LP 的次级，金融机构认可的股权投资管理人做 GP。有个基金子公司和某市轨道交通集团成立的城市发展产业基金就是这一类型，该基金子公司成立的专项计划是作为 LP 优先级，某市轨道交通做 LP 次级，GP 由基金子公司指定，某市轨道交通集团按协议定期支付收益给优先级有限合伙人，并负责在基金到期时对优先级合伙人持有的权益进行回购，当地市政府提供财政贴息保障。这种模式下整个融资结构是以金融机构为主导的。

第三种模式是有项目运营能力的社会资本发起成立 PPP 产业基金，该社会资本一般都具有建设运营的资质和能力，通过联合金融机构成立有限合伙基金，对接项目。比如某建设公司成立基金管理公司（GP），联合商业银行（优先 LP），地方政府指定的第三方（次级 LP），建设公司有时还可以担任中间级 LP，成立有限合伙形式的基础设施 PPP 投资基金，再成立项目公司参与具体项目。项目公司与政府或代理人签订 PPP 财政补贴协议，对项目的回报模式进行约定，政府或代理人根据协议约定支付相关款项并提供担保措施。

对于这类有运营能力的社会资本发起的 PPP，它有什么意义呢？对该企业来说是可以通过加杠杆提高 ROE 的。全球范围看建筑业的毛利率是 3%，净利率是 1%–2%，而且对投入资本要求很高，在 PPP 模式下，成立 PPP 基金，企业出资 10%，可以放大 10 倍杠杆，除去付给优先级 LP 的成本后，这放杠杆的过程就会有很大一块利润，再加上建筑总包也有一块利润，哪怕是后期运营外包出去不赚钱，也能实现在销售额一定的情况下提高净资产收益率。

二、咨询机构

外部咨询顾问在 PPP 项目中扮演着辅助政府项目工作中心的角色，具体指在涉及经济、财务、法律、技术以及项目管理等领域时，依照项目执行机构的具体要求（授权委托备忘录 –TOR）承担具体的工作和事务。

其主要包括：

1. 按政府、审批部门和投资者要求撰写提交可行性研究报告。在项目的开发阶段，最主要的任务是完成项目的可行性论证。该论证的结果将同时接受政府和市场的检验。政府主管部门对可行性研究报告的侧重点在于项目的经济可行性、环境与社会影响、技术的可行性、风险的管控和对政府财政可能构成的影响；而市场对项目的审视主要集中在项目的财务可行性、法律与技术可行性、风险的管控和融资可行性等内容。所以可行性研究报告必须满足项目相关利益人对项目不同维度审视的信息需求，并确保该信息来源及论证结论的专业性、可靠性和权威性，对可行性研究的质量提出了很高的要求；而咨询机构在某个领域的专业知识和经验可以确保该任务能够很好地完成，满足政府和市场在社会公正和社会效率之间平衡的需求。

2. 设计并起草项目合同。PPP 项目本身是政府部门为满足社会民众对公共服务的需求而向社会资本发起的采购行为，是公众利益与社会资本利益之间的博弈。项目合同的设计和起草恰恰能很好地反映和代表公众利益，政府没有任何理由将合同起草的重大任务交给投资人或合作伙伴来完成。合同条款的设计首先必须充分反映和保护社会公众基本权益，并在此基础上体现政府对项目的动态战略性考虑，如：需求变化引起的价格变动等风险因素。法律顾问的重要职责便是帮助政府在项目开发、推介的过程中逐步起草和完善项目合同，实现保护公众基本权益不会遭到潜在威胁和侵害的诉求。

3. 准备必要的招标文件并协助投标评估。项目的招标过程是项目商业计划书从规划向落地实施卖出的最关键的一步。招标过程主要由大量的推广和反复沟通组成，招标管理的细节设计与执行很有可能决定项目最终的社会反映。所以咨询机构的出现大大减轻了政府的工作压力和负荷：从招标的法律合规性设计到项目的市场推介与营销都是咨询顾问所擅长的服务领域；项目中期的投资意向与概念性建议书的征集都需要与广泛的社会网络资源之间进行多次来回的正式和非正式沟通交流，从而保障最终项目投标的质量和效果，咨询机构在这中间将充当重要桥梁和润滑剂的作用。

4. 协助政府项目工作中心进行合同的谈判和签署。在项目合同没有正式签署之前，项目依然还只是停留在方案和规划层面。所以当项目中标的信息被披露且没有疑义的情况下，专业咨询机构还必须辅助政府项目中心进行落地实施“最后一英里”的工作：合同的谈判和签署。谈判并不是对项目招标书和项目合同内容的再次协商，而是对于项目开始具体实施过程中可能遇到的重要问题和影响因素而达成一致和共识，以便于彼此分工协作，项目快速得到实施。其中具体包括项目计划的时间节点等议题；咨询顾问需要根据对项目情况的充分掌握来评估合作方提出建议或方案可能产生的现实和潜在影响，供政府项目工作中心参考决策，在必要的时候协助制定谈判策略并直接参与谈判，在最大程度上确保项目协议的签署。

5. 对项目后期的合同管理提供支持。PPP 项目的初衷在于对服务的采购，所以只有项目最终以合适价格费率提供符合民众与政府监管机构预期质量和水准的服务时，我们才可以肯定该项目的成功。因此项目在建设施工和后期服务的监管将决定项目最终的成败。传统意义上而言，政府并没有参与到过多的对项目运营和产品服务质量的监管当中，这将消耗极大的时间和精力，但 PPP 的项目形式决定政府必须主动且积极地参与到项目的建设实施和服务递交过程中来，只有这样才能很好地维护公众的权益。咨询机构可以帮助政府后期的项目专业执行与监管团队更好地履行自身的职责，从法律、技术标准、财务到项目合同等方面提供高质量的建议、咨询等支持性服务。

三、消费者

1. 固废处理行业的消费者面临的主要问题

当前，我国公用事业领域的消费者保护，主要是通过工商行政管理部门对不公平格式合同的监管、消费者协会行使对一般商品和服务的社会监督职能、普通消费者作为个人参与公用事业价格听证等形式来实现的。存在的问题是，消费者参与面小、组织专业性不强、利益代表不足、行政执法威慑有限等。更重要的是，这些监督和保护机制往往存在于服务供应的下游环节，对于 PPP 模式的应用、特许经营者的选择机制等当前改革的上游决策环节，消费者难以行使话语权。消费者利益代表机制的不足，必然意味着一个“跛脚”的规制体制。

与大企业集团的垄断优势地位以及强大的政策游说能力和谈判能力相比较，作为服务的终端用户和最后的掏钱人——消费者，却由于主体的单个、分散、组织化程度低、信息获取成本高等因素，往往在博弈中处于劣势地位。虽然几乎所有的成本都由消费者承担，但在受管制市场上，消费者永远是管制博弈的输家，因为裁判加入到了对手的行列。普通消费者很难参与改革方案和规制决策的形成以及执行，这是在公用事业领域深入推进 PPP 过程中可能产生公共风险的重要诱因。

吸引社会资本参与公用事业 PPP 项目，价格和利润的合理形成必然成为各方关注的焦点。但是以消费者参与为典型的价格听证制度为例，国内对听证会变成“涨价会”的批评一直不绝于耳，而消费者的弱代表性是批评的主要原因。

除了价格之外，在服务供应的质量和标准上，消费者如果没有话语权，难以发挥监督和制衡功能，则其利益同样可能在规制政策的考量中被忽视，甚至成为垄断企业砧板上的一块肉。

2. 加强消费者保护的建议

完善我国公用事业领域的消费者利益表达和权益保护机制包括许多方面，如规范格式合同，加强针对不公平条款的行政执法；加强监管机构针对公用事业服务质量和绩效的监管；推动公益诉讼，发挥消费者协会的社会监督功能等。而本文所要着墨的，则在于增强消费者参与的广度和力度，构建行业性消费者代表机构这一更大程度维护消费者权益的机制。

公用事业领域消费者保护机制的设计，必须要回应公用事业行业的自身特征和一国公用事业改革的特定进程。一是公用事业服务的普遍性和广泛性决定了公用事业的消费者几乎等同于全体国民，尤其是在水电气暖通讯等核心公用事业领域，公用事业服务是家庭基本用能，是社会一般公众生产、生活的基础，因此，在公用事业领域，消费者权利是公民享有的公用事业基本服务权这一基本人权表达，理应付诸更为有效的制度实践。二是公用事业具有垄断与竞争并存的市场特征，尽管 PPP 将不断引入社会资本和竞争，但是作为中间输配环节的基础管网设施，始终是自然垄断的，而 PPP 改革的目标在于促进其两端的开放，允许所有的供应商与配送商接入其管网，即公用企业的“基础设施原理”和互联互通义务。因此，组建特定的行业监管部门、引入规模化的供应企业、建立一个专业化的规制体制仍是改革的核心。三是公用企业与消费者之间存在普遍的“信息不对称”，无法像一般商品和服务那样通过完全竞争的市场得到部分缓解，且相较于消费者利益集团，公用企业利益集团具有明显的组织、资源优势，更容易形成“管制俘获”，进一步加剧这种“信息不对称”。第四，我国公用事业 PPP 改革仍处于探索，大量涉及消费者利益的决策、定价、行业规程等，都在行政程序中完成，而非在服务供应的末端市场环节，这决定了消费者参与的重心应当从下游市场前移至上游决策程序。这些特征决定了公用事业领域的消费者保护，不同于一般商品和服务领域的消费者保护。

建立公用事业行业性的消费者利益代表机构，应当成为与我国公用事业规制体制构建、深入推进 PPP 和市场化改革进程相同步的制度设计议题。这一消费者代言人，应当是一个职权法定、相对独立的日常性组织，专门处理与公用事业规制改革和服务提供相关的消费者事宜。

第一，在功能上，与综合性消协组织相比较，公用事业行业性消费者代表机构，贯穿整个产业监管链条，不仅仅在服务供应的下游参与质量和绩效评价，据此向消费者提供咨询和建议，更重要的是，其职责前移至行业监管的上游行政程序之中，在是否应当推行 PPP、行业准入、特许经营权授予、价格政策制定、格式合同拟定等环节，就能充分参与决策、行使话语权。当然，这也意味着它需要能更专业地代言消费者的利益。

第二，在组织上，未来的立法可以整合地方公用事业监督委员会的制度设计。当前在公用事业特许经营的一些地方立法中，规定了公众监督委员会制度。例如，《深圳市公用事业特许经营条例》第 51 条规定：“市政府应当分不同行业设立公用事业公众监督委员会，代表公众对特许经营活动进行监督。委员会成员中非政府部门的专家和公众代表不得少于三分之二。经营者应当按年度向公众监督委员会通报经营情况。公众监督委员会可以通过听证会、座谈会、问卷调查等方式收集公众意见，提出立法、监管等建议，代表公众对特许经营进行监督。”《杭州市市政公用事业特许经营条例》第 36 条规定：“市政府应当设立特许经营社会监督委员会，委员会成员中非政府部门的专家和公众代表不得少于三分之二。特许经营社会监督委员会可以通过听证会、座谈会、问卷调查等方式收集公众意见，提出相关建议，代表公众对特许经营项目进行监督。特许经营者应当按年度向特许经营社会监督委员会通报经营情况，充分听取特许经营社会监督委员会的意见，及时解决特许经营社会监督委员会提出的问题；对不予采纳的意见，应当向特许经营社会监督委员会书面说明理由。市政府及其有关部门应当每年听取特许经营社会监督委员会工作报告，及时督促、帮助特许经营者解决特许经营社会监督委员会提出的问题。”类似的，还有湖南和哈尔滨等地的地方性法规规定了“特许经营公众监督委员会”制度等。不管名称如何，这类公众监督委员会均在立法上被赋予了独立性和专业性。虽然是由政府发起设立的消费者代表机构，但其成员构成吸收了相当比例的社会人士和专家代表，并规定了通报经营情况、书面回应质询、听取委员会工作报告等制度。

第三，在定位上，当前各地立法对监督委员会的组建程序、工作规则缺乏具体规定。借鉴英国的经验，要建立起监管机构与消费者机构并列的监管格局，首先要确保公众监督委员会独立于行业主管部门，由政府内第三方组建，直接隶属并经费来源于政府。独立性是公正性的基础，而基于帕金森所揭示的行政机构天然的自我膨胀动力，通过赋予监督委员会以法定的职能、要求其公布年度工作报告、向社会充分披露行业信息等，以丰富制度实践的样态。

第四，在职能上，扩展其信息调查、披露与投诉处理等职能。特别是与之监督力度相匹配的法定的调查和信息收集权，即其能够从供应企业处获取任何与争议处理相关的信息。这些方面，英国的燃气与电力消费者委员会，可以为我们将来的建章立制提供经验。

第六章　固废处理 PPP 项目的投融资

PPP 模式的核心价值在于政府与企业之间合作的优势互补、风险分担和利益共享。随着项目建设规模的扩大，越来越多的项目是为具有互利目标、互补能力和资源的多家投资者组成的联合体所拥有，一些大型项目的开发建设已经超出一家投资人的资本、技术、管理和风险控制的能力，这种发展趋势值得重视。项目所追求的目标也不再是简单地追求利润或满足政府职能，而是一组复杂而又平衡的综合目标集。投资各方的利益诉求相互协调和优势互补是投资结构设计的重要成果。投资者之间不同背景和优势的相互结合将为项目带来了巨大的互补性效益，而且这种结合也使得项目在融资安排中得到有利的贷款条件。

在融资方面，垃圾处理项目需要大量的资金，主要需要银行贷款。由于投资主体单一或资信能力不强等原因，银行往往望而却步。此外，我国银行业市场化程度还不高，竞争不够充分，金融工具运用很不灵活；而作为民生基础设施工程，垃圾处理项目回报率低、回收期长，致使项目难以通过银行贷款审批。

固废处理项目已经超出了政府、企业等任何一方资本、技术、管理和风险控制的能力，各方需要通过投资结构优化设计，抱团取暖、取长补短，组成利益共同体以应对项目的风险。此外，在结成联合体时，如果缺乏谈判共识的依据和基础，各方在公司股权控制的谈判将耗费大量的精力，有可能会由于谈判破裂导致项目失败。以风险分担为原则，项目资本金中不同投资人之间的出资比例和投资形式代表其对项目风险的分担比例和分担形式，反映投资人在项目公司中的控制权力，将是各方谈判达成共识的重要基础。

从长期战略性的角度考虑，优化设计投资结构是固废处理 PPP 项目开发的重要工作内容。

1. 通过优化设计 PPP 项目投资结构，将扮演关键角色的项目参与人纳入到投资结构中，如工程建设承包商如果既是投资人又是承包商，他的心态会随身份发生一定的转变，优化设计以降低成本将成为其一种自发的考虑，短期利益要与中长期利益结合，由于工程公司通过投资将在整个项目的建设和运营中长期获益，他的某些为了眼前利益的短期行为将被长期战略性的考虑所规避，建设期的成本超支、拖期完工等风险将在一定程度上得以控制。

2. 在企业的协助下，政府可以很大程度上规避自身专业化不足的短板，在项目的立项审批过程中将项目未来可能面对的各种问题和风险作相对充分的考虑，使项目的选址、收费、盈利，以及为防范市场波动带来影响所采取的措施等更加合理。

3. 政府如果实际参与投资，不但尽到了其提供社会服务的责任，而且还将可能享有项目未来带来的收益，包括社会效益和经济效益。政府不再是简单地扮演政策支持和行政监督角色，这将使得政府决策和办事的效率大大提升，极大地增强了项目投资结构的强度，这也是半公共产品市场化过渡过程中的必然选择。

4. 完善投资结构使各方利益共享的同时，也将达到风险分担的目的。各方在项目中的决策不再是简单地从自身角度出发，还要顾及到其他投资人的利益，这使得各方在项目的决策过程中实现一种相互制衡和补充，也许这种制衡短期来看会对项目运作的效率有一定影响，但对 PPP 项目数十年的运营期来看，将使项目结构上更加持久和稳定。

5. 从贷款银行的角度，合理的投资结构为风险的控制奠定了扎实的基础，可以降低银行自身贷款安全的顾虑，为项目融资提供更有力的支持。

所以，通过优势互补降低项目风险的办法来选择投资伙伴，界定好各股东之间在项目公司资本金的出资比例，也就是指项目的投资结构，直接反映投资人在项目中的责任和权益，是项目投资结构设计的重要内容。作为与投资结构相对应的贷款与资本金的比例关系，主要指项目的资金结构，资金结构确定后才能研究资本金（投资）结构，我国有专门的项目建设资本金管理办法，规定了不同行业资本金的最低限额，而资本金的上限需要结合不同项目的经济强度、结合投资人可支配资金的多少来具体分析。项目投资结构如何优化设计，将是项目融资能否成功实现的必要条件。

第一节　投资结构

一、固废处理 PPP 项目投资结构的形式

PPP 固废处理项目融资的投资结构是一种典型的公司型合资结构。通过组建项目公司的合资结构达到投资者与项目之间风险隔离、有限追索、表外融资的目标。

PPP 项目投资结构的形式主要分为以下几种：

1. 单个企业独资。由单一的企业，包括国有企业、外资企业或民营企业独立投资设立项目公司，政府给予项目公司以特许经营权。这种模式可以使投资人单独享有项目带来的收益，同时后期的运营管理也比较简单顺畅，能更好地执行投资人的意图。但是由于单一投资人能力有限，往往一个大型项目无论从投资额度和风险控制能力方面都超出了单一投资人所能承受的能力，同时也无法达到优势互补的效果，无法给项目带来互补性效益。

2. 多个企业共同投资。不同投资人，包括国有企业、民营企业、外资企业共同出资组建项目公司，政府只是将特许经营权授予该公司的模式。这种模式可以发挥不同背景企业各自的优势和长处，一定程度避免政府企业的低效率。但从长期看，无法真正从投资利益上调动政府的积极性。

3. 地方政府与企业合资形式。地方政府选定一个出资代表，如政府的投资公司或者行业中政府全资、控股的企业，政府授权给该企业以土地、现金或其他形式出资，和其他投资人（包括国有、民营、外资企业等）共同组建项目公司，政府在项目公司中占有股份，并将特许经营权授予该项目公司的

模式。这种模式中，由于政府投入一部分资金会加强其他投资人的信心，起到拉动和示范作用，更容易吸收社会资本。而且在将来的运营过程中，由于政府和其他投资人能共担风险、共负盈亏，使得项目的结构更加稳定。

固废处理项目在实现公共服务功能的同时会取得一定的收入，同时具有一定排他性，属于半公共品基础设施。在现有制度和技术条件下政策和收费制度没有完全到位，收入无法固定。鉴于固废处理项目的上下游都被政府直接控制，政府作为直接投资人参与到项目公司中无论对项目自身还是对其他投资者都是最好的选择。对于企业而言，当项目出现困难时，可以避免政府袖手旁观作壁上观，而企业则独自在逆流中奋力向上的局面；同样对于政府来说，如果项目在后期运营中收益良好，政府也可以得到相应的经济利益，而不是处心积虑地为企业运营设置各种障碍，想方设法把项目收归国有。项目在政府的直接参与下，其他的投资人需要在投资、建设、运营过程中达到风险共担、优势互补的效果，为便于融资和管理建设运营创造有利的条件。

PPP 第一种投资结构形式由以往单一的由政府投资形式转变为某个企业单独投资，面对大型、技术复杂的公用环保项目，政府凭借其行政资源、政策标准制定以及管理优势等独自承担尚显吃力，如果由某个企业单独承担，其应对政策和市场的双重风险难题将更为严峻。

PPP 第二种投资结构形式，虽然在一定程度上不同企业借助各自优势互相抱团取暖，相对提高了抗风险能力，但是没能发挥政府资金的带动作用，政府在项目的未来收益和风险面前似乎有置身事外的缺陷，政府的积极性不能充分调动起来，面对政策性风险、行政程序上的低效，以及未来由于政策变更所带来的市场收益的不确定性等问题，企业对项目未来长期的控制能力上看仍然力不从心。

PPP 第三种结构形式能够充分发挥政府资金的带动作用，使得政府能够真正意义上处于投资人的角度和立场参与到项目中，体现各方风险分担的优势，在当前我国固废处理行业市场化程度、透明度不高，主要技术和设备国产化程度较低，政府控制整个固废处理产业链的重要环节的条件下，政府的直接投资参与起主导作用，即政府与企业的合资形式是固废处理项目投资结构理想的选择。

二、PPP 项目中设计投资结构时考虑的主要因素

设计项目的投资结构，是指在项目所在国家的法律法规、市场、投融资环境等客观条件制约下，寻求一种能够最大限度实现其投资目标的项目资产所有权结构。通常 PPP 项目投资结构设计主要需要考虑因素归纳为如下三个方面：

1. PPP 项目的本质是各方合作，优势互补以实现风险分担。所以在 PPP 项目下设计项目的投资结构，首先需要考虑的是风险如何分担。根据项目自身的风险特点结合投资人的特质和诉求实现风险的合理有效分担是在设计投资结构时最重要的因素。如果某个投资者只愿意承担较少的风险，其在项目中的投资和持股量就相应较小。通过对项目风险的分担研究，还能为不同的项目投资人从项目开发初始阶段就将各方在项目不同阶段工作中的责、权、利进行初步的界定，规避后期不必要的摩擦，提高项目运作效率。PPP 项目风险分担的基本原则：（1）由对风险最有控制力的一方控制相应的风险。符合这一原则的风险转移是合理的，可以取得双赢或多赢的效果。如果政府一味地把风险推给企业，当风险发生时企业根本不具备该风险的控制能力，必然会使得项目所提供设施的效率和服务水平的降低，最终会增加控制这种风险的总风险；（2）承担的风险程度与所得回报相匹配。对于政府而言企业承担更多的风险意味着其将有获得更多回报的机会，这种回报将反馈到政府或服务和设施的使用者身上；（3）承担的风险要有上限。对企业来说，并不是风险分担的越多回报就越多，当风险超出一定的上限，这种承担带来的将不再是收益而是灾难。

2. 其次要体现项目融资表外融资的特点来设计相应的投资比例。在项目公司中占有投资的比例不同，投资者自身的财务报表上反映出来的结果可能大不相同。根据我国会计处理的要求，如果投资人在项目公司中占有的比例大于 50%，则母公司和项目公司的资产负债表需要进行全面的报表合并处理，无法实现表外融资的目标；如果投资人在项目公司中的投资比例在 20%—50% 之间，则投资人自身的财务报表中要按照投资的部分反映出项目公司的实际盈亏状况，这基本能够实现表外融资的目标，使得投资人无需背负过高的负债比例；如果持股比例少于 20%，则只需在自身报表中反

映投资部分，无需体现项目公司的盈亏状况。所以为了实现表外融资，项目公司中的投资人基本要达到三个以上规模，而且投资人之一的控股不能高于 50%，否则 PPP 项目融资的表外融资优势将存在缺陷。

3. 项目管理的决策方式和程序：在充分保护投资人利益的同时，如何建立一个有效的决策机制对 PPP 项目长达数十年的开发、建设、运营过程来说非常重要。要把不同投资者所拥有的管理权和决策权确定下来，还要明确这些权利的性质，以及其实际参与管理的形式和程度。包括确定由谁负责日常的工作，其他投资者在不同层次的管理机构中的角色，如何对项目的重大问题进行决策等等。通过风险分担的工作可以将不同投资人在项目不同阶段的责权相应地固定下来做参照，来确定项目管理的决策方式和程序。

三、PPP 固废处理项目投资结构中投资伙伴选择

根据 PPP 项目风险共担、利益共享的原则，项目参与人中谁最具有控制项目中特定风险的能力，则其承担该部分风险的责任，结合参与人项目投资的意愿，最具风险控制能力的参与人将是项目投资结构中重要的潜在投资伙伴。

1. PPP 垃圾处理项目中的参与人分析

城市垃圾处理基础设施的建设和运营有其特殊的性质，而且根据处理模式的不同，项目的参与方也有一定的差别。下面将结合垃圾厌氧处理项目的特点，分析不同参与方在项目中的参与形式。

（1）政府及代表政府的投资机构：在 PPP 项目中，政府承担着多重的角色，它既是各种审批的核准方、特许经营权的授予方，同时还可以是资金的提供方；既是原料、水、电、土地的供应方，同时还是产品和服务的购买方；此外它还要为项目提供法律、宏观调控、税收优惠等方面的支持。城市生活垃圾处理基础设施有着较强的公益性特点，要求政府更深入更直接地参与其中。政府主要负责完善相应的垃圾处理的法律法规，进行科学的规划，制定处理的质量标准和安全环保标准，并做好监督执行工作。无论是政府的投资意愿和投资责任，政府都应该成为项目公司的直接投资人之一。在项目公司中政府可以通过其授权的投资人代表注资，注资可以是土地、政府专项资金、国债、国有设施等形式。这样可以在一定程度上加强其他投资人的信

心，使得项目的开发运营保持稳定。

（2）环卫机构：目前，政府主管的环卫部门承担着城市生活垃圾收集的责任，环卫部门的工作效率是垃圾处理设施和垃圾供应量的保障。环卫部门要保证垃圾量的供应，而且无论是用焚烧还是厌氧处理的方式处理后的残渣，还需要环卫部门进行后填埋处理，以达到垃圾减量的效果。所以政府也可以通过环卫部门下属的垃圾收集企业或垃圾填埋企业注资到项目公司中，成为项目公司的股东。

（3）投资开发商：投资开发商可以是国有企业，也可以是民营企业或外资投资机构，这些投资人可以通过直接注资等方式占有项目公司的股份。

据世界银行统计，1990 年到 2005 年间中国基础设施领域中有私营部门参与的项目共 483 个，总投资额达到 725 亿美元，相对中国 13 亿人口的发展中大国来讲，投资额无论从总量还是单个项目来说都相对较小，但从公益环保的行业角度考虑，这个行业具有持续稳定性、市场风险低等特点。民营企业经过一般性竞争行业的锻炼和积累，其进入自然垄断和公益环保行业的过程中一定会比较理性，不会一哄而起，而是稳步推进，体现出自发、渐进、量力而行的特点，这种特点正好是和公益环保行业的特点相契合。随着其实力的增强，适当的从过度竞争的行业中退出，进入自然垄断性行业甚至环保公益行业是一个必然趋势。

国有企业作为投资开发商在国资委系统中往往受到很多的制约，而且国有企业由于其投资人缺位的原因，它的投资行为在效率上受到很大的影响。然而，国有企业和民营企业通过股权置换、相互投资等方式互相渗透，进行优势互补已经成为一种趋势。他们之间的区别已经相对弱化。

对外资投资企业的选择上要更加慎重。以水务市场为鉴，外资高溢价竞买国内水务资产，公众利益是否因此受损还在争论不休。部分当地有关政府部门和当事企业，依然缺乏勇气将幕后条款告知于众。这些都将可能给项目带来较多的不确定性风险。

在我国的公共设施服务行业，涌现了大批的环保类公共设施服务企业，像桑德环保、南海发展、江南环保、中原环保等，他们一方面作为投资开发商参与项目的投资，同时他们在国内水务、垃圾焚烧等行业也有着多年的运营管理经验。他们是固废处理项目的重要投资力量。

（4）金融机构：为 PPP 项目提供贷款的金融机构，包括商业银行、政策性银行、出口信贷机构、投资信托机构等。

总的来说我国的金融市场竞争性不够充分，大型国有商业银行对类似环保类基础设施项目的放贷热情不高，而且会对项目融资提出过多的附带担保或质押条件，突破了项目融资的底线。反倒是一些小型商业银行会表现出相对积极的态度，如兴业银行，该银行是目前国内唯一一家赤道银行（所谓“赤道银行”是指已宣布在项目融资中采纳赤道原则的银行，赤道原则是参照国际金融公司的可持续发展政策与指南建立的一套自愿性金融行业基准，旨在判断、评估和管理项目融资中环境和社会风险，倡导金融机构对项目融资中的环境和社会问题尽到审慎性核查义务），对节能、环保类的基础设施项目融资有很高的积极性。

政策性银行如开发银行等，借助其深厚的政府背景，它们参与政府的基础设施项目的贷款更多的是以捆绑的模式，和地方政府进行一揽子项目的融资，由地方财政控制的城市开发投资公司为担保成为地方政府的融资平台，在扩大融资规模的同时银行能通过行政手段等控制贷款的风险。这些贷款一定程度上带动了地方政府的投资冲动，提高了民间资本进入的门槛，抑制了项目融资的发展。2010 年国家发布 19 号国务院文件，加强地方政府融资平台公司管理，地方政府基础设施建设的资金受到了极大的制约，这也为项目融资、民间资本参与基础设施建设项目创造了机遇。

银行参与项目融资中所关注重要因素之一就是项目投资人的背景，如果投资结构中投资人的背景与项目契合程度高，各方控股比例相对均衡，则银行对项目风险的评估也会相对乐观，这将为项目融资的成功加分，同时也会降低项目融资的成本。

（5）工程承包商：主要负责工程的建造。

通常来说项目公司会和承包商签订价格固定的总承包合同，将工程建设期的完工风险转嫁给承包商。承包商将承担工程延期、成本超支或质量不合格带来的风险，这些风险的有效控制直接影响项目的成败。但是，由于我国长期以来工程建设市场分块过细，招投标划分过于琐碎，人为地将工程建设和技术设计分开，导致我国大多数工程公司不具备 EPC 总承包能力。由于过度招标往往迫使承包商通过竞相压价的方式承揽项目，一旦工程建设遇到问题时，设计单位、工程建设单位和业主单位由于责任不清就开始扯皮，成本超支、工期超支、质量问题时有发生，而且承包商寄希望通过变更变相地增加利润，风险转移也基本成为美好的愿望。

著名的发布全球 225 家承包商排行的美国 ENR 机构指出，国际工程承包市场已经发生了较大的变化，工程公司以传统方式参与招投标，然后承包国际工程的机会越来越少，越来越多的工程公司都是以带资承包、带融资承包的方式高位切入国际工程承包市场，以德国的 Hochtief、瑞典的 Skanska 为代表的国际知名大公司已经把目光投向 BOT 项目。随着我国市场化程度的提高，工程承包市场的不断成熟，这种趋势也将在我国得到发展。工程公司通过项目的投资或融资可以在不断提升自身投融资管理能力的同时，也相对提升自身的地位，增加项目承建的机会，改善收益水平。从这些因素考虑，工程公司无论从风险控制和投资意愿上都符合项目投资人的要求。

（6）设计单位：设计单位承担着工程的工艺性能和系统设计的责任。我国越来越多的设计单位已经开始将自身工作范围向工程承包和管理咨询领域拓展，他们和工程公司的界线将越来越模糊。我国以往的垃圾处理主要以填埋方式为主，工艺比较简单，设计的复杂程度不高。而焚烧方式和生物综合处理方式的环保要求高，工艺和系统比较复杂，这些技术的核心大都是国外技术公司开发并拥有。但国外的技术如何能更好地适应国内的固废处理特点，还需要在引进的基础上做好本土化的改进。国外的技术公司为进入中国的市场也希望通过投融资的模式，与国内的设计院、工程公司、政府进行全面的合作。

（7）运营商：运营商负责固废处理设施的运营管理。它可以是由投资人共同组成的项目公司，也可以是专业的运营公司，通过和项目公司签订运营合同，承担设施的运营管理。目前国内由于行业发展较晚，成熟的焚烧或生物综合处理的专业运营公司还不多。运营商往往是和专业化的投资开发商相重合的。

（8）设备供应商：除垃圾填埋处理方式外，焚烧和生物综合处理方式下工程投资的很大部分是设备的购置。但设备商关注的重点是专业生产和营销环节，投融资大多不是其考虑的因素，至多也只是在提供融资便利条件下，扩大设备的销售。在以往的国外政府贷款中，很多设备供应商通过其出口买方信贷的途径，将其设备输出到国内。而这些信贷往往附带着我国政府的主权财政担保条件，已经超出了项目融资的范畴。

（9）承销商 / 承购商：为了使项目运营过程中有稳定和足够的现金收益给项目融资做基础，项目公司会与产品或服务的承销商 / 承购商签订购买或代理销售的协议，以减小或分散项目的市场需求风险。焚烧或生物综合处理方式中主要的收益来自政府的固废处理费补贴和电力销售收入。随着我国可再生能源的立法，电力公司要优先保障固废发电的上网和销售。在这里政府扮演着部分承购人的角色，电力公司为了显示其在可再生能源和环保领域的所承担的社会责任，在一定条件下也有意向对项目直接投资。

（10）保险公司：PPP 项目有着巨大的资金需求和未来长期的运营期间不可预见的不利因素。投资人往往会针对项目的风险进行投保。保险公司是项目风险分担的重要一方。但由于专业和出身的限制，当前我国保险公司和银行有着共同的特性，一般不会直接参与到项目直接投资中去。项目投资人结构的稳固，项目风险的分担机制是他们为项目承保的先决条件和收费参照。

通过上述项目参与人分析可以看出，政府、工程承包商、设备供应商、运营商、承购人都将是项目投资伙伴的选择对象。

2. PPP 固废处理项目投资伙伴选择

在选择投资伙伴时应遵循一定的规律：该投资伙伴需在某一能力上有其核心的竞争优势，而且这种优势是其他投资人所不具备且急需的；投资人之间要有能力的互补和长期战略的协同性；投资伙伴的选择要降低整体的运作成本，有利于风险的分担和控制；合作伙伴的诚信情况要进行调查，而且伙伴间的企业文化相容性也很重要；在选择投资合作伙伴时要尽可能考虑当地的企业，由于项目所在地在当地，而且要经过长期的运营回收成本，所以外来和尚好念经的短时思路要避免。

通过上节对项目参与方的分析，政府所拥有的环卫机构可以作为政府的投资代表参与到项目投资中，同时政府还是重要的承购方；设计单位往往作为工程公司的设计分包，或者有工程能力的设计单位和工程公司的界限并不明显；本项目中设备供应商的作用并不突出，从前面对厌氧处理技术设备特点来看，大多数设备基本属于通用设备不具备专有性；专业化的环保投资公司已经具备了一定运营管理的能力。此外，政府、工程公司、环保投资公司分别对垃圾处理项目的开发、建设、运营阶段中的风险控制扮演着最重要的角色，他们同时也最具有投资的意愿。所以这三方组成项目公司的投资结构也最具有代表性。

四、案例：某垃圾处理 PPP 项目的投资结构设计

1. 项目背景

2004 年，某省政府组成城市基础设施考察团赴法国，考察当地的市政基础设施情况。政府考察团一行参观了离法国巴黎 50 公里的亚敏市垃圾厌氧发酵处理厂。考察团中来自市政设计院的工程师对亚敏垃圾处理场进行了全程的拍摄，考察团看到，整个的垃圾处理场区基本上实现了全封闭、全自动化作业，完全没有我们国内的垃圾填埋场的恶臭和焚烧厂的粉尘污染。这种垃圾处理方式得到大家一致认可。回国后，考察团针对此次考察做了专门的汇报。

2005 年，我国某地绿园房地产开发投资公司计划向公用环保投资公司转型。希望在当地投资一家垃圾好氧堆肥厂，堆肥后产生的有机肥由当地政府包销给农民，以改善当地的土壤。以绿园房地产公司为发起人，准备了可行性研究方案向当地发改委报立项审批。

当地发改委在收到立项申请后，认为垃圾好氧处理堆肥后的肥料在销路上有一定问题，农民是否接受该种有机肥料需要进一步研究。在此过程中，绿园房地产公司总经理从市政设计院处看到了法国亚敏垃圾处理场的视频资料，通过这种方式处理垃圾后，好氧堆肥的收益与所产生的沼气或沼气发电的收益相比可以忽略不计，解决了其市场收益的问题。但视频中只显示了垃圾处理场的处理流程，至于该厂采取的核心技术工艺、关键设备等信息都无从了解。

某工程有限公司曾经在绿园房地产公司协助下，在营口当地承揽了营口市日元贷款城市污水处理厂项目，该项目已经在 2005 年竣工投入使用。通过该项目工程公司和当地政府及绿园房地产公司保持了良好的关系。鉴于该工程公司有着强大的工程总承包能力，绿园公司希望该工程公司能够为其提供工程技术方面的支持，帮助其开发市垃圾厌氧处理厂项目。由于当时该工程公司在 BOT 等项目的投资受上级集团公司严格的限制，超过 200 万元人民币的投资额需要经过层层的审批，通过的几率不大，所以该工程公司无法作为投资伙伴参与该项目。作为回报，绿园公司许诺待项目立项审批后，工程公司将以 EPC 方式总承包该项目。

该工程公司在获悉该项目后，经过海外渠道了解到该厌氧处理工艺是由法国瓦洛嘎技术公司所拥有。通过联络法国瓦洛嘎公司，该公司表示愿意与该工程公司合作，提供技术支持和输出保证。并希望通过该项目磨合来取得互信和默契，共同开发中国垃圾处理市场。

由于自有资金不足，绿园房地产公司希望引入新的投资伙伴参与该项目。2006 年绿园房地产公司与一家由国外能源基金公司控股的北京新能源公司各占 50% 股份成立市垃圾厌氧处理公司，作为项目公司顺利通过政府的招标程序，并与政府签订了特许经营协议。但由于国外基金公司的要求，该项目公司需要由其控股的北京公司独资参与，并同意给绿园房地产公司一定的补偿，否则后续的融资事宜将无法落实。由于当时房地产项目资金紧张，绿园公司最终同意取得补偿后退出项目公司。

绿园公司退出后政府机构的办事效率立即下降，政府承诺的项目用地审批迟迟无法办理。先是由于原选址位于开发区，开发区规划变更而无法提供用地，后又以拆迁受阻、周边居民反对、土地价格上涨等理由变更项目选址。2009 年，政府领导换届后，新一届政府重新找到绿园公司，希望绿园公司继续接手该项目，同意立即批复项目用地的审批，同时北京新能源公司也同意退出。

2008 年，工程公司的上级集团公司发布文件，鼓励下属工程公司参与 BOT 等项目，目的是通过投融资带动 EPC 工程总承包项目的开发。

绿园公司与该工程公司意愿合作共同投资该垃圾处理项目。

2. 项目概况

（1）项目建设工艺及规模

法国的生活垃圾厌氧发酵的 VALORGA 工艺，由于具有较好的经济效益和环境效益，取得了较大的成功，在欧洲得到了一定的运用。

制肥制气处理城市生活垃圾主要运行成本在垃圾分选和后期制复合肥的过程。主要收入来源为政府垃圾处理费、燃气（甲烷）销售收入或燃气发电的售电收入。由于当地城市燃气紧张，也为了节省发电机组部分的建设成本，项目决定采取燃气销售的方式作为收益。

在政府城市生活垃圾历年统计调查的基础上，工程公司和法国公司对当地垃圾质量和数量做了详细的论证，确定本项目的建设规模为：日处理生活垃圾 600 吨；日处理污水处理厂污泥 100 吨，即日处理垃圾能力为 700 吨。全年处理垃圾量为 25.55 万吨。主要产品及产量为：甲烷，年供量 946 万立方米。

（2）项目公司投资比例

自三方就共同投资达成一致后，应用本文对投资比例研究的成果，各方首先就各自在项目不同阶段中风险分担的基础上，对责权利的划分作了界定：其中政府主要单独承担立项审批、土地划拨、有关政策法规等风险；工程公司承担了设计及技术可行性、工程建设方面的多数职责，建设期工作将主要由工程公司负责；三方约定，由工程公司在建设过程中逐步对绿园公司派驻的后期管理运营的团队进行培训，通过协议工程公司还将对绿园公司的运营维护提供 2 年的保姆式运营维护服务，直至绿园公司组建的运营团队能顺利接管整个设施的操作维护和日常管理工作。针对项目公司重大问题的决策时，各方将以投资比例的权重体现决策权。

鉴于该项目已经通过了相关立项审批，相应地降低了立项审批风险权重值对项目的影响；由于绿园公司本身并不是像专业化的投资公司，具备项目运营管理方面的能力，上述研究结果中专业化投资公司单独承担的运营过程中的部分风险权重相应地部分转移到工程公司名下。

实际分配共担风险部分各方的比例时，并没有采取该工程公司和绿园房地产公司的自身财务数据，而是直接接受采用前期研究应用的土木工程建筑和公用设施服务行业平均数据计算的结果，最终三方接受在项目公司的投资比例在政府 41.7%、工程公司 21.63%、环保公用投资公司 36.67% 的基础上作微调，基本确定各方投资比例为 40%、25%、35%。这个结果得到了各方的一致接受，并将协议完成原项目公司的股权变更手续。

实际应用案例显示，论文研究的结果能够满足前述投资结构设计需要考虑的主要因素：风险因素得到了有效的分配，在风险分担、优势互补的基础上基本实现了各方责权利的对等；三方投资人的投资比例为 40%、25%、35%，能够满足项目融资表外融资的国家法规的相关要求，此种投资结构也初步为贷款银行所接受，和银行的项目融资贷款协议中有限担保的条件正在磋商过程中；通过不同阶段风险分担基础上责权利的划分，各方所拥有的管理权和决策权也基本确定下来，各方在项目中实际参与管理的形式和程度得到了初步的界定。

第二节　融资策略和工具

股权融资方面，由于上市公司较非上市公司而言融资方式更为灵活，更易获得成本较低的股权和债权资金，因此在近期政策持续利好的大背景下，众多固废处理企业涌入资本市场，实现上市意愿。同时，多家已上市的公司通过非公开定向增发筹措资金，用以置换债务或是补充项目建设资金。

除传统融资渠道外，垃圾焚烧发电类的固废处理项目因盈利水平较好，加之在运营期可实现稳定现金流，极为适合发行以项目信用为支撑、以项目净现金流为基本偿债来源的固定收益类产品，如银行间交易商协会和发改委在 2014 年分别推出的项目收益票据和项目收益债券。2014 年 11 月，广州市第四资源热力电厂垃圾焚烧发电项目收益债券“14 穗热电债”成功发行，这是由国家发改委审批通过的我国首只项目收益债。本期债券票面利率为 6.38%，发行规模为 8 亿元，发行期限 10 年，募集资金将全部用于广州市第四资源热力电厂的投资建设。募投项目收益为主要偿债来源，同时广州环保投资集团有限公司和广州广日集团有限公司通过差额补偿机制有效保障了本期债券按时还本付息。

固废处理PPP项目由于投资金额规模大、投资期限长，通常会借用一些金融工具，保证项目的顺利实施。例如：银团贷款、融资租赁、工程保理、资产证券化、基金等进行一系列结构化安排。

一、银团贷款

这是PPP项目融资最常用的融资工具，是PPP项目公司通过向一家或几家银行金融机构发出委托函，通过银行间市场按相同条件组织几家甚至十几家、几十家银行参与的银团。银团贷款在SPV组建过程中提供无追索权或者有限追索权贷款，期限长、利率低，是项目融资中风险分散最有效的方法，同时，也是保证PPP项目融资顺利实施、保护投资者利益最好的模式。

二、融资租赁

这是集融资与融物、贸易与技术更新于一体的新型金融产业。由于其融资与融物相结合的特点，出现问题时租赁公司可以回收、处理租赁物，因而在办理融资时对企业资信和担保的要求不高，所以比较适合固废处理企业融资。融资租赁属于表外融资，不体现在企业财务报表的负债项目中，不影响企业的资信状况。

三、工程保理

工程保理又称托收保付，管理PPP项目建设和运营中，项目公司将其现在或将来的基于其与买方订立的服务合同所产生的应收账款转让给保理商（提供保理服务的金融机构），由保理商向其提供资金融通、销售账户管理、信用风险担保、账款催收等一系列服务的综合金融服务方式。

四、资产证券化

资产证券化是通过在资本市场和货币市场发行证券筹资的一种直接融资方式，它将缺乏流动性、但具有可预期收入的资产，通过在资本市场上发行证券的方式予以出售，以获取融资，以最大化提高资产的流动性。资产证券化在一些国家运用非常普遍。由于固废处理PPP项目需求弹性小，价格稳定，因此可以带来稳定的现金流。同时，PPP 项目通过收费方式收回前期投资，在项目开始前可以对项目进行充分尽职调查，而且公共项目由于使用价格稳定，所以其现金流可以很好地被预测。

五、PPP 基金

《国家发展改革委关于开展政府和社会资本合作的指导意见》（发改投资〔2014〕2724 号）中明确提出："鼓励项目公司或合作伙伴通过成立私募基金、引入战略投资者、发行债券等多种方式拓宽融资渠道。" PPP 项目私募基金得到政策的支持，这与 PPP 项目自身的特点关系密切，PPP 项目的各主体之间关系复杂，投资规模大，回收时间长，因此 PPP 项目需要较为灵活的融资方式。通过设立 PPP 基金，运用规模化及专业化的运营方式降低融资成本，可以避免传统融资方式的瓶颈。

PPP 基金模式是近年来较为重要的融资模式创新。PPP 基金的优点在于融资便利，基金的架构合理，有利于通过灵活设计风险和利润分配结构，来吸引各类风险偏好不同的投资人参与。从实践来看，一般情况下，PPP 基金的潜在资金至少有银行资金（例如政策性银行），以稳健收益而非高收益为目标的保险资金、社保基金等，以及追求一定回报率的社会资本。理论上只要有风险和收益率设计合理的投资产品，这些基金完全有动力去投资，而一般而言 PPP 并不缺少内部收益率在 7% 以上的项目。并且一些研究显示国际上一般 BOT 项目内部收益率还普遍在 10%—20%，这些收益率都高于或显著高于我国当前养老金等的实际收益率。

六、项目收益债

43 号文中明确项目收益债是 PPP 项目的融资方式之一。项目收益债券是与特定项目相联系的，债券募集资金用于特定项目的投资与建设，债券的本息偿还资金完全或基本来源于项目建成后运营收益的债券。项目收益包括但不限于直接收费收入、产品销售收入、财政补贴以及因项目开发带来的土地增值收入。证券公司可以为符合条件的 PPP 项目公司设计债券结构，通过发行项目收益债进行融资。但是同时证券公司受制于资金来源和牌照等限制，主要会以服务中介的形式参与 PPP 业务，其介入程度无法和银行、保险相比。

七、REITS+PPP 模式

REITS——房地产信托投资基金，起源于马萨诸塞商业信托，主要用于房地产领域的金融工具。房地产与 PPP 项目的共性是投资大、投资期长，重资产运营模式，REITS 恰恰是将重资产运营模式转化为轻资产模式。

采用 REITS 模式不涉及资产转移、风险隔离等环节，直接投资项目公司股权，使部分社会资本退出。或是 REITS 收购项目公司的资产，再采用“售后回租”的方式，使项目公司仍然保留特许经营权，盈利方式转为运营管理费，这样一来，项目公司摆脱了重资产运营模式，社会资本也能提早获得投资回报。

八、PPP 资产交易平台

2017 年 2 月 28 日和 3 月 1 日，财政部政府和社会资本合作中心（PPP 中心）先后与天津金融资产交易所和上海联合产权交易所合作成立 PPP 资产交易平台。PPP 资产交易平台促进了 PPP 资产的流动性，优化市场配置，直观反映 PPP 市场的供需情况。交易平台采取信息公开的方式，增强市场透明度，能够逐步建立起良好的信用环境体系。另外，交易平台累积大量交易数据和项目实况数据，通过数据分析，进而判断项目的全生命周期可能存在或发生的风险，以做好监管和风控措施。其实，最重要的一点还是社会资本能够借此平台顺利退出。但这不是一朝一夕能够实现的。未来能够在 PPP 资产交易平台流通的产品，多是标准化产品，而目前 PPP 项目发展参差不齐，部分 PPP 项目只是原有 BT 或 BOT 项目改装而来，很难实现标准化。另外，PPP 领域至今未在国家层面立法，缺少法律依据和底层架构，在利益链条相互交错的交易结构中，社会资本难以获得保护，这直接阻碍 PPP 资产的交易和流通。

九、PPP+ 互联网金融

这几年，国家加强对互联网金融的整治工作，在国务院的政策指导下，各省市金融办等机构加大对本地的 P2P 等互联网金融平台的监管，责令不合规的平台整改或关闭。其实，互联网金融的交易结构主要是三部分组成——资产端、运营端和用户端，其中最核心的是资产端。“资产荒”让越来越多的互联网金融平台难以为继。

PPP 项目的资产端是极好的，部分基础设施项目既有建成的固定资产作为基础，又有政府付费入库的项目还经过物有所值和财政承受能力评价，未来发生风险的概率非常低。从收益率方面，PPP 的平均收益率在 8% 左右，相对于银行理财收益仍有一定的竞争优势。

互联网金融与 PPP 的优质资产端结合后，不仅可以降低投资风险，也让广大普通投资者能够参与到 PPP 项目的投资中，降低了 PPP 的投资门槛。

第三节　融资组合

一、股权融资

股权筹资形成股权资本，是企业依法长期拥有、能够自主调配运用的资本。股权资本在企业持续运营期间内，投资者不得抽回，因而也称为企业的自由资本、主权资本或股东权益资本。股权资本是企业从事生产经营活动和偿还债务的本钱，是代表企业基本资信状况的一个主要指标。企业的股权资本通过吸收直接投资、发行股票、内部积累等方式取得。股权筹资项目，包括实收资本（股本）、资本公积金、盈余公积金和未分配利润等。其中，实收资本（股本）和实收资本溢价部分形成的资本公积金是投资者的原始投入部分；盈余公积金、未分配利润和部分资本公积金是原始投入资本在企业持续经营中形成的经营积累。

股权资本由于一般不用还本，形成了企业的永久性资本，因而财务风险较小，但付出的资本成本相对较高。以股权为主的融资模式包括股权出让融资、增资扩股融资、产权交易融资、杠杆收购融资、引进风险投资、投资银行投资、国内上市融资、境外上市融资、买壳上市融资等。

由于固废处理 PPP 项目较为复杂，建设期较难通过股权融资，承包商、运营商等发起人，股权融资仅限部分专业投资机构以及专业投资基金。当PPP 项目进入运营期，投资风险逐步降低，可能会有部分愿意获得稳定收益的保险、养老等资金进行股权投资，这时候部分项目发起人逐步通过股权交易、退出项目，提前实现投资收益，或者寻找投资机会。

一般来说，作为 PPP 项目公司的股东，其特别的优势在于能够获得项目运营收益，通过参与或掌握公司的整体运营，而掌控其收益大小，多劳多得。除此之外，如果股东同时为项目公司的服务提供商或货物供应商，其还能以此获得更有利的商业机会。但相较于其他债权类的出资人，其劣势在于，股东对于公司财产收益分配的优先权最弱，其只有等债权人的债权获得满足时才能获得其股权投资的收益。总的来说，利用股权投资，风险最大的同时收益也最大。常见的股东是项目参与方、当地投资者、政府、特许权获得方、机构投资者、双边或者多边组织等。

二、PPP 基金融资

PPP 基金从组织形式来看，可分为公司型、契约型和有限合伙型。公司型基金是按公司法成立的法人实体。有与一般公司相类似的治理结构，基金很大一部分决策权掌握在投资人组成的董事会。与公司型基金不同，契约型基金不是法人，必须委托基金管理公司管理运作基金资产，投资者作为信托、资管等契约的当事人和 PPP 基金的受益者，一般不参与管理决策。有限合伙型基金一般由普通合伙人（GP）和有限合伙人（LP）组成，普通合伙人只占基金的少数，但负责基金的投资和运作，有限合伙人是基金的主要投资者，不直接参与基金管理，保留一定的监督权，对投资活动承担有限责任，并享受优先分红。

在 PPP 模式下的基金组织形式普遍为有限合伙型，GP 承担无限责任，除了承担基金的管理运作职能外，一般还担任劣后级，优先承担一定比例的投资风险和损失，对 LP 负有保值增值义务，且双方按照约定的绩效指标对收益进行分账。

PPP 基金具有杠杆融资机制，通过一定的资本金可以撬动更多的资本介入，其增信设计主要以结构化方式进行内部增信，一般主要方式是社会资本和金融机构作为优先级，政府作为劣后级。此外，其他的增信措施还有土地抵押担保、收益质押担保、第三方担保等。

PPP 基金参与固废处理 PPP 项目投资具有灵活的特点，既可以投资地方政府确定的项目公司（即特许经营公司或运营公司），作为股东持有项目公司股权、参与项目公司建设运营、分享项目公司收益，也可以债权或股权债权相结合的方式对 PPP 项目进行投资，还可参股地方政府发起设立的 PPP 基金。

三、债权融资

债权融资表示公司通过借贷的方式，向公司外部（也可以向股东借款）融资。债权融资的类型有银行信贷、中票、企业债、信托融资、项目融资、租赁等。对于债权人来说，降低其投资风险的方式一般有三种：其一，获得银行或者第三方的担保；其二，尽量选择预付一定比例或者按比例分阶段支付投资款项以为自己留有资本缓冲；其三，选择突破有限责任公司的责任限制而向股东追索公司债务，而达到该目的一般只要得到股东的特别承诺即可，其本质无外乎是第三方担保。这种情况主要出现在项目的某个环节风险过高而难以获得投资时，股东作为项目公司的所有人更愿意在针对这一环节承担额外的担保责任。

债权出资与股权出资相比，借款人的优势重点体现在利益的优先分配早于股东获得受偿，而劣势在于收益有限。一般来看，债务偿还往往以固定或者浮动利率为基准、由债务人按周期支付。

1. 项目融资

狭义的项目融资是指具有无追索或有限追索形式的融资活动，即融资不是主要依赖项目发起人的信贷或所涉及的有形资产，而是依赖项目本身的效益。项目融资的基础和保证是拟建设项目未来的现金流量和项目建成后所形成的资产的价值。

根据《项目融资业务指引》（银监发〔2009〕71 号）规定，项目融资是指符合以下特征的贷款：（1）贷款用途通常是用于建造一个或一组大型生产装置、基础设施、房地产项目或其他项目，包括对在建或已建项目的再融资；（2）借款人通常是为建设、经营该项目或为该项目融资而专门组建的企事业法人，包括主要从事该项目建设、经营或融资的既有企事业法人；（3）还款来源主要依赖该项目产生的销售收入、补贴收入或其他收入，一般不具备其他还款来源。

PPP 项目多为项目融资，并且多希望成为无追索权的项目融资。但是在我国，由于银行信贷方式及风险控制模式不同，PPP 项目多为银行信用融资或有追索权的项目融资，并要求母公司或政府（国有企业）进行担保。完整意义的无追索权项目融资目前阶段很难实现。

2. 贷款与贷款担保

按机构对贷款有无担保要求，分为信用贷款和担保贷款。贷款是指以借款人的信誉或保证人的信用为依据而获得的贷款。担保包括保证责任、财务抵押、财产质押。贷款担保分为人的担保和财产担保两种。

3. 项目收益债

项目收益债券是以项目公司为发行主体，募集资金直接投入固定资产投资项目，项目运营收入进入专户并专项用于债券本息支付的债券。PPP 模式下的项目收益债无疑会成为债券市场新的投资品种，这些项目具有明确经营权转让、稳定的现金流及必要的政府补贴，债券发行的主要特征是项目导向，发行主体的信用资质不会是影响债券定价的决定性因素。此外，项目收益债的发行主体不是地方政府，其发行利率将会明显高于地方政府债，而项目的属性决定了债券还款来源非常稳定，风险相对可控。

项目收益债券在 PPP 领域的应用前景广阔。从行业上来说，符合国家产业政策、具有稳定收入且收入不主要来源于地方政府的项目均可以探索采用项目收益债来融资，包括固废处理等。

4. 资产证券化

资产证券化是指企业或金融机构将其能产生现金收益的资产加以组合，出售给特殊目的的载体（SPV），SPV 再发行以该基础资产产生的现金流为支持的证券产品，将该证券出售给投资者的过程。资产证券化具有资产支撑和风险隔离两个特性，资产支撑是指资产证券化的证券必须有特定的资产作为支撑，经营性和准经营性 PPP 项目投资周期长、现金流入长期稳定，天然适合作为资产证券化的基础资产；风险隔离是发起人通过将支撑证券的资产出售给发行的方式，使资产离开发起人资产负债表，从而实现的“破产隔离”。

固废处理 PPP 项目资产证券化的操作步骤通常可分为四步：第一步是资产汇集，即 PPP 项目发起人选择可以作为证券化的基础资产汇集打包，形成“资产池”，PPP 项目基础资产通常为基础设施或公共产品、服务（如固废处理）的收费权或经营权。第二步是资产转移，即发起人设立并将基础资产转移至特殊目的的机构（SPV），该 SPV 可以是信托计划、资管计划，也可以是公司或有限合伙企业，但由于目前特殊目的公司配套法律制度的缺失，国内通常以信托计划、券商或保险资管计划作为 SPV。第三步是证券发行和销售，SPV 在中介机构（一般为投资银行或证券公司）的帮助下发行债券，向债券投资者进行融资活动，债券销售回款在支付服务费后按约定价格返还发行人。这个过程中除了证券公司或投资银行的参与之外，还需要信用评级机构对资产实施信用评级，还可能设计信用增级机构实施信用增级。第四步是投后管理，由服务机构（通常是发行人）负责对资产池实施续存期间的管理和到期清楚结算工作，包括收取资产池的现金流、账户之间的资金划拨、税务和行政事务以及清算结算，清算财产在全部偿付债券本息后仍有剩余的将返还发起人。

5. 夹层融资

夹层融资也被称为备用资金，因其介于股权投资与债权投资之间，其受偿的优先权也介于二者之间，即迟于债权人而早于股东受偿或获得收益分配。夹层融资的典型方式包括提供次级贷款和发行优先股，前者体现为晚于普通借款人受偿，后者体现为可以获得项目收益分配但并不能参与公司运营。一般项目公司采用这种方式的动机在于控制其资产 / 债务比例，尤其是在项目出现预算外的超支情况时（10% 以内），为了尽快获得资金，而采用这种方式进行融资。

但这种融资方式的特点在于成本较普通贷款高，由于夹层融资下的投资人要晚于普通债权人获得收益分配，为了弥补其所承担的风险，项目公司一般会选择向其提供高于普通贷款更高的利息或向其分配项目公司收益（表现为向其提供期权、可转换债券等选择），一般会通过信托方式安排。

第四节　融资安排分析

融资安排也称为融资结构，是指企业在筹集资金时，由不同渠道取得的资金之间的有机构成及其比重关系。资金筹措的方式主要有权益融资方式及负债融资方式两种。合理的融资结构要求在符合国家法规规定的前提下，达到债权人有关资产负债比例的要求，满足权益投资者的权益要求，符合融资风险控制的要点。

一、权益融资资金与债务融资资金的比例

融资结构比例直接影响项目投产运营后项目法人的财务结构和资产质量，同时对项目盈利及清偿能力产生较大影响，因此，我国有关项目投资的管理法规对项目资本金比例最低限额做出了明确的规定。

债务资金和资本金不同，在一定期限内必须按期还本付息。债务资金比例越高，不能按期还本的可能性越大，财务风险就越高。且债务资金享有优先受偿权，权益资金的提供者可能因此承担较大风险，所以股权融资的成本大于债务融资。而对于固废处理 PPP 项目，协调处理财务风险与资本成本的矛盾非常重要。对于经营性的项目来说，由于其受市场因素影响较小，预期的现金流量稳定且具有长期增长性，因此可以相应提高债务资金比例，充分利用金融机构中长期优惠利率贷款或长期债券，最大程度地降低资金成本。

在设计固废处理 PPP 项目的融资结构时，必须考虑这种结构的融资成本。从不同来源取得的资金，其成本各不相同，为了对整个项目的融资方案进行筹资决策，在计算各种融资方式单独的资金成本的基础上，还要计算这个融资方案的综合融资成本。

综合融资成本一般是指债务资本的单位成本和股本资本的单位成本，根据债务和股本在资本结构中各自所占的权重计算的平均单位成本，故又称为加权平均资金成本（WACC）。

二、权益融资结构

权益融资是负债融资的基础，是项目法人最基础的资金来源，体现了项目法人的实力，尤其是为债权人提供了保障，增强了公司的举债能力。在 PPP 项目中，政府与社会资本按照一定比例进行投资。实际上，PPP 项目的费用分配问题也就是项目投资如何在政府和社会资本分摊的问题。

由于政府财政支付的经济特性，PPP 项目中如果政府的投资比例过高，不仅会加重政府的负担，而且不能达到 PPP 项目本身想要利用社会资源来提高项目建设效率的初衷。故在 PPP 项目的评价和决策中，应当考虑投资主体及其投资比例的问题。

从政府角度来说，其参与投资的作用在于改变项目收益均值，满足投资者的收益要求。政府可以利用政策性金融机构对项目提供财政拨款、无息贷款或优惠贷款。

如果项目的收入能完全弥补社会投资的成本和最低回报率，则社会资本能承担项目的全部投资额。政府也可以根据自身财政状况和 PPP 项目在国民经济中的重要性、项目的盈利能力、收费定价机制、政治经济风险等因素，决定是否参加投资及参加投资的比例。

如果 PPP 项目具有一定的外部性，即效用不完全由消费者占有，则可能出现消费者支付意愿不足的情况。如按投资者决定的价格向消费者提供产品或服务时，预期收入不一定能弥补社会投资者的成本和最低回报。在这种情况下，则需要政府进行投资或补贴。

要决定最优的投资分摊比，可以利用政府管制的产品的价格和其他合约条件（如特许经营期限）来估计项目的投资收益均值，根据项目投资收益与社会投资者要求的投资回报率的差额与项目收益率的比值，来确定政府投资总额与社会资本投资总额的比例。

三、债务融资结构

债务融资主要是银行长期贷款和各种债券，也包括融资租赁、信托计划和国外金融机构贷款等。一般来说，除了债务资金成本外，还需要考虑债务期限、还款计划、利率结构及其他附加保障性条款等问题。

我国目前还是以间接融资为主的金融体系，公共项目的其他外部融资渠道不多，银行贷款具有资金来源稳定、手续简单、灵活性强等特点，是公共项目的最主要融资方式之一。

按照融资期限的长短来分，债务融资可分为短期债务融资和中长期债务融资。PPP 项目融资应该合理搭配长短期的债务比例。根据项目现金流特点，公共项目一般不宜用短期贷款，但在使用中长期贷款时，也必须合理安排贷款期限组合，以便分散和控制项目财务风险。

四、金融机构参与 PPP 的操作要点

1. 项目盈利性分析

金融机构参与 PPP 项目，首先需要分析项目的收入实现形式，明确所要提供融资项目属于经营性项目、准经营性项目，还是非经营性项目，不同项目类型的盈利能力差别很大，其次分析项目的收费机制和项目盈利测算的合理性和可实现性，重点关注特许经营期限、收费机制变更的补偿机制、项目唯一性等条款，对于准经营性项目，还需考虑政府补偿机制、社会环境变化对项目现金流的影响程度。

2. 投资的流动性

由于银行、保险、基金等金融机构资金通常都有一定的投资期限，而 PPP 项目周期可能有 10 年甚至更长时间，为解决资金的流动性问题，金融机构在设计融资方案时可以进行结构化分层，安排流动性支持者以增加流动性。通过结构化分层，对优先级份额设定较短期限，期限届满时投资者有权选择向流动性支持者转让份额实现退出；对于次级投资者则持有份额至产品到期，同时获得较高的超额收益。

3. 增信措施

过去金融机构在和政府或政府平台进行融资合作时，主要关注政府的财力、增信措施、是否纳入财政预算，在 PPP 模式下，项目审核的关键点转变为 PPP 项目的整体盈利性、项目运营主体的建设经营能力和财务状况，还款来源依赖于项目的现金流和相应的增信措施。在实际操作中，可以采用

股权质押、基础设施项目应收账款收益权、项目公司资产、其他社会资本方保证等增信措施，降低投融资风险。在基础设施施工建设阶段，项目无现金流入时，可以考虑超额募集或由次级投资者补足资金的形式用于支付期间收益。

4. 财务监督

PPP 项目建设资金有多样化的来源渠道，为了保证各类机构的投入能够达到预期目的，必须确保投入资金被用于项目建设，同时相关的现金流入能用以偿还负债。因此金融机构必须对项目运作过程进行财务监督，确保专款专用，并及时掌握项目的经营情况。金融机构可以委派财务人员，并采取设立专门账户的形式进行监管，如果有可能还可向项目公司委派董事和监事，参与项目公司的经营决策和监督。例如和银行签订专门账户，项目的经营收入先进入该专门账户，除在合同约定的范围内可以支付项目经营开支外，剩余资金必须作为债务偿还的准备。

五、金融机构参与 PPP 的风险应对

根据《关于推广运用政府和社会资本合作模式有关问题的通知》（财金〔2014〕76 号），PPP 项目风险按照“风险由最适宜的一方来承担”的原则，项目设计、建设、财务、运营维护等商业风险原则上由社会资本承担，政策、法律和最低需求风险等由政府承担。金融机构在参与 PPP 项目中，面临诸多风险，具体如下。

1. 项目建设风险

PPP 项目需要在规定的时间内建设完成达到可使用状态，才能在后续的经营中获得现金流和利润，尤其对于政府采用可用性付费方式直接购买产品和服务的非经营性项目，项目的“可用”是付费的前提条件。因此金融机构在对项目方融资时可以将建设施工方的资质要求列入合同条款，要求选择具有较强实力的工程施工企业参与项目建设，通过合同约定或者购买保险，由建设公司或者保险公司承担项目建设延期、不合格等引起的损失。

2. 项目经营管理风险

实际运营过程中，由于基础设施项目的经营状况或服务提供过程中受各种因素的影响，项目盈利能力往往达不到预期水平而造成较大的营运风险。比如供水、供热、供电等项目在面临运营成本上升需要提高价格时，政府出于种种原因不予调整等。杭州湾跨海大桥项目则是由于出现了竞争性项目而导致项目收入无法达到预期，而政府又无法按约定给予补偿，影响了社会资本的收益情况。

银行、保险等金融机构一般仅以资金方或财务投资者的身份参与 PPP 项目，PPP 项目的建设、管理、运营等并不擅长，若项目一旦出现经营不善或管理纠纷，会直接影响收益的实现。因此，金融机构在向项目公司提供融资之前，应对融资主体和管理团队进行详尽的尽职调查，寻找具有良好口碑的合作方，对项目的运营及未来现金流收入进行财务分析和测算，确保可行性缺口补助和政府付费项目纳入政府的全口径预算管理，并通过相关协议争取参与重大事项决策的权利。

3. 增信措施落实风险

PPP 项目融资中可能涉及房地产抵押、信用保证、股权质押、应收账款质押等多种增信方式，实际操作中可能存在增信方式不能落实的风险。尤其对于非上市公司股权质押和基础设施收益权应收账款质押等一些需要政府登记的增信方式，各地在执行中的口径尺度会有很大差异，根据我国现行的担保法，可用于质押的收费权类型局限于公路、桥梁、隧道、渡口等“不动产收益权”范围，因此在融资协议签订之前就要对不同地区的抵押登记政策进行了解，把担保方式的落实作为放款的前提条件，并尽量采用多种增信方式进行组合，在选择担保物时也要优先考虑易于处置变现的标的。

4. 政策风险

PPP 项目运作在很大程度上受政府政策影响，法律的变更也会对 PPP 项目融资带来负面影响，例如江苏某污水处理厂采用 BOT 融资模式，原计划于 2002 年开工，但由于 2002 年国务院颁布《关于妥善处理现有保证外方投资固定回报项目有关问题的通知》，项目公司必须重新与政府就投资回报率进行谈判。上海大场水厂和延安东路隧道也遇到了相同的问题，均被政府回购。从以往失败的案例看，部分地方政府缺乏经验，违反财政补贴机制和项目唯一性的承诺，往往造成社会资本无法收回投资本金或取得合理的利润。对于政府的政策风险，必须从当地产业结构、财政实力、市场化程度、过往资信记录等多方面进行考量，并通过签订详细的法律合同，降低政策等风险概率，在区域选择优先考虑沿海经济发达地区和内地省会城市和财政实力较强的其他城市。

5. 财政可承受能力风险

根据最新颁布的《政府和社会资本合作项目财政承受能力论证指引》（财金〔2015〕21 号），地方政府每一年度全部 PPP 项目需要从预算中安排的支出责任，占一般公共预算支出比例应当不超过 10%。金融机构需要密切关注特定地区（尤其是列入地方政府性债务风险预警名单的高风险地区）的财政收入状况、PPP 项目目录，并密切跟踪各级财政部门（或 PPP 中心）定期公布的项目运营情况，包括项目使用量、成本费用、考核指标等信息，确保所参与项目涉及的地区政府整体 PPP 支出控制在一定比率之内。

6. 信用风险

金融机构对 PPP 项目的投资能否收回本金和获得合理的利润，很大程度上依赖于项目实施主体等交易对手的信用状况，对于获得特许经营权的项目实施主体，应选择有较高施工资质、项目经验丰富的专业机构，并对其资金实力、财务经营状况和信用资质进行分析。

7. 财务风险

财务风险是指基础设施经营的现金收入不足以支付债务和利息，债权人主张债务而导致项目公司破产，造成 PPP 模式应用的失败。财务风险既可能由于政府不守信而造成，也可能因为运营主体经营管理不佳，或者随着社会经济和文化的改变而影响原有业务模式的需求而导致。社会资本可能必须独自承担此类风险，所以金融机构在为项目融资时尽量要求由政府或融资担保机构提供担保，由政府部门和融资担保机构分担部分财务风险。

8. 国有股权转让的法律风险

在部分项目中，金融企业向项目公司增资扩股或购买原有股权的方式取得项目公司的股权，合同约定期限到期时，国有股东或国有资产监督管理部门通过回购方式受让项目公司股权，在实际操作时两次股权转让大多未经过资产评估程序，而且多采用协议转让方式。根据《企业国有资产法》《企业国有资产评估管理暂行办法》《关于企业国有产权转让有关事项的通知》，相关国有股的转让需要通过资产评估，并在产权交易场所公开进行交易，因此该类操作具有一定的法律风险。金融企业在项目开始之初就必须考虑国有股权转让的程序问题。

第七章　固废处理 PPP 项目的风险管理

目前，固废垃圾作为一种特殊的污染源不仅破坏了生态环境，而且会危害人的身体健康，固体废弃物处理问题已成为各国政府面临的主要环境问题之一。由于我国人口众多，固体废弃物垃圾生产量大，严重影响了我国的生态环境，而且在我国固废处理行业的发展起步较晚，固废处理问题同样为我国政府带来了很大的压力。目前世界上最普遍的固废处理措施主要有垃圾填埋、焚烧和生物处理。在我国，固废垃圾处理方面具有固废处理设施老旧且地点分散，依靠政府管理和维护管理效率低下、监管难度大以及处理体系落后，不能独立运行以致对环境造成极大的破坏等特点。因此，固废不能得到循环处置，基础设施无法循环利用，选址困难，周边群众意见大，处理过程中产生的废水、废气、余热及处理后的产品大多无法加以利用，并可能造成环境的二次污染等问题。[①] 固废处理问题对于政府来说是一大难题，而 PPP 模式的发展为该问题提供了一个有效的解决途径。政府可以利用 PPP 模式将固废处理问题交给私营部门来解决，利用私营部门先进的技术、高效的运行效率以及雄厚的资本来处理固体废物，这样既有利于减轻政府的治理压力，又能够使固废垃圾处理问题得到快速的解决。

---

① 孙琦，王宝冬，李振山，等．煤电 / 煤化工废物协同处置与循环利用技术及示范［J］．科技资讯，2016. 14（10）：175-175.

第一节　风险识别

风险识别是指识别到项目存在风险以及甄别出项目风险引起的各种因素。风险识别的主要目的是找到项目中潜在的风险因素，并对若干风险因素进行分类。[①] 确定风险种类，并分析这些风险因素带来后果的严重程度。风险识别是风险管理的前提和基础，风险识别对风险进行分解，通过把复杂的问题简单化，而降低事情难度，使得更容易识别，再逐层次逐等级进行。

一、PPP 项目风险概述

风险是指未来收益的不确定性。风险会给企业带来影响，其影响结果也具有不确定性。一方面风险可能会带来负面的影响，给企业带来损失，如火灾造成的损失称为风险损失；另一方面，风险也会为组织带来正面的影响，给企业带来收益称为风险机会。项目的风险是指在项目的整个经营过程中，能够为企业带来收益的不确定性既可能为企业带来收益，又可能为企业带来损失。[②] 项目风险产生的根本原因在于从项目组织到经营过程中各种因素对项目目标产生的影响，项目风险的存在和发生会对项目预期目标的实现产生影响，最终影响到项目的收益。总体而言，项目在运营过程中风险的存在和发生会对项目预期收益的实现带来很大的不确定性，因此项目的经营管理者就需要对项目实施经营过程中存在的风险进行识别，尽可能规避项目的负面风险，同时利用风险为项目创造更多的不确定性价值。

对于 PPP 项目来说，PPP 项目中的风险是在实现既定项目目标的项目全生命周期运作过程中可能面临的各种各样的可能性，这些可能性的出现会对项目最终目标的实现产生正面或者负面的，或大或小的影响。[③] 在 PPP 模式下，政府部门和私营部门共同参与项目的建设，由于项目策划、决策、建设、运营周期长，参与合作者众多，性质各异，且项目本身特殊性的特征，

① 石晶，陈超，王刚．项目风险识别在 A 项目中的应用［J］．中国商界，2010（4）：271.

② 侯菲．QRC 公司工程项目全面风险管理体系的研究［D］．兰州交通大学，2015.

③ 王昕，潘咸华，修杰，等．基于生命周期的基础设施 PPP 项目风险分担机制研究［J］．中国工程咨询，2016（3）：37.

这就使得 PPP 项目在运行的每一个阶段都面临着项目风险发生的可能，并且各种风险均会对项目最终目标的实现造成正向或负向的影响。因此，在 PPP 项目的建设、运营和维护过程中必须加强对项目风险的监管，促进项目的健康发展，实现项目的目标。

二、固废处理 PPP 项目风险特点

由于 PPP 项目具有项目经营周期长，运行环节和阶段多，参与项目的合作者层次、性质差异较大，以及固废处理项目本身涉及的行业和项目本身具有的盈利性及外部性等特征，使得固废处理 PPP 项目在建设、运营和维护的过程中面临着政策层面、经济层面、技术层面、项目内部层面等各种各样的风险。PPP 模式本身的特点以及固废处理项目的独特性决定了 PPP 项目风险的独特性。在固废处理行业中 PPP 项目特点主要包含以下几个方面。

1. 固废处理项目的特殊性

PPP 项目都是在 PPP 模式下进行推动，拥有着相同或相似的特点，但不同的项目涉及的行业不同，因此不同行业的项目具有各自的差异和独特的特点。固废处理项目是关系到社会环保问题的项目，也是政府重点关注的问题。以往的固废处理项目多是以政府进行负责统一管理，而日益增加的固体废弃物使政府在处理中面临着很大的压力，在无形之中不仅加重了政府的负担，而且会影响固体废弃物处理的效率与质量。其次，对于固废处理项目，传统的处理方式多为垃圾填埋、焚烧和生物处理三种。一方面，该行业对技术要求较高，如果处理不好很可能对环境造成二次污染或破坏。另一方面，在固废处理技术的创新方面也要求较高，更加高效的处理方式不但会保护环境，而且还会实现废物的再次利用，但单单依靠政府的组织和管理不能够很好地做到在技术上的创新，即使将技术创新外包出去也缺乏效率，最终会减缓固废处理行业的发展进程。所以，固废处理项目在 PPP 模式下，将技术创新的压力转移给私营部门，并将技术创新转化为私营部门自己的利益输送，才能够从根本上解决固废处理项目的技术和创新问题。

2. 风险具有阶段性特点

PPP 项目风险的阶段性特点是由固废处理项目运作显著的阶段性特征所决定的，在固废处理项目的前期策划阶段、在融资招标阶段、在项目建设阶段、在项目特许经营期内的运营管理和维护阶段、在项目最终移交阶段，都会面临各种各样的风险。[①] 项目的风险会随着项目运作过程的推进而不断地变化，不同的阶段会对项目有着不同程度的影响，表现出不一样的特征。在项目面临众多的风险中，不可能对所有的风险都进行识别和规避，因此只有准确地把握和识别项目在不同阶段中所面临的主要风险并进行评价和分析，才能在风险应对策划中更准确地把握项目面临的主要风险。

在 PPP 模式下，固废处理项目的前期策划与决策阶段，私营部门是否拥有足够的资本或者是否能够融到支撑项目建设的巨量项目款是最突出的风险，而在项目的立项、报批过程中也可能会遇到经济环境和宏观政策等方面的风险；在项目设计、采购、施工等建设阶段需要面临固废处理的技术性风险、设计质量、进度与费用控制风险、质量风险是最主要的风险；而在项目特许经营期内的运营管理阶段，运营环境稳定性风险、经营境况变化风险是核心风险因素。在固废处理 PPP 项目运行和维护的过程中，随着项目处于不同阶段，各种风险因素所处的战略位置也不一样，各类风险均会随着项目的推进而呈现出不同的变化，这不仅需要项目的管理者进行风险监控和预防，也需要政府部门进行监督和管控，以保证固废处理项目稳步运行。

3. 风险承受主体不同

固废处理 PPP 项目一般建设设施及工程量大、经营周期长，而且需要经过不同的阶段很多，在项目的各个阶段参与者有很多，主要包括政府部门、社会私营投资者、融资机构、项目建设承包商、运营管理商等，不同的参与者在项目中扮演的角色不同，所面临的风险也不同。

政府部门主要负责对固废处理项目进行监督管理，不需要直接投资或只需投入少部分资金，此时政府面临的风险主要有：合作伙伴选择不当、项

---

① 夏鑫 . 上海市医用固体废弃物焚烧处理项目风险管理研究［D］. 上海交通大学，2012.

目进程延期或项目质量未达标而必须承担的损失、因运营管理不善造成的政府职能不能实现等风险。私营部门投资的主要目标是要获得预期收益，他们承担包括政治风险、市场风险、金融风险、建设风险及运营风险等在内的风险。银行等金融机构的主要目的是回收项目贷款，获得贷款利息。因此，在项目建设和运营过程中造成项目未按时完工或经营不当的一切不确定性因素，都会对贷款人产生不利的影响。

三、PPP 项目风险因素分析

PPP 项目在建设期到经营期再到最后的移交需要经历的时间很长，目前最短的项目也达到十年以上。所以，从 PPP 项目的立项到最后移交的整个项目周期内需要面临很多的不确定性因素，而由于不确定性的存在不仅使项目面临着很多风险，只有对项目面临的风险进行分类识别才能够对风险进行进一步的分析和评价，最终达到规避风险和维护项目正常运行的目的。在总结各种文献资料的基础上，PPP 项目面临的风险主要有以下几种类型。

1. 政治风险

一是政府的干预风险。PPP 项目具有很长的经营维护期，期间受到政府行为的影响。政府会因自己的职能要求或业绩要求而对 PPP 项目特许经营协议以外的因素进行干预。例如政府增加对 PPP 项目经营的产品进行增加税收，或由于社会需求增加同类项目建设等因素，都直接影响 PPP 项目经营状况，进而影响项目的现金流入，使项目陷入困境。虽说私营部门与政府在 PPP 模式下是合作伙伴关系，但政府部门在外部的影响因素会更大，政府的干预始终会影响 PPP 项目的经营。

二是政府信用风险。PPP 模式以伙伴关系作为合作的前提，公私双方需要按照合约的规定履行自己的职责和义务。一般在 PPP 特许经营协议中都会涉及政府的优惠补助，如可行性缺口补助，但由于经营时间过长，项目在未来的运营中很可能达不到预期的要求，政府的信用也成了影响项目经营的一个重要因素。

三是公众反对性风险。对于固废处理类的 PPP 项目来说，项目的选址以及处理方式会直接影响到当地居民的生活环境，特别是该类项目直接关系到居民生活环境。当项目的实施会影响到当地居民的切身利益时该类风险便会出现。

四是政治环境不稳定风险。政治环境不稳定风险主要来自一个国家国内政治局势动荡、国家政权更迭和主要领导人出现变动等情况。项目遇到这种风险的概率很小，但一旦遇到其损失是巨大的，可能会使项目合同发生变更甚至使项目直接终止。而我国政局稳定且 PPP 模式属于重点推动阶段，对于这类风险发生的概率很小，可以不考虑这类风险。

2. 法律政策风险

一是法律变更风险。我国的法律法规正处于稳步提升阶段，但是在各个方面都在完善更新之中，特别是像 PPP 项目这种经营期限较长需控制成本维持经营的项目更易受到法律政策变更所带来的风险，特别是像特许期限、担保利率和可行性缺口补助等直接关系到项目经营的因素。

二是税收政策的调整风险。政府目前为了在我国推广 PPP 模式，在签订 PPP 项目的特许经营协议时，会为社会资本方提供一些相关的优惠措施，如可行性缺口补助、税收优惠和免税政策，但这些政策不能够维持到项目结束，而是起到维持项目运营的作用。如果当项目面临税收政策调整时可能会面临更大的资金压力，进而影响到项目的运营。

三是合作合同冲突风险。在 PPP 项目中有众多的参与者，他们之间是项目的利益相关者，在项目中需要签订各种合同来维护参与者之间的关系和他们的既得利益。[①] 但由于我国 PPP 模式处于起步阶段，没有统一的合同格式来规范项目的合同，因此随着项目进程的推进可能会出现各种各样的问题，进而影响到项目的后续执行过程，这也是影响 PPP 项目的风险之一。

四是第三方违约风险。在 PPP 模式下，项目的主要参与方是政府部门和社会资本方。但是除了这两大参与方外还有其他的利益相关者，如银行、保险公司等金融机构、分包商、项目运营管理商等。在我国 PPP 模式还不完善的条件下，这些利益相关者一旦因利益条件达不到或其他原因拒绝执行

---

① 夏超尘 . PPP 项目利益相关者组织间关系研究［D］. 重庆大学，2014.

合同时，很可能会影响到项目的运作。

3. 市场风险

一是同类项目竞争风险。PPP 项目有三种主要的付费形式，一种是使用者付费，第二种是政府可行性缺口补助，三是政府付费，而主要的方式是使用者付费。PPP 模式对企业的要求是使企业盈利但不能牟取暴利，因此 PPP 项目的运营期间财务状况是非常脆弱的，一旦市场上出现竞争者，很可能会使项目面临着资金断裂的危险，导致 PPP 项目失败。

二是市场需求变动风险。市场需求是 PPP 项目所考虑的最重要的因素之一，其直接影响到投资项目的运营情况。由于运营期过长，使得 PPP 项目对市场需求更加敏感，市场需求受到人口状况、经济形势等方面因素的影响，需求的变动会直接影响到项目的现金流入。因此，PPP 项目运营期间的经营状况会直接受到市场需求变动的影响。

三是项目成本的变动。由于项目会受到经济和市场两个因素变动的影响，使得项目在建设初期原材料的价格波动，影响到项目的成本，进而影响到项目运营期账款的偿还。对于 PPP 项目来说，在低收益的特点下控制预算是非常关键的，因此项目成本的变动是影响 PPP 项目的市场因素。

4. 经济环境风险

一是利率变动风险。PPP 项目的前期建设大多是通过贷款融资，而贷款利率一般是前期确定，大部分项目采用等额本息还款法来还贷。在长时间的经营期限内，利率的变动无疑会影响到项目还贷成本的变动，增加财务风险的不可控性，由利率变化造成的损失必然会给项目增加财务负担。

二是通货膨胀风险。通货膨胀因素直接关系到项目当地居民的购买力水平，进而影响到居民的生活水平。对于 PPP 项目这种期限更长的项目来说，无疑更会受到通货膨胀的影响，会影响到项目运营期间的成本与收入。

5. 项目建设风险

一是项目设计风险。对于工程建设项目来说，设计方案的科学性、适用性，设计资料的准确性、详细程度、变更情况都是影响后续项目施工进度、质量、费用的关键性因素，项目的设计决定着项目后续的完成情况，是PPP 项目的重要风险之一。

二是项目完工风险，指由于投资方资金不到位、承包商技术力量薄弱及原材料不能及时供应等原因引起的项目不能在计划工期内按时完工的风险。其结果是 PPP 项目不能按照原来的计划运营，因而不能按时偿还银行等金融机构的贷款，导致项目成本增加，使得政府的职能得不到按时实现。

三是项目融资风险。对于投资体量庞大的公共基础设施项目来说，项目融资绝对是项目前期最重要的环节。是否能够顺利地按照既定计划融到大量所需资本，以及融得这些资本的成本与效率，对项目成本控制甚至项目成败至关重要，这与国内的经济金融市场发展情况紧密相关，也与项目融资结构的设计紧密相关。

四是技术风险。大量的 PPP 项目在项目运作过程中，特别是项目建设过程中，需要重要的技术支持，而这些技术性资料的可获得性、技术是否应用成熟，都给项目运作过程带来不确定性风险。

6. 财务运营风险

一是运营管理风险。在 PPP 项目运营期内，项目的经营收益也会受到项目运营管理能力的影响，如果在项目运作过程中管理能力不足或运营成本无法控制很可能会增加项目的运营成本，导致预期收益率下降。

二是财务风险。PPP 项目的投资来源主要由股本金和债务融资组成，在PPP 项目的建设期需要大量的资金进行运作，所以在项目的建设期内，财务预算是很重要的，如果建设过程中实际成本超过预算很多，在既定的股本金融资的投入下，只能依靠更多债务融资来解决资金短缺问题，而这种方式将会直接增加项目的经营成本甚至会让项目资金链断裂的风险。

三是不可抗力风险。PPP 项目的建设周期过长，从而导致项目面临不可抗力的概率增大。其主要包括自然灾害影响和政府政策环境的变动。在不可抗力的影响下，PPP 项目往往受到很大的打击，甚至无法继续运行。因此，不可抗力也是影响 PPP 项目的因素。

第二节　风险评估和分析

一、项目风险评估和分析的目的

风险评估和分析指的是在项目风险识别的基础上，对风险进行分析和评估，以此得到风险因素为项目带来的影响程度。风险评估和分析的目的在于建立风险评估的标准体系，在风险识别阶段获得的数据和资料经过分析和评估得出项目风险发生的概率以及引起各个后果严重程度，即事件发生可能性分级标准、事故后果分级标准以及风险等级划分标准。[①] 风险评价动态持续的一个过程，关系到风险管理工作能够常态化，从而为提前采取应对措施和正确的风险管理决策提供依据。因此，风险评价是风险管理过程中核心部分，为后续的风险分担和应对奠定分析基础，在风险评价体系中起着关键作用。

二、固废处理项目风险评估和分析的原则

在 PPP 项目运行过程中会面临各种各样的风险，再加上像固废处理这样特殊的行业更需要考虑相关的因素，因此在进行项目的风险评估和分析时，需要建立科学、合理、实用的评价分析框架，从而对风险进行全面地管理。结合固废处理行业的特点以及 PPP 项目运作的特点，固废处理 PPP 项目的风险评价分析框架需要遵循以下几个原则。

1. 科学性与系统性

对固废处理 PPP 项目进行全面的风险管理。从风险识别到风险评价，再到风险应对是一个全面性的、系统性的过程，风险分析与评价在整个风险评价体系中是一个重要的步骤，也需要从系统的角度考虑和进行操作，各个风险因素的分析与评价体系的构建要体现出系统性、科学性。在评价体系中各指标的选取上既要做到完整可靠、分类明确，又要做到相互契合不能重复。此外，在评价指标的度量上，也要与项目现实运作契合，应该结合固废处理行业的特点，全方位考虑现实社会中需要面对的各因素对 PPP 项目实施的影响。

① 王海军，史济萌．风险评估分析法在某新建项目职业病危害预评价中的应用［J］．中国农村卫生，2014（14）：43.

2. 全面性与评价可操作性

PPP 模式下固废处理项目的风险因素指标是一个完整的体系，所考虑的是项目从策划、到建设、到项目运营全过程中可能出现的各个风险因素，只有在全面性识别、分析 PPP 项目可能出现的各个风险因素的基础上，才能对项目的风险进行综合评价。在评价项目的风险时，需要结合各风险因素的实际情况进行评价。因为各个风险因素的影响到项目的结果具有一定的抽象性，有时候很难用具体的指标进行评判，所以需要考虑到各评价指标的可操作性。

3. 定性评价与定量评价相结合的原则

PPP 项目风险评价是一种系统性的，全方位的综合评价。一般性评价分析分为定性分析和定量分析两种，以及两者的结合，定性分析能够挖掘深层次的因素，评估的结果更加地全面，但是主观性较强，容易受到评价者本身的知识、经验的影响。定量分析是用直观数据描述评价结果，但是往往评价数据的获得方法比较局限，评价结果也相对不够准确。PPP 模式下固废处理项目在全生命周期运作过程中可能出现的风险不仅多样，而且非常复杂，再加上项目风险评价本来就具有的复杂性特点，单独应用定性分析还是单独使用定量分析评价 PPP 项目运作过程中的风险都会非常片面，甚至是不准确，必须将这两者结合起来。

三、项目风险评估的方法

1. 项目风险常用方法分析

从目前的研究来看风险评价的方法主要包括定性评价方法、定量评价方法以及两种方法相结合。定性风险评价方法主要用于对各个风险因素的相对影响程度进行区分，提前确定各个风险因素的可接受水平，在此基础上，确认项目风险的主要来源、确认项目风险的类型，做出相应的对策，为项目风险的定量分析提供条件。定量的风险评价方法通过量化分析确定影响程度相对较大的风险因素，量化指标确定风险发生的概率以及影响程度，并综合评价，确定项目的整体风险等级，使得制定应对风险方法和策略有了量化标准和依据。

目前对风险评价的方法主要有四种：

（1）层次分析法

层次分析法是一种多准则分析决策方法，通过分析对象的特征、性质和要求确定总目标，并按照所确定的总目标对问题进行逐层分解，分层之后，找到每个层次的因素，通过两两比较的方法确定这一层次的因素相对于上一层次目标的权重，以此类推即可得出所有因素相对于总目标的权重，重要程度、优劣次序也可以排序出来。[①] 层次分析法能够解决定性变量和定量变量的决策问题，该方法并不追求复杂的数学分析，也不强调决策的逻辑推理，而是将定性和定量决策方法有机结合起来，并利用相关专家的技术经验，使复杂的决策问题转变为层次清晰、计算简便的过程。

（2）模糊数学评价方法

模糊数学评价法是在模糊数学理论基础上进行综合评价的方法。基本原理是根据模糊数学的隶属度理论，确定隶属度函数和模糊隶属度矩阵，对风险事件进行排序，从而对被分析对象的优劣程度进行综合评价的方法，是定性评价转为定量评价的一种方法。该方法的优势是系统性强、逻辑合理、结构清晰，对于难以量化的模糊问题能够较好地处理和解决，所以较适合分析非确定性问题。但是该方法进行风险评价的时候可能会出现下列问题：首先，如何确定隶属度；其次如果在评价过程中，隶属度发生变化，那么会影响结果的改变；第三，利用的波动信息不充分；最后就是该方法存在的其他争议。

（3）蒙特卡洛模拟方法

蒙特卡洛模拟方法是利用计算机和统计理论，对风险发生概率或风险损失数值进行研究和计算的一种方法。蒙特卡洛模拟方法的优势是，可以通过数学模拟出危险性系统、耗资额巨大的实验或者通过实验手段无法出现的自然过程以及复杂过程的结果。但是蒙特卡洛模拟方法在风险评价中可能会存在以下问题：首先，评价工具的好坏标准的确定；其次，对风险评价中的不确定性问题

① 李安云. 层次分析法在工程项目风险管理中的应用［J］. 重庆科技学院学报（社会科学版），2005，2005（3）：55–59.

还需进一步讨论；最后，对项目各参与主体对风险所持的态度研究空缺。

（4）敏感性分析法

敏感性分析评价法主要应用于工程经济中的不确定分析问题上，主要思想是在项目中确定性分析的基础上，对项目中的不确定性问题、对项目经济效果的某些影响度进行分析评价。[①] 敏感性分析评价法也常见于项目风险评价分析问题上，主要是研究分析项目运作过程中可能出现的各个风险因素对项目目标的影响程度，通过各风险因素对项目目标的敏感性大小进行表示。敏感性评价分析方法依据所分析的研究因素的数量可划分为单一因素敏感性评价分析和多因素敏感性评价分析。

2. 项目风险分析方法选取原则

上述几种方法是在项目风险评估中常用的几种方法，每种方法都有各自的特点与局限性。因此，选择项目评价方法时不但需要结合项目本身的特点，还需要结合方法的侧重点及优势。在选择评价方法时，需要考虑到以下几个方面。

（1）资料的易得性

PPP 项目的风险评价需要相关项目的资料和基础数据作为评价分析的基础信息，不同的评价方法对信息的要求也不相同。在蒙特卡洛模拟和敏感性分析方法下，需要很多的基础数据进行模拟，但由于我国 PPP 模式发展起步较晚，适用的 PPP 项目的数据基础量小，很难满足这两种方法的条件。另一方面，在固废处理 PPP 项目中，我国现有的项目案例较少，因此只能通过专家的经验来判断，进行风险评估，并不断完善项目的资料。

（2）评价分析的难易程度

在选择评价分析方法时，需要注意评价技术的研究分析，在进行评价分析时，不仅要科学、合理，而且分析过程应该尽可能地简单、易懂，分析的结果更加符合项目的实际情况，最终选择最适合的方法进行风险评估。

（3）评价结果的有效性

项目风险评价分析的最终目的是风险评价结果是否有效，所建立的 PPP

① 杨蕤 . 不确定性分析在公路工程经济评价中的应用［J］. 西部探矿工程，2011，23（2）：216–218.

项目风险评价模型得到的结果要能达到风险评价的目的，解决需要研究分析的问题。对于敏感性分析评价法来说，只能分析主要的风险因素对 PPP 项目的影响程度，无法分析出风险出现的可能性大小，因此不能综合评价一项风险对项目运作及项目目标的影响，需要寻找更加全面评价风险的评价方法。

四、项目风险评估与分析框架

按照 PPP 项目风险评估的目的与原则，可以围绕固废处理 PPP 项目的不确定性因素构建 PPP 项目评估和分析指标体系，然后按照所构建的分析框架对项目的风险进行进一步的分析和评估。按照对 PPP 项目风险因素的分析，可以将固废处理项目的风险指标分为三层指标。

一级指标	二级指标	三级指标
固废处理 PPP 项目风险评估分析	政治风险	政府干预风险
		政府信用风险
		公众反对风险
		政治环境不稳定风险
	法律政策风险	法律变更风险
		税收政策调整风险
		合作合同冲突风险
		第三方违约风险
	市场风险	同类项目竞争风险
		市场需求变动风险
		项目成本变动风险
	经济环境风险	利率变动风险
		通货膨胀风险
		项目设计风险
		项目完工风险
		项目融资风险
		技术风险
	财务运营及其他风险	运营管理风险
		财务风险
		不可抗力风险

根据以上项目风险评估指标体系可以清楚地看到项目面临的各种风险指标，在进行固废处理 PPP 项目的风险评估和分析时，可以按照上述指标结合专家的主观评价进行综合评价分析。

第三节　风险应对和分担

风险分担也是风险管理的重要环节，是对项目中存在的风险因素在参与主体之间进行分配的过程，如何选取合理的风险分担的比例配比，每一个参与主体承担的风险种类，参与主体承担风险的大小，如何在项目建设过程中实现最佳时机的风险分担，并采取哪种具体的方式进行分担风险，都是风险分担需要研究和分析的问题。[①]

一、风险应对的方法

在对固废处理 PPP 项目进行风险识别和评估的基础上，需要对风险评估的结果进行进一步的分析和总结，最终要找到风险应对的方法来规避风险。风险应对和分担是风险管理的最终目的。而选择正确的应对方法也是应对各种风险的关键所在，在风险管理理论中最常见的风险应对方法有风险规避、风险转移、风险减免、风险分担和风险自留五种。[②]

1. 风险规避

风险规避指的是在风险事件发生之前，通过采取一定的预防措施，改变项目原来的目标或改变事态发展的路径，以此达到规避风险的发生，达到规避风险的目的。在 PPP 项目建设阶段，风险规避是避免项目发生风险的主要方式之一，私营部门在项目建设的过程中多会采用风险规避的方式来避免风险。

在固废处理项目进行风险评估和分析以后，如果项目在建设实施过程中将会面临造成重大损失的风险，项目管理者可以根据风险评估的结果来改变甚至终止项目，以此达到规避风险的目的。例如，在固废处理项目中，固废处理设施安置选址时，就可能会面临公众反对的风险，此时如果强行安置

---

① 张俊英 . 工程项目风险分担理论在合作创新风险管理中的应用研究［D］. 兰州理工大学，2011.

② 刘光辉 . 建设单位在项目实施中的风险管理应对措施设置［J］. 中国科技纵横，2010（22）：175–177.

会造成不好的影响，因此项目管理者就可以选择改变安置点的方法来规避此类风险，使项目正常进行。

2. 风险转移

风险转移是指将原有风险转嫁给其他的风险承担主体。在风险转移过程中只是承担主体发生了变化而风险的性质和大小并没有发生变化。

在固废处理 PPP 项目中，风险转移的方式主要有两种，即购买保险和担保。购买保险是由保险公司或参与项目的金融机构来承担项目的部分风险。项目管理者可以将自身不能承受的风险全部或部分转嫁给保险公司，例如可以将项目中不可避免的不可抗力风险以购买保险的形式将风险转移给保险公司。担保的方式是指将风险部分转移给承销商或者信托机构，当项目发生风险时，把部分风险转移出去来减轻项目管理者的压力。

3. 风险减免

风险减免是指在项目面临的风险发生之前，通过有意识的采取一些预防措施来降低风险发生的可能性或完全规避风险，从而达到减少或避免经济损失的目的。风险减免措施主要有事前预防和事后减免两种。

事前预防是在项目建设之前采取一定的措施来减少风险发生的可能性，属于主动控制风险。其主要的操作方式是建立相关的项目风险管理体系，通过定期对项目建设人员进行风险教育、培养风险意识等措施，达到降低风险发生的目的，减少风险损失。事后减免指的是通过财务预算增加部分项目的预留金或风险救助金。当项目发生风险时起到一定的弥补作用，在一定程度上减少项目遭受的损失。

4. 风险分担

风险分担是指项目在实施运营过程中出现的风险由合作方一起承担项目可能发生损失的风险。风险分担也是 PPP 模式最大的特点和优势之一。在固废处理项目中，由政府和私营部门一起承担项目中可能发生的风险，通过参与方签订合同的方式明确在项目中各自承担的风险，这样更有利于避免因风险而造成的项目的损失。

5. 风险自留

风险自留指的是项目的参与者主动承担风险的一种风险处理措施。在一般情况下，项目的参与方都不希望主动去承担风险，最希望的是将风险转嫁给其他参与者，但在有些情况下，参与方会选择主动承担部分风险。例如，当处理风险所需要的的费用大于承担风险所付出的代价时，或者当这部分风险能够给项目带来收益时，项目管理者会主动承担着部分风险做到项目收益的最大化。在一定程度上，风险自留也是项目管理者在利用风险的一种表现。在利用风险时，需要注意风险的可控性，在可控的范围之内寻找能够为项目带来利益的机会。

二、风险分担的主体

1. 政府公共部门

政府等公共管理部门是 PPP 项目的发起者和监管者。政府一般会对需要提供的社会设施建设和服务进行立项并对项目进行可行性初步研究，并组织私营部门进行招标，把目标项目委托给适宜合作和有胜任能力的私营部门或组织，签订项目协议对合作双方划分责任和义务。与此同时，政府部门必须负责整个目标项目的监督协调工作，扮演着监管者的角色和起到协调各方的作用。由于政府是 PPP 项目的主要发起者，所以政府部门是项目风险的主要承担者之一。

2. 私营部门

私营部门主要包括有胜任项目能力的建筑公司以及一些专门的投资机构等。私营部门是政府部门主要的合作伙伴，是 PPP 模式中主要的参与对象，主要负责资本引入和项目公司的组建，项目实施的各个阶段都由私营部门的投资者组成的特许经营公司承担绝大部分的任务。私营部门是项目建设的主体、投资的主体也是项目风险的主要承担者。

3. 金融机构

在 PPP 项目的实施过程中，金融机构是不可缺少的参与者，主要包括银行、保险公司、基金公司和信托公司等。金融机构的存在，是保证项目能够平稳运行的关键。银行、基金公司是私人部门资金的供给对象，是目标项目的主要资金来源，保险公司和信托公司则是为项目建设提供资金担保并能够要求获取相应的利润。而政府也可以跟保险公司进行合作为其提供一些担保协议，以此最大限度地分散风险，因此，金融机构是 PPP 项目主要的风险转移对象。

4. 建设承包方

绝大多数 PPP 项目的建设承包方是该项目的主要投资方，也就是所谓的私营部门，主要是一些大型的项目建设公司、项目管理公司负责建设。在一些特殊的 PPP 项目中，某些特定领域的子工程需要特定的建设方进行承担。因此，此时的建设承包方可以分派给其他的建设方实施建设，承包方在承担工程的建设时同样也为项目管理者分担了部分项目建设中的风险。

5. 运营商

运营商既可以是社会资本方特许经营公司自己指派分配的人员组成，也可能是社会资本方根据自身情况另外招标的专门负责运营的公司。有些 PPP 项目由于专业性或者规模过大等原因，单单依靠特许经营的项目公司无法进行全部的运作，因此也可能把部分的项目运营权外包出去，相应的运营商承担了部分项目在运营中出现的风险。

三、风险分担的原则

在 PPP 模式下固废处理项目风险分担最理想的结果是，将风险分配给每一个风险承担主体之后，风险分担的各个单位都能够独自的承担和应对项目中可能承担的风险，而且风险分担主体的风险管理成本最小，发生风险的概率最低。[①] 在 PPP 模式下合理的分配风险，能够大大降低项目中风险发生的概率，提高项目的收益。因此，要使固废处理项目中的风险得到最优配置，就必须确立项目中风险分配到原则，确保项目中风险分配的合理性。

---

① 陈永辉. 基于 PPP 模式的基础设施工程项目风险分担研究［D］. 华北电力大学（北京），华北电力大学，2013.

1. 风险与收益相匹配原则

在 PPP 项目风险分配中，应该遵循风险与收益相匹配的原则，即收益较高的参与方应该承担更高的风险。当面对某一个或一类风险时，其承担主体应该是在控制该风险时能够获得最大的经济利益。例如在开展固废处理 PPP 项目时，政府可以通过项目实现管理职能，将固废处理的经营权转移给私人部门，享受免去固废处理问题的既得利益，那政府就必须承担某些政治风险。私营部门在获得固废处理的特许经营权时，享受在特许经营期内项目带来的收益，但就必须承担特许经营期内的市场风险和经济风险。

2. 风险与控制力相匹配原则

在面对风险时，应该由控制该风险最强的一个承担主体承担。控制能力较强的风险承担者更容易控制风险，更善于利用风险将风险转化为机遇，而且还能够控制项目的风险成本。例如政府部门更适合承担政治风险，私营部门处于市场环境中，对市场风险更为敏感，更有利于对市场风险进行掌控。金融机构更多承担经济形式变换带来的相关风险。该原则的最终目标是使各参与方达到互利共赢的局面。

3. 风险管理成本最小原则

风险管理成本最小原则是指在众多的风险承担者中间，应该选择管理风险能力最强、更善于管理某一类风险的参与方承担该类风险。在管理风险时，每一类风险都需要考虑控制风险的成本，如果某一参与方能够准确、及时、有效地以较低的成本控制风险，则应该由该参与方承担此类风险。

4. 风险与参与度相一致原则

在固废处理项目中，项目的参与方主要有政府、私营企业、银行等金融机构、承建商和运营商五个参与主体。由于他们在项目中的参与方式不同，在项目中扮演的角色也不同，所以会导致各方在项目中参与的力度也不同。所以，原则上，参与程度较高的主体承担的风险也应该较大。例如，政府部门和私营企业是 PPP 项目的主要参与方，所以二者应该承担大部分的风险。

四、风险应对和分担的措施

在明确了风险分担的方法、主体与原则之后，应该选择恰当的风险应对决策对项目中的风险进行管理。风险应对和分担也是 PPP 项目风险管理体系中的关键环节，在风险分担的措施中既要考虑到风险实际发生的概率，还要考虑到决策可能对项目造成的后果。因此，在选择风险应对和分担决策的过程中，需要根据项目的实际情况来选择最为恰当的风险应对措施。

1. 政治风险应对措施

在 PPP 项目的实施过程中如果遇到因政府信用、政府干预，甚至政治时局动荡等风险时，项目可能会遭受到很大的打击。特别是像固废处理类的 PPP 项目，在我国还处于探索阶段，没有成熟的经验可以借鉴，另一方面，固废处理类项目与政府的职能关系密切是政府关注的重点。因此，固废处理类 PPP 项目需要更加注重防范政治风险。根据风险控制的原则，在风险的承担主体中政府部门对政治风险的控制能力最强、控制成本最小。因此，政治风险是政府承担的主要风险。

一是为项目寻求政府担保。在项目成立之前，私营部门应该考虑到项目在建设运营中可能出现的风险问题，如政府的干预行为或政府失信行为可能会给项目带来损失。因此，在签订政府协议时，应该将可能发生的政治风险，以及发生风险时需要政府的补偿等情况进行说明，让政府承担部分责任。一旦此类政治风险发生，项目公司则可向政府要求一定的补偿或者要求政府承担一部分的风险损失。

二是为政治风险寻求担保。除了政府部门承担政治风险以外，项目公司还可以让第三方公司提供担保，利用风险转移的方法将风险转移给其他的项目参与方。当政治风险发生时，由第三方公司来承担部分政治风险，尽量将风险分散化。

三是寻求国际化的合作。除了要求政府担保或承诺之外，还可以为项目引入国际化的合作以减少政治风险带来的损失。在项目中，如果有国际公司的介入，政府部门因考虑自己的国际影响和信用问题，会尽可能地减少政治类风险的发生机会。

2. 法律政策风险应对措施

在 PPP 项目协议签订的过程中，政府部门、私营部门、金融机构等部门之间都是通过合同或协议的方式联系起来的。因此，在项目运营的过程中要注意防范法律政策以及合同方面的风险。

一是在法律与政策方面的风险需要寻求政府部门的担保。无论是法律的制定实施还是政策的调整，都是政府部门根据情况调整，其中不缺乏项目与法律政策冲突的可能性。一般 PPP 项目的特许经营期限较长，政府在制定法律政策方面不可能一成不变，所以在 PPP 项目协议签订时，可以寻求政府在合作中进行担保。例如可以在税收优惠、项目补贴等方面在协议中固定下来，保证项目在一个良好的政策环境中运行。

二是项目公司授权对项目建设，授权运营公司对项目进行后续的运营以及项目公司从银行贷款，都是以合同为基础的。针对不同参与方，不同项目过程中出现的风险，都应当在合同中标明来对预期风险进行有效地规避，无论是合同冲突风险，还是第三方违约风险，都需要合同签订双方进行提前注明，讨论遇见风险时可能的情况及具体的应对措施，从而达到有效规避风险的目的。

3. 市场风险

固废处理类的 PPP 项目具有一定的特殊性，该类项目的主要收入来源是政府付费。因此，在市场风险中，政府的干预行为会影响到项目的收益。所以防范市场风险，需要事先做好预测和项目的可行性分析。

一是与政府签订长期购买协议，并确定好产品或服务的定价策略。长期购买协议具有长期服务性和担保性，为项目运营时所需的市场需求量提供一定的保证。市场风险的来源之一就是需求量变动会对项目的收益产生影响，因此，通过与政府签订购买协议可以有效地控制市场需求风险。在我国，产品的定价方法主要有两种：固定定价和成本加酬金定价。这两种定价方法都允许项目投资者根据当时的市场变化情况，对产品的价格做出适当的调整。

二是申请政府的价格调整机制。项目运营以后，可以通过政府的价格调整机制即上调运营价格，以应对因实际的市场需求低于预期的市场需求而给运营公司带来的亏损。还可以申请政府补贴，通过可行性缺口补助的方式弥补项目的亏损，保证项目的正常运行。

三是申请项目特许经营权利，要求政府限制周边出现同类的竞争项目，以避免因同类项目的出现而带来的竞争风险。

4. 经济环境风险应对措施

在经济环境风险中，PPP 项目面临的主要风险是利率风险和通货膨胀风险，因此在风险应对措施中应该重点考虑两种风险带来的影响。

一是通货膨胀风险的应对措施。PPP 项目可根据某种当地通货膨胀的指数，定期调整产品或服务的价格，以应对物价上涨带来的损失，或者提前与政府约定未来很长时间内的购买服务的价格，防止价格随通货膨胀因素波动。

二是利率风险应对措施。利率风险一般涉及到项目中金融机构与供货方两个参与主体。一方面，项目公司可以与供货方达成协议，以约定的价格购买项目建设所需的原材料，防止利率波动导致物价波动对企业造成的影响。另一方面，利率风险同样存在于金融机构的贷款及担保方面，此时，项目公司可以根据对未来现金流量的预测，采用一些方法以浮动利率转换成固定利率的方式，提高项目的折现率进行贷款的偿还来降低利率风险。

5. 项目建设风险

一是保证工程项目按期完工。项目公司应对项目实行全过程的监督与控制，保证项目的顺利进行。在固废处理项目的建设过程中，由于不确定因素的发生，可能会引起多次设计变更，设计单位应及时修改或调整设计方案，以保证项目工期。对于此种风险，项目公司应与设计单位共同分担。此外，项目公司应对承包商进行严格地管理与控制，并制定相应的质量保证体系，增对项目施工质量进行层层把关，保证项目严格按照施工进度计划进行，以此保证项目的质量。项目的质量风险应由项目公司和承包商共同承担。

二是技术风险的应对措施。技术风险是项目建设风险中不可忽视的风险之一。在固废处理项目中，技术风险包括项目建设过程中的技术风险和固废处理过程中的技术风险。在项目建设过程中的风险可由项目公司和承包商等建设公司共同承担。此外，固废处理项目对垃圾处理的技术要求较高，处理不当会造成环境污染等一系列的问题，由于该部分风险发生的概率较高，此类风险应该由项目公司、运营商以及保险公司共同分担，尽量将风险损失降到最低。为了保证项目的实施以及减少技术风险带来的损失，项目管理者应选择稳定、可靠、适用的施工工艺和技术设备。

6. 财务运营风险的应对措施

一是运营风险的应对措施。固废处理项目建成后，在项目运营期内，项目公司选择经验丰富且有良好信誉的项目运营管理商，以保证项目的正常运营；与政府单位签订购买协议，并确定好产品或服务的定价策略，以应对市场需求变化、产品服务价格变化带来的风险；定期进行设备维护，若因维护费用问题而忽视设备的维护，当出现设备损坏时，所需维修成本更高。

二是财务风险的应对措施。一方面，由于 PPP 项目运营时间很长，对项目未来的现金流的预测必然会出现偏差，因此项目会面临资金链断裂的风险。在这种情况下，项目公司可以采用提高折现率或者增加风险担保金的措施避免，同时政府应该提高项目最低运营担保，必要时提供可行性缺口补助，帮助企业维持项目运行。另一方面，项目在建设过程中，也面临着融资风险。由于项目是由项目公司出资建设，巨大的成本负担很可能使项目公司入不敷出面临破产的风险。为了避免这类风险，政府应该寻找资质良好、财力雄厚的企业进行合作。另外，还可以寻求金融机构的担保，保证项目的建设，由金融机构承担部分风险。

三是不可抗力风险的应对措施。此类风险属于不可避免的风险，当此类风险发生时很可能会给项目带来毁灭性的打击，此类风险只能通过保险公司担保的方式进行风险预防，但这种措施只会给项目公司减小损失，不能够为项目带来本质的变化。

第四节　风险控制体系和机制

风险控制指的是风险的监测和控制，它是一个追踪已经识别的风险，识别、分析和规划新的风险，重新分析现有风险，审查风险应对策略的实施并对其结果进行评估的过程。[①]

① 聂丽云．论商业地产项目风险源分析与风险控制措施［J］．建筑知识：学术刊，2014：187–187.

一、风险控制体系的作用

风险管理体系是一个系统的动态过程。风险管理的目的在于在风险发生之前对风险进行控制，尽量将风险发生的概率控制到最小或发生风险时产生的损失降到最低，最终实现项目收益的最大化。风险管理过程主要包括风险识别、风险评估、风险分担和风险控制。而最终环节是风险控制，它将另外三个环节紧密联系起来，共同构成了项目管理体系。

风险控制体系能够保证整个项目面临的风险在一个可控的范围之内，使其达到预期的目标和效益。项目实施的过程是一个动态的过程，其中的风险也是一个动态发生的过程，随着项目的进行，有的风险消失或者减少了，而项目中可能会产生新的风险，所以风险因素的不断变换，就要求对整个项目的实施不间断地风险控制。

风险监控体系能够使项目管理更加有效率。最大程度地降低风险事故发生概率，最大程度地减少风险带来的损失并尽可能利用风险带来收益。在风险监控的过程中能够不断地调整项目中可以规避的风险，使项目朝着更健康的方向发展，最终会提高项目的建设和运营效率。

二、风险控制体系的流程

在风险控制的过程中需要遵循一定的流程，这样才能够在多样化的风险中做到有条不紊，顺利的进行风险识别、评估分担和控制。

在进行风险控制时，第一要在风险分析和评价的基础上开始进行风险控制。风险控制开始前，首先要判断风险是否存在，如果风险存在，则将存在的风险因素列入风险因素，将风险因素进行评估和分析，用以研究风险等级及应对策略。第二，风险规避是风险应对方法中首先要考虑的方法。当风险无法规避时，再考虑风险分担、风险转移、风险减免等其他风险应对措施。第三，风险转移主要有两种方式：担保和保险，对于无法规避、分担的风险均可考虑风险转移，将风险转移给其他项目参与方，剩余风险再进行考虑风险减免。第四，风险减免主要有事先预防和事后减免两种措施，事先预防措施可以在某种程度上杜绝风险的发生，而事后减免措施可以尽可能地在风险发生后，减少风险带来的损失。最后考虑风险是否可以自留，在风险无法避免和风险能够为项目带来一定的机遇时选择风险自留。

风险控制体系的风险控制流程如下图：

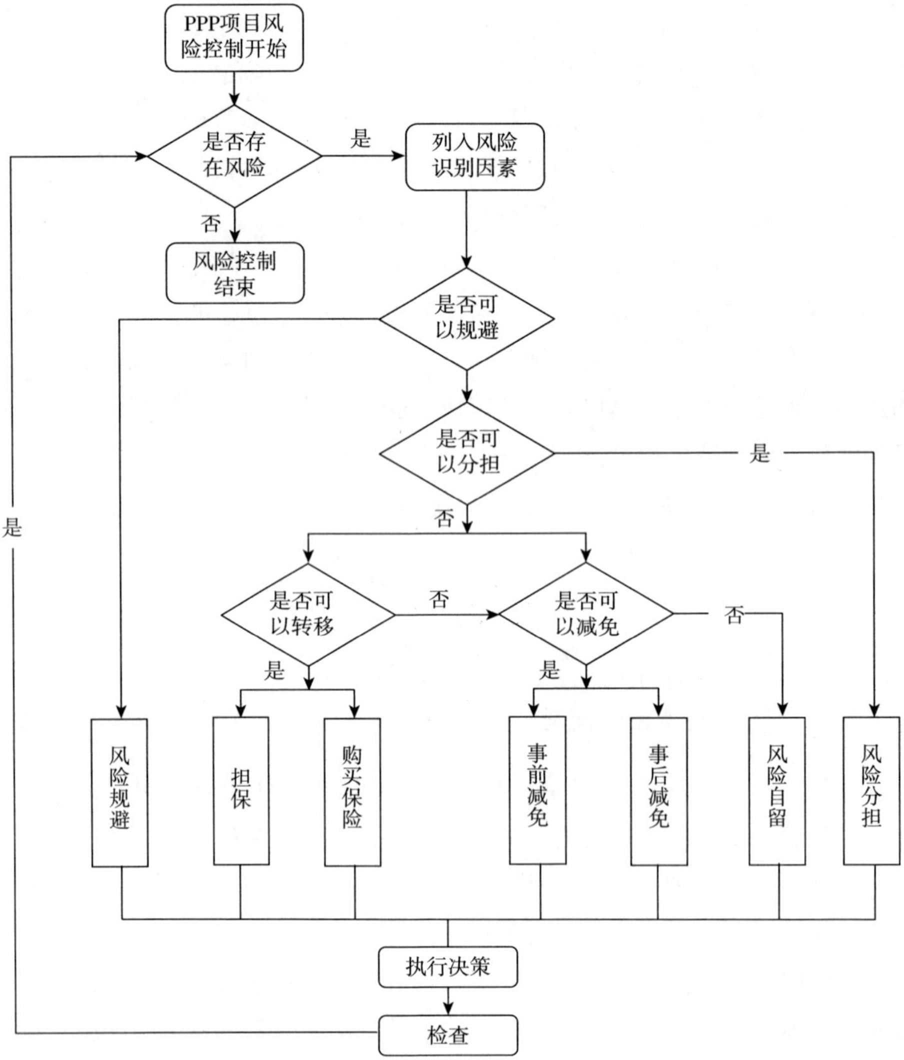

三、风险控制机制的完善

1. 建立和完善统一的 PPP 模式政策和法规

目前，我国 PPP 模式相关的法律法规还不够完善，并没有专门针对 PPP 模式的相关立法。当项目出现风险时，只能通过采取一些相关的法律法规来应对。要想使 PPP 模式在我国得到长久稳定的发展，需要明确的法律法规来做法律上的支撑，并以此界定 PPP 项目设计、建筑、运营、管理等各个环节所涉及到的参与主体相互之间的风险，这样才能有法律的支持和保障。因此，一部完善的 PPP 项目法律就显得尤为重要。PPP 模式在我国应用越来越广泛，参与主体众多，涉及的问题越来越多，矛盾和争执也不断出现，项目时间较长，项目投资额较大，众多风险需要识别、评价和分担，这都需要国家立法机关制定法律规范。

在风险分担过程中，政府部门以其绝对优势出价，私人部门处于劣势地位，所以在 PPP 立法中，应用法律规范约束政府行为，保证私人部门的权利，限制政府部门的自由裁量，这样两部门才能形成长期、稳定的合作关系，才能实现两部门之间的合理风险分担、权利分配，充分发挥 PPP 融资模式的优势作用。

2. 完善 PPP 模式的准入机制

完善 PPP 模式的准入机制是完善风险监控机制的前提。只有完善 PPP 模式的准入机制才能够甄别适合的私营部门的合作者，使项目得到顺利地实施，减小项目经营期间风险发生的可能性。

一是要放宽私营部门进入 PPP 项目的准入机制。在资本方面，私营部门和政府部门应该有平等的地位，双方的待遇公平，有相关的政策保障私营部门参与 PPP 项目建设，吸引私人资本参与 PPP 项目建设，搭建完善的融资平台，为私营部门提供简便易行的融资渠道。尽量放宽准入 PPP 项目的限制条件，进而较多地吸引私人资本参与 PPP 项目，使得项目投资多元化。

二是严格规范特许经营的准入资格。政府部门选择合作伙伴时，应该遵循公正、公平、公开的原则，摒除暗箱操作的行为，严格规范特许经营的准入资格和准入许可制度。选择投资商和建造商，对其信用进行考察。PPP 项目中各项程序要标准化，这样才能避免延误工期，减少参与主体之间的纠纷，降低风险。

3. 形成有效的监管机制

PPP 项目是公私合营的融资项目，在引入私人资本时，应当建立有效的监管机制，并且此监督机制应当具体化、量化指标，使得项目程序有章可循。监管机制主要包括价格监管、安全监管、退出监管。

一是价格监管。当涉及到产品价格时，就会关系到其利润，所以在价格监管方面应该加强，比如在定价时采用价格上限机制，举办价格听证会等，提取社会各方的意见，咨询相关的专家，为合理制定价格提供意见。

二是安全监管。从 PPP 项目的建设到运营，应该做到事前、事中、事后监管。对项目建设开始时，就应该着手监管，避免偷工减料、违反基建程序、盲目缩短工期等风险的发生。在项目建设过程中，就应该全面监督。在项目建设完成后，就应该保障安全运营，制定安全应急方案，明确各部门安全责任等，使得风险管理形成系统。

三是退出监管。由于 PPP 项目的特殊性，因此应该有合理的退出机制。当投资者的特许经营期到期之后，退出过程应该确保设备、资产等按照合同移交，并上交相关资料，为以后提供信息。当出现非正常退出事件时，例如违约风险，应该按照法律、法规的规定进行，将风险危害的程度降到最低。

4. 专业化管理机构与复合型人才

从 PPP 项目立项到项目建设、运营等整个项目过程中，涉及的内容广泛，工程系统复杂，政府部门和私人部门应该形成良好的合作关系，相互协调，优势互补，为 PPP 项目正常运作形成专业化管理机构。[①] 在起草文件、筹集资金、合同谈判、风险分担、收益分配方面要找到复合型人才，熟悉相关的政策法规，有运用法律、金融、管理、财务等专业知识的人才，还要有一定的 PPP 项目经验，素质水平比较高。复合型人才和专业化管理机构是风险管理不可缺少的条件，而目前我国在这方面的资源还相对紧缺，所以应该重点对此进行培养和发展。

① 顾林琳 . PPP 运用于基础设施建设的运营机制与模式研究［D］. 南京农业大学，2011.

参考文献

［1］孙琦，王宝冬，李振山，等. 煤电 / 煤化工废物协同处置与循环利用技术及示范［J］. 科技资讯，2016，14（10）：175–175.

［2］石晶，陈超，王刚. 项目风险识别在 A 项目中的应用［J］. 中国商界，2010（4）：271.

［3］侯菲. QRC 公司工程项目全面风险管理体系的研究［D］. 兰州交通大学，2015.

［4］王昕，潘咸华，修杰，等. 基于生命周期的基础设施 PPP 项目风险分担机制研究［J］. 中国工程咨询，2016（3）：37–39.

［5］夏鑫. 上海市医用固体废弃物焚烧处理项目风险管理研究［D］. 上海交通大学，2012.

［6］夏超尘. PPP 项目利益相关者组织间关系研究［D］. 重庆大学，2014.

［7］王海军，史济萌. 风险评估分析法在某新建项目职业病危害预评价中的应用［J］. 中国农村卫生，2014（14）：43–45.

［8］李安云. 层次分析法在工程项目风险管理中的应用［J］. 重庆科技学院学报（社会科学版），2005，2005（3）：55–59.

［9］杨蕤. 不确定性分析在公路工程经济评价中的应用［J］. 西部探矿工程，2011，23（2）：216–218.

［10］张俊英. 工程项目风险分担理论在合作创新风险管理中的应用研究［D］. 兰州理工大学，2011.

［11］刘光辉. 建设单位在项目实施中的风险管理应对措施设置［J］. 中国科技纵横，2010（22）：175–177.

［12］陈永辉. 基于 PPP 模式的基础设施工程项目风险分担研究［D］. 华北电力大学（北京），华北电力大学，2013.

［13］聂丽云. 论商业地产项目风险源分析与风险控制措施［J］. 建筑知识：学术刊，2014：187–187.

［14］顾林琳. PPP 运用于基础设施建设的运营机制与模式研究［D］. 南京农业大学，2011.

第八章　案例介绍和分析

案例一　大连市城市中心区生活垃圾焚烧处理项目

大连市城市中心区生活垃圾焚烧处理 BOT 项目规模为全年日均处理垃圾 1500 吨，采用机械炉排炉工艺。项目负责处理大连市中山区、西岗区、沙河口区、甘井子区和高新技术园区的生活垃圾。项目把垃圾处理厂的地址定在大连市甘井子区拉树房村，占地面积约 7.7 万平方米。大连市政府授权大连市城建局负责垃圾处理项目的开展，通过比较择优，最后大连市政府选择了 BOT 模式，通过公开招标的方式选定项目投资人。整个项目实施过程中，投资人按照法律程序成立了项目公司，负责项目的投资、设计、建设和维护等工作，在 27 年的特许经营期满后，把项目设施再完好无偿地转交给大连市城建局。

一、项目概况

实际上，在 2003 年的时候大连市政府就尝试采用 BOT 模式开展本市的垃圾处理焚烧项目。在当时的情况下，市政府没有想到借助招商顾问等专业人才的协助，在缺乏充分咨询的条件下完全靠自己来进行公开招标活动。当时计划采用的焚烧垃圾工艺为流化床工艺。确定中标投资人后，项目的运行并不顺利，相反却几经曲折最终停滞失败。主要原因是政府与中标企业之间的后期谈判太过漫长和频繁，前后长达5年进行过十多轮，并且谈判达不成共识，中标企业对垃圾处理补贴费的要求不断上涨，从最开始的60多元上涨到100多元，最终政府与中标企业因特许经营协议中的若干关键条款难以形成共识而使得项目失败。

1. 项目的运作过程

项目重新开始后，大连市城建局深刻反思，总结了上次项目失败的原因及教训。这一次，除了有大连市政府的大力支持，而且联合相关单位聘请了招商顾问和法律顾问等专业技术人才。通过总结反思得出，上次项目失败的主要原因有以下几个：① 政府低估了项目招标的复杂性，缺乏专业人才的指导；② 没有看到法人招标与工程招标的本质区别，直接复制工程招标的方法思路等；③ 招标文件不完善，缺乏最为重要的特许经营协议和其他关键条款，因而造成后期谈判冗长而难度加大，政府与中标企业在关键问题上难以达成共识，谈判无果。失败乃成功之母，大连市城建局这一次严格要求自身，努力做到思虑周全，不仅聘请招商顾问等专业人才，而且协同整个团队积极研究借鉴国内外其他垃圾处理BOT项目的成功经验，在此基础上，弄清楚项目的实施条件并严格落实，整理归纳出项目运营过程中存在的关键事项，认真编制了转让文件、评审办法和特许经营协议等重要内容，力图把招标文件做到全面而严谨。

项目再次启动和运营中重点完成了以下几项工作：

（1）更换垃圾处理焚烧工艺。在上一次的项目运作中，政府与中标企业选用焚烧垃圾的工艺是流化床工艺。然后时过境迁，技术也不断进步和完善，通过调查研究近些年来国内其他项目的运行情况，大连市城建局发现焚烧垃圾的主流工艺是炉排炉工艺，这个工艺也受到了住建部的推崇，因此市政府最终决定更换垃圾处理焚烧的工艺，采用更先进的炉排炉工艺。

（2）认真研究并落实项目条件。项目条件有很多，主要有：明确项目中政府与中标企业的分工，确定合作双方在项目运营中的负责内容；对项目中产生的一次性渗滤液和飞灰等副产品做到一次性解决；由于目前公众对垃圾处理行业提出了愈发严格的环保要求，项目决定执行欧盟 2000 工业废气的排放标准，严格控制烟气中二噁英的排放；在关键技术的研究上，招商顾问专门求助于行业方面的专家来针对相关技术工艺展开专题研究，这在很大程度上确保了项目实施的科学性、合理性。

（3）搜集大量项目基础资料，重视对投标人进行现场考察。市政府在招商顾问的指导下，详细了解投标人的诉求，陪同投标人进行深入的调查研究，尽最大努力认真解答投标人带有的疑问，不怕繁琐，争取使投标人对整个项目的基本信息有个严密准确的掌握，只有这样才可以在未来尽量减少双方理解和认识上的差异，促进政府与投标人达成有利共识。

（4）以“暗标”形式制作技术方案，最大限度地确保客观与公平。暗标方案中必须避免出现任何与投标人身份有关的标志、符号或者文字，以此来规避评委会成员在评标过程中对某个投标人有意暗中协助。其制作过程很复杂，稍不严谨就会造成投标作废，所以招商顾问必须具备很强的技术才能。

2. 项目的实施情况

2009 年 2 月 5 日，在大连市建设工程的交易中心大连市城建局发布了项目招标公告，同时以随机抽签的形式确定了评价专家，大连市监察局的有关工作人员负责随机抽签过程的监督。通过严格的综合评审和澄清谈判，大连市城建局最终确定天津泰达环境有限公司和中国恩菲工程技术有限公司共同中标。中标的垃圾处理价格 51 元 / 吨，不到上一次招标时中标人要求价格的一半，招标结果大大优于政府预期。

2009 年 7 月 17 日，大连市城建局和中标人——天津泰达环保有限公司 / 中国恩菲工程技术有限公司联合体起草签订了特许经营协议。

二、经验总结

大连项目的成功运作是在深刻理解行业惯例和投资人需求的基础上，政府与招标顾问密切配合的成果。

1. 招标文件内容完整齐全。上一次招标之所以历经长期无效的后期谈判最终无果而终，是因为招标文件不完善，缺乏关键协议的编写，仅仅含有《投标人须知》，却忽视了《特许经营协议》的制定。许多关键条款的缺失给政府与中标人带来复杂繁琐的后期谈判，而且谈判结果很难达成统一意见。这次招标则有很大改善，政府根据行业惯例制定了特许经营协议，并且规定投标人对已经成文的特许经营协议只能提出修改意见。为了确保政府在招标中的主动权，投标人对特许经营协议提出的修改意见会造成此后评标过程中的扣分，意见越多将越不利于投标人的中标，这种规定还可以加快项目招标的进度。

2. 暗标形式提高竞争。此次项目的运作规范而有序，同时大连市具有很强的示范效应，因此项目一开始，就有多家投资人积极参与。为了从众多投标人中挑选出最优秀的企业，市政府决定采用暗标形式来制定技术方案，这样做不仅可以充分保证投标人之间的公平竞争，还可以增强投标人凭借自身实力胜出的信心。本次招标中，共有九家企业参加，他们都是垃圾焚烧领域的实力者，经过激烈的竞标，最终中标候选人与市政府就垃圾处理价格（也被称为政府补贴价格）达成一致共识，即为 51 元 / 吨，这个价格低于上一次谈判价格的一半，为市政府节省出 3000 万元 / 年的财政资金，大幅提高了政府财政支出的效率。按照节省的费用初步估算，可以采用 BOT 方式建设日处理规模 10 万吨、出水标准达到一级 A 的污水处理厂一座。大连市政府各有关部门对于招标结果相当满意。

3. 项目条件合理确定。项目经验的缺失可能会导致政府承受不该承受的风险，在上次招标中就发生了这种情况。比如，当时在文件中规定政府需要确保垃圾的热值，一旦垃圾热值低于协议中约定的数值，政府就要给予中标企业额外的补贴。这样的约定其实不符合现实情况，也会给政府带来额外风险，因为城市垃圾所含有的成分非常复杂，有较高含水率，所以它的热值本来就是无法稳定的。本次招标则避免了这种约定，根据行业惯例，热值在 4200–8400 千焦 / 千克范围内的垃圾都属于合格垃圾，只有当政府提供的垃圾不合格时才需要对企业进行补贴，这种做法大大降低了政府违约的风险。

三、关键问题梳理

大连市城市中心区生活垃圾焚烧处理 BOT 项目早在 2003 年就开始实施，但是第一次实施的过程中出现了各种问题，最终导致项目的失败。对这些问题进行总结后我们可以发现整个 PPP 项目的运行中主要涉及到三个重大问题，这三大问题贯穿项目的整个实施过程，能否处理好这三大问题关系看整个项目的成败。三大问题分别是：

第一，利益分配问题。如在垃圾处理价格方面，政府与企业无法达到共识，企业要求的垃圾处理价格过高，使得政府节约财政支出的目的无法达到，而企业又不愿做出让步降低利润追求。在 PPP 项目中，各个参与主体间的成功合作有赖于彼此之间能满足自身的利益追求，要在兼顾对方利益取得的基础上追求自身利益的最大化。各个主体由于分工不同，角色立场不同，他们的利益取向也就不尽相同，怎样在项目实施的过程中达成利益分配的最合理、最佳局面至关重要。

第二，风险分担问题。如在项目第一次实施过程中，企业在文件中规定政府需要确保垃圾的热值，一旦垃圾热值低于协议中约定的数值，政府就要给予中标企业额外的补贴。这样的约定不符合现实情况，垃圾热值的稳定情况是政府无法控制的，过分苛刻的要求无疑让政府承担了不该承担的风险，显然无法促进之后的顺利合作。PPP 项目本身涉及主体多，项目周期长，情况复杂，所面临的风险也种类繁多，并且存在一些短期无法预料的潜在风险，这在很大程度上加大了项目实施的难度，如何通过不断协商和动态调整来将各种风险的损害降到最低，这是一个很大的难题。

第三，契约治理问题。如招标文件内容不完善，缺乏关键协议的编写，特许经营协议中的若干关键条款难以形成共识，造成后期谈判太过漫长和频繁，而且谈判结果很难达成统一意见，最终导致项目停滞。PPP 项目中公私双方属于伙伴关系，作为地位平等的民事主体，为了确保合作过程的顺利进行，需要签订编写各种契约，对双方的权责做出详细明确的规定，用显性契约的形式约束双方的行为，随着项目的发展和成熟，还会有一些非显性契约的约束和监督，以大大减少违约的可能性。如何制定好项目中应该涉及的显性契约，完善合同的内容，并充分发挥出非显性契约的作用，关系着项目是否成功。

案例二　滁州市全椒县引入PPP模式实现农村生活垃圾治理全覆盖

全椒县委、县政府从源头治理、从优化机制入手，组织开展“向垃圾宣战”活动，引入PPP合作模式，打出“政府购买服务 + 第三方参与治理”的组合拳，对全县农村垃圾开展全区域一体化治理，迅速改变了农村“脏乱差”的面貌，初步建立一套治理长效机制，探索出乡村环境治理的“突围之路”。

一、以PPP模式促乡村环境治理的四大创新思路

以问题为导向，政府购买服务治理农村环境。乡村环境治理，首要问题就是资金来源问题。全椒县创新推出PPP合作模式，解决资金来源问题，前期投入和运营费用都由中标企业劲旅环境科技有限公司融资解决，政府给予10年运营许可权，期满后设备移交县政府。经测算，首期投资约3000万元，县政府前三年每年支付服务费2579万元，农村居民每人年均67.4元。服务费采取政府主导、群众参与的方式，由县、镇、群众按7 ∶1∶2比例分别承担，既缓解了政府环境治理中的财政负担，也不给百姓生活带来压力。

因地制宜，多措施整合创新治理模式。近年来，我国农村生活垃圾收集处理初见成效，但仍存在区域差距大、处理标准不统一等状况。劲旅环境科技有限公司针对全椒县地广人稀、居住分散，常年在外人员多，垃圾分类、源头减量难度大等特点，结合先进工艺设备，精心谋划顶层设计，创新推出“全椒模式”。

清单管理，纵横双向实现治理方式现代化。全椒县在农村生活垃圾治理的过程中，引入互联网思维，实行“纵横双向管理”模式，纵向管理两条线，一是县管镇、镇管村，二是保洁公司管项目部、项目部管保洁队；纵向

管理既可发挥规模化带来的成本优势，又可吸引较大规模企业参与。横向管理三条线，一是县管保洁公司、二是镇管项目部、三是村管保洁队，纵向到底、横向到边，形成全覆盖管理网络。横向管理不仅有利于降低建设成本，还可以为降低运费引导企业通过源头分类实现减量化，实现各环节间协调，为未来“新技术、新工艺”的应用预留空间。

建章立制，双向考核确保治理机制长效化。制修订了《全椒县农村生活垃圾治理考核奖补办法》，实行双向考核，确保治理工作长效、常态化。一方面，政府通过购买服务，把任务推向市场，镇村干部由大包大揽治垃圾，一到检查搞突击的模式转变为日常监督，有效整合公路保洁、物业小区保洁、原有街道保洁、绿化管护和镇村临时使用突击的人员等，释放了干部精力。另一方面，将治理工作纳入目标考核重要内容，各村成立村民理事会，将农村生活垃圾治理工作纳入村规民约。解决了多头管理、责任不明、交叉作业、管理不统一状况，实现乡镇道路“四无四净”。

二、垃圾处理“全椒模式”创新治理四大亮点

区域横向一体化，清扫收运纵向一体化。一体化首先体现在区域的横向管理上。采取整县域垃圾治理一体化管理，打破行政区域界限，整县域由一家公司统一负责，设备资源共享，产生规模效应、降低成本。从前端的清扫保洁到收运、转运纵向到底，责任到底。通过科学规划垃圾收运路线，避免垃圾互倒现象，避免交叉污染。同时作业标准、管理标准与考核标准的一致，易于提供均等化的服务。

垃圾收运不落地，农村环保无死角。根据 2 至 3 户配置一个垃圾桶，500 人配置一名保洁员及电动三轮密封式保洁车，200 人配置一套环保数字化深埋收集站，每镇配置一辆数字化多功能转运车的标准，按照日产日清原则，将居民生活垃圾通过保洁车运送到就近的环保深埋桶收集站集中压缩并转运焚烧，整个过程垃圾不落地、臭气不外溢、渗滤液不滴漏，真正做到环保，做到“一把扫帚扫到底”，农村环境无死角。

植入“互联网 +”，农村垃圾治理插上智能的翅膀。由中标企业自主研发的智能化管理系统，植入全椒农村生活垃圾治理项目，也是全椒模式方面的

一个亮点。垃圾桶、收集站、电动车、运输车、洒水车、扫路车等设备集成在一套数字化管理平台下，实行全过程“数字化、视频化”定位监控，管理中心可以全方位监控整个系统的运转、迅速精确地下达作业指令。采用智能化、数字化监管的方式，对设备、保洁人员进行远程管理，监督垃圾收集、转运全过程，让农村垃圾“无处藏身”，提高了工作效率，降低综合成本。

网格化管理，保障作业精细化。降低运营成本是当前农村生活垃圾治理的难题，因此通过管理提高效益是核心课题之一。全椒 PPP 模式以网格化管理与数字化管理为支撑，提高了城市管理效率。在全县域范围内根据区位、地形地貌的不同而划分不同的网格，每个网格采取承包制，承担独立责任、接受独立考核；每个网格均具有地理、价值及责任属性；这种多区域、多网格的模式，一方面有利于各单元的积极性，同时又有利于考核机制的形成。基于系统提供的基础信息，可实现全自动化的收集转运，保障了精细化作业的运行。

三、全椒县农村生活垃圾治理模式探索的现实意义

实现了企业、政府、百姓、环境共赢。传统的“政府包干”环境治理模式存在资金不足、技术落后、效率低下等问题，单靠政府的力量难以实现全范围整治的效果。全椒引入 PPP 模式治理生活垃圾，采取公开招标的方式购买服务。对政府而言：一方面，可以利用企业充沛的资金和专业技术参与社会管理，创新了社会治理模式；另一方面，降低了农村垃圾治理的成本，有效缓解了政府的资金压力。对企业来说：通过竞标获得参与社会治理的机会，不仅有利于其在项目执行过程中不断改进技术、提高企业产能，更能发挥环保企业的社会影响力、塑造品牌形象，实现经济效益和社会效益的统一。最终实现公众利益最大化，进而促进企业、政府、百姓、环境共赢。

促进执政理念提升和公民意识的培养。乡村治理的落脚点首要是农村生态环境治理，农村垃圾治理是美丽乡村建设民生工程的重要内容。综合整治农村环境、建设美好家园是一项民心工程，更是一项长期而又艰巨的系统工程，必须得到全社会广大干部群众特别是农民群众的理解支持和积极参与。全椒垃圾治理县域全覆盖模式通过政府购买服务创新社会治理，通过合

理配置各主体的治理权利和义务，打破了过去责任不清、任务不明的现状，实现从传统的行政管理向现代契约治理的转变，实现从传统的统治管理向绩效治理的转变，实现从传统的为民做主向我要做主理念的转变。

探索建立乡村环境治理的长效机制。改善农村人居环境，是缩小城乡区域差距、实现协调发展的迫切要求，垃圾整治是乡村综合治理的一部分，全椒 PPP 治理模式作为社会主义美丽乡村建设的地方实践，已经取得了一定的效果，改善了农村卫生条件，提高了城市与农村的生活质量问题。从长远来看，应进一步利用机械化、智能化、数字化，在现有基础上做好规划和布局，改进技术装备，推进农村生活垃圾整治活动更全面、高效、科学地开展。通过试点试验，逐步扩大 PPP 模式的应用范围，形成示范和品牌效应，进而建立具有推广复制意义的常态化、长效化机制。

案例三　山东荣成市固废综合处理和应用产业园——用 PPP 模式建设的民生环保项目

荣成市固废综合处理和应用产业园位于山东威海市荣成市郊区，是一个将废气、废渣、废水等多种形态的污染物进行集中、整体打包的综合性固废处理项目。荣成市政府于 2015 年 6 月发起该项目，通过竞争性磋商的方式，最终长青供热成为中标社会资本方。该项目包含 15 个子项目，其中 3 个存量项目和 12 个新建项目，存量项目采用 TOT（移交—运营—再移交）模式，新建项目采用 BOT（建设—运营—移交）模式，合作期共 28 年，总投资额约 20 亿元，其中存量资产约 3.9 亿元，新建项目资产 16.1 亿元。项目公司注册资本为 4.2 亿元。此后，荣成市固废综合处理和应用产业园交由长青供热的母公司威海昊阳集团具体执行。目前该项目已被山东省财政厅评选为省级示范项目，于 2016 年入围第三批国家级示范项目，并获得了财政给予的 860 万元奖金。

在荣成市固废综合处理和应用产业园项目中，政府引入了第三方咨询公司，青岛习远房地产土地评估造价咨询有限公司全程参与，从前期识别论证、实施方案设计、招标采购及合同起草，到“物有所值”和“财政承受能力”评估，再到最终代表政府方面与社会资本方谈判，青岛习远没有落下一个环节。

一、15 个子项目相互配套

与其他大多数 PPP 项目相比，荣成市固废综合处理和应用产业园的最大特点是子项目众多，共 15 个。昊阳集团副总裁王南告诉《中国经济周刊》记者：“固废处理是一个讲求集群效应的产业，最好是将全市所有的污染源都集中起来。”在王南看来，与其他飞灰、废水、固体废物以分散方式进行处理的城市相比，荣成是他所了解的第一个将所有形态的污染源整体打包处理的城市。“整体打包不会增加项目管理的难度，反而可以使各个项目共享公共设施，互相借力，产生协同作用。”

该项目的 15 个子项目分别为垃圾填埋场及产业园配套、生活垃圾焚烧发电、填埋场渗滤液处理、垃圾焚烧发电渗滤液处理、飞灰处理、炉渣处理、低温循环水供热站、沽河取水项目、固废处理与应用科普馆、餐厨垃圾处理、生活垃圾分拣中心，炉渣应用、天然气热电厂项目、清洁能源热源、污水源合同能源管理。其中原本由政府运营的生活垃圾卫生填埋场、垃圾焚烧发电渗滤液处理等三个存量项目被打包进此 PPP 项目，通过资产置换化解了政府 10058 万元的存量债务。

二、社会资本与政府多次谈判

在长青供热中标之后，政府方面与社会资本方就合同细节、财务模型和具体价格等问题进行了不下 20 轮的谈判，用时长达 3 个月，就国内所有 PPP 项目而言，这是一次较为艰苦的谈判。那么，双方一开始的分歧是什么，后来又是如何达成一致的？

“主要是价格，还有政府付费的频率。”“对于企业来说，政府付费是按月执行还是按季度执行，抑或按年度执行，对社会资本方在财务上的压力是完全不同的。”王南介绍，长青供热希望按月付费，而政府方面希望按年度付费，最终双方共同让步达成按季度付费的意见。

造成谈判期较长的另一个原因是，PPP 项目作为新兴事物，政府在具体操作上没有经验可循，只能“摸着石头过河”，因此，对有些问题相当谨慎。固废处理是一项事关民生的环保项目，荣成市的固废处理项目采用 PPP 模式，政府的本意是“薄本微利”，为社会资本方设定的利润空间是 8%—9%，并且在合同上的法律风险、合作期满后移交时可能出现的一系列问题都要进行有针对性的设置。

三、政府只做“裁判员”，不做“运动员”

社会上时常有个别地方供热效果不达标的报道，那么，引入 PPP 模式之后，由社会资本参与的项目公司，如何保证供热服务达标？

“必须达标，合同明确规定政府按服务绩效付费，一旦出现问题马上启动问责机制。”宋文斐对记者说。昊阳集团此前领到了 30 万平方米的供热面积，以焚烧固体废料发热的方式提供，后又被“追加”了 30 多万平方米的面积，“目前我们负责超过 60 万平方米的供热任务，由使用者付费，用户都是企业，无任何投诉情况。”王南告诉记者，此前由政府全资拥有的国企进行供热服务时，负责监管的是环保部门，政府既当裁判员，又当运动员，难免投鼠忌器。但现在不同了，政府以裁判员的身份监督项目公司这一“运动员”，监管十分到位。“我们现在不敢有半点马虎。”王南说。

规范化运营的另一点还体现在社会资本方对工程质量的重视。政府的付费是有定额的，厂房一旦损坏，社会资本方修复厂房所产生的额外成本花的就都是自己的钱，“于是我们不得不加强对施工单位的监督。另外，社会资本方的企业性质也决定了其将最大可能地减少成本，尽可能地在其他环节进行内部挖潜，降低消耗。”王南说。

案例四　新疆石河子垃圾处理厂 PPP 融资方案

一、石河子垃圾厂 PPP 融资的实施背景

石河子市属于新疆建设生产兵团，是一个兵团直辖县级行政单位，石河子坐落在新疆北部，在 2010 年人口达到了 62 万，其中少数名族占比 5.4%，石河子是一座以工业为主导、工农商一体的军垦新城，并有“戈壁明珠”的美誉。2014 年，石河子的生产总值达到 415 亿元，同比增长 18%，产业结构比例现如今为 22:44:34。人口总量和经济总量占兵团 25%，全口径财政收入更是达到了 56.7 亿元，公共财政预算收入同比增长 16.9%，增长速度在新疆全部地州市连续三年排名前三。城镇常住居民人均可支配收入同比去年增加了 12%。国家纺织工业振兴规划已决定在北疆地区重点支持石河子纺织基地建设。

伴随着经济的腾飞与人口的迅速扩张，公众对公共服务的需求也呈现出迅速增长的态势。现如今，从国家政策层面到石河子自身发展层面，石河子城市建设都面临前所未有的发展机遇，但与之相伴的也有一系列困难，其中最直接最显著的便是庞大的资金需求，也是必须跨越的现实“门槛”。由此可见，想要实现公共基础设施的全民共享，单单依靠政府的财政投入，已经是不现实的了，必须适当引入民企力量，放开特许经营权，才能从根本上解决公共基础设施领域供需之间的矛盾。

二、石河子垃圾厂 PPP 融资必要性分析

首先，市场化进程的加快以及我国经济形势转变导致政府投资渐渐退出了部分竞争性的生产领域，然而伴随着城市化进程的加速，公共事业迅速发展，需要大量资金支持，显然这些投资若全部依靠财政拨款是难以实现的。石河子市作为新疆维吾尔自治区重要的带动性城市，其公共基础设施的增速已超过市政府财政能够承担的范围，单单靠政府的力量实现公共资源全民共享已经是不现实的了，引入民企的力量满足市民的公共服务需求，已经势在必行。

其次，在之前垃圾厂的运行模式中，垃圾厂作为公共事业部门，其建设、运营与维护工作完全由事业单位负责，对风险的认识与防范工作非常缺失，而 PPP 模式中要求通过项目评估对项目潜在的每一项风险进行准确地界定。如此，合作双方可以在多种 PPP 模式中选择最适合的合作模式，在政府和企业之间根据各自的优势合理分配风险承担主体，将风险发生时的损失降到最小。

最后，之前的石河子垃圾填埋场不仅占用了大片的耕地，并且防渗处理不到位，已经对地表水以及地下岩层造成了污染，造成的生态环境损失是难以挽回的。然而由于 PPP 融资模式的应用，使该项目有足够的资金、技术与管理经验进行“变身”，现今的垃圾焚烧厂，在垃圾得到最小污染处理的情况下，还能够产生电能与热能，符合国家大力提倡环保发展的方针政策，不会造成二次污染，并且垃圾处理能力大大提升，垃圾厂的使用年限也大大延长。

石河子垃圾焚烧厂是一项环保生态工程，其所需要的工艺水准以及技术指标均为国际较高水平，因此该项目的建设初期需要大量的资金投入，但该项目投入运营后所带来的经济效益以及社会效益着实可观，并且有利于可持续发展，是一项功在当代利在千秋的利民工程。

三、石河子垃圾厂 PPP 融资运行思路

一般来说，PPP 模式运作流程可以划分为四个阶段：前期分析、确定 SPC、开发运营和转移终止。类似的，石河子垃圾厂 PPP 融资项目运行思路大致可按照四个阶段进行分析：

1. 前期分析

在石河子垃圾厂 PPP 融资模式中，项目前期分析主要分为项目选择以及项目可行性研究两部分。石河子市原有垃圾厂 1983 年建于 312 国道与玛纳斯河交汇处西北角，是东进市区门户。曾经垃圾堆积，方圆几里没有丝毫植被覆盖，在天气炎热的时候散发着阵阵恶臭，人人避而远之。2014 年，石河子为改善城市形象、提高城市居民生活质量、创建全国文明城市，重点

对原有垃圾场进行改造，玛河垃圾场的绿化工作被列为石河子市重点绿化工程。2014 年 10 月中旬，石河子市环卫处就在玛河垃圾厂新种植了紫穗槐、红瑞木、刺玫等树木，在前期的绿化带内补种树木并修整林带，将石河子垃圾厂变成了供居民休闲娱乐的场地。

原有的垃圾厂经过整治变成了公园，为合理解决全市每天产生的将近 400 吨垃圾，石河子市政府决定采用 PPP 融资模式解决城市垃圾处理问题，通过正式协议与天富热能股份有限公司（以下简称天富集团）建立长期合作伙伴关系，由政府授予天富集团特许经营权，允许天富集团进行垃圾焚烧厂建设与运营的工作，在建设过程中，政府予以一定建设资金补助，并以政府的名义进行商业贷款，运营过程中产生的收益，扣除费用，企业预留一部分后，剩余交由政府，作为财政收入。在整个项目操作阶段，石河子市政府部门的职责为监督、管理，政府不直接参与整个项目的筹建与运行。合作过程中，政府与企业依据各自不同的分工，承担相应的责任。

2. 确定 SPC

SPC 一般经过公开招标的方式来决定，主要过程有：招标、投标、SPC 初选、谈判、签约等阶段。

（1）招标。石河子市政府通过公开透明的招标方式，制作了招标文件，并且在其中详细列示了投标人的资格要求、招标范围、报名时间、项目建设地点、投标截止日期、获取招标文件的方法、招标机构代理方式和招标人、项目收入来源和规模等，公开向社会发布项目信息，吸引实力雄厚和有意向的企业参加投标。

（2）投标。由于 PPP 项目对于企业而言，不仅可以获得经济利润，更能提高企业知名度，为企业形成无价的商誉，因此 PPP 投标竞争非常激烈。天富集团是新疆地区的一家以热电联产的上市公司。在 1999 年 3 月 28 日，获得新疆维吾尔自治区人民政府的批准，2002 年 2 月 28 日在上交所成功上市，募集资金 4.2 亿元，总股本 25362.75 万股，总发行量 6000 万股，总资产 22.3 亿元。天富集团主营业务为热力和电力生产供应。并且承担着电力设计和安装等业务。天富集团是一家热电联产、水火电并举供调、集发一体化的地方电网。在石河子地区具有很大的影响力，天富集团有意参与到石河子垃圾厂 PPP 融资模式的建设中。

（3）SPC 初选。完成投标后，石河子市政府评估提交的投标书，小组评估人员包括政府官员、技术、财务、法律等方面的专业顾问，评估内容具体包括技术实力、项目方案和投标人的经济实力，因为天富集团在石河子地区具有很大影响力，所以顺利通过评估，成为暂时的中标者。中标之后，天富集团拟成立 SPC 小组，前期工作由 SPC 小组负责，主要包括：选择设计院出具可行性研究报告，并且与保险公司、金融机构、银行、建设和设计单位等项目参与者就保险、融资、建设、设计等事项达成合作意向。

（4）谈判及签约。结束初选后，天富集团成立的 SPC 小组和石河子政府部门进行了谈判，其中谈判的内容主要包含开发的质量、开发时间、提供的服务水平、政府财政补助的资金数额、风险分担的原则和项目有关的其他全责问题。经过长时间谈判，双方达成了一致的意见，签订了 PPP 合约。

（5）SPC 注册成立。天富集团成立的 SPC 小组与政府部门的 PPP 合约签订之后，由 SPC 小组在一定时期内处理好公司成立之初的相关事宜，比如召开有关会议、开立银行账户、制定公司章程、到工商税务部注册等事项，石河子市政府有关部门按照规定，批准成立 PPP 项目公司，进入开发运营环节。开发运营阶段主要包括项目开发和项目运营两个部分。

3. 项目开发

首先，项目开发的各联合单位和 SPC 小组正式签订合同，合同中包含建设合同、贷款合同、设计合同、保险合同等；其次，SPC 以招标的形式选取合适的项目建设商进行石河子垃圾厂项目开发。在项目开发过程中，石河子垃圾厂项目开发状况由石河子市政部门随时进行监督，如果期间发现任何违背合同约定的状况应立刻与 SPC 小组取得联系，马上明确责任主体。石河子垃圾厂工程竣工后，需要经过项目验收，开发阶段告一段落，项目正式步入运营。

4. 项目运营

石河子垃圾厂项目运营阶段将持续到特许权协议期满，在此阶段，石河子垃圾厂的营运和维护工作将由天富集团建立的SPC小组管理负责。营运期间天富集团会收回当时对项目的投资金额，并且取得利润，支付股东分红、归还贷款。

5. 转移终止

项目运作的最后一个阶段是转移终止，主要包含石河子垃圾厂项目转移和解散当初成立的SPC小组。

（1）项目移交。石河子市政府应按时收回项目在PPP合同约定的经营期满之后的所有权（或者经营权）。一般状况下，项目移交之前，应能保证SPC在特许营运期间之内，拥有足够的现金偿还各种债务和贷款，并且要有适当的利润。在项目移交给政府时，SPC小组通常会得到政府一些无偿或象征性的补偿。如果因为不可抗力风险造成项目没有达到预期利润，那么可以按照协议规定适当延长特许经营权。在移交期间，政府应检验项目能否良好地运转，从而保证移交后项目的正常营运。

（2）SPC清算。在移交完成后，SPC小组终止业务，通常应该前往有关部门进行业务结算。特殊状况下，比如其他公共设施重新投标，这种情况下应接受相关部门重新审查以及对有关文件进行修改等。

四、石河子垃圾厂PPP融资方案财务规划

1. 基本情况介绍

石河子垃圾厂进行财务规划的基本条件为：建设规模日处理垃圾量2×500吨，垃圾动态的平均低位发热值425千焦/千克；建设总投资35000万元，188.48亩建设面积；建设期1年，运营期11年。银行利率6%资本金比例25%，贷款期限：18.59年，其中建设期1年中只还息，特许经营委托运营期限11年间，还本付息。运营收入包括：电费、供暖费以及垃圾处理费收入，其中垃圾处理物业费85元/吨；电费为含税电价0.55元/千瓦时（不含税电价0.235元/千瓦时），单位供热40元/吨。运营成本包括：维护成本，约占建设总投资的1%每年；人员50人，人均工资每月3000元。管理成本约为运营成本的10%。其他成本约为运营成本的10%。固定

资产采用直线折旧法，按 32 年折完，无残值。

2. 成本费用分析

石河子垃圾厂生产成本包括：燃料及动力费、人员福利及社保支出与焚烧设备维护费用。其中燃料及动力费为柴油等燃料购进费用以及焚烧设备运行时所消耗的水源、电力等能源费用，每年费用暂估为 265 万元；人员福利及社保支出的计算方式如下所示，其中年工资增长率为 5%；年焚烧设备维护费用为焚烧设备维护所占投资比例与固定资产总投资乘积；固定资产的折旧方法为直线法，累计摊销年限 32 年，每年的当期摊销值为 1053.05 万元。

人员福利及社保支出总额 = 人数 × 单位月工资 ×（1+ 工资增长率）×12

期间费用包括：管理费用、财务费用、销售费用。管理成本约为运营成本的 10%，其他成本约为运营成本的 10%，财务费用为当期付息金额。

预算期内各项成本费用增长率基本上呈稳定趋势，2013 年作为建设期，生产成本和经营成本为零，而期间费用中的财务费用在 2013 年只付息不还本，而在 2014 年至 2024 年的运营期内既付息又还本，在 2013 年财务费用中仅有一笔 775.65 万元的利息支出，因此期间费用 2014 年的增长率为 114.93%。2014 年后，各项成本费用基本呈现稳定态势，可以看出在运营期间内成本费用控制能力较强。

3. 收益来源分析

石河子垃圾厂的收益主要源于财政所赋予的特许经营权所获得的收益，主要来自于电费以及供暖费用，与市民上缴的垃圾物业处理费用。其中，电费部分主要按照售电量和上网电价分别进行计算，达纲年售电量为 9059.2 万度，其中 4134 万度电价 0.55 元 /（千瓦时），435 万度电价 0.235 元 /（千瓦时）。达纲年售热量为 40 万吨蒸汽，37.5 元 / 吨，达纲垃圾处理年处理量 160188 吨，垃圾处理物业 85 元 / 吨。

4. 盈利情况分析

石河子垃圾厂的收益情况主要源于财政补贴所赋予的特许经营权所获得的收益，主要来自于电费以及供暖费用与市民上缴的垃圾物业处理费用。根据预计销售量与单价的乘积，得到每年的电费收入为 2700.35 万元，供暖收入为 1500 万元，物业费收入为 1361.6 万元。营业收入扣除每年的营业税金及附加、总成本费用得到利润总额，从而通过利润总额及当年的财务费用算出每年（EBIT）平均为 2916.96 万元，息税折旧摊销前利润（EBITDA）平均为 4235.19 万元，每年平均贷款利息备付率（ICR）为 3.12%，平均投资收益率（ROI）为 9.00%，大于行业平均收益率，从盈利角度具备一定的可行性。

项目建成后，由天富集团负责项目的经营成本预算与管理工作，主要包括燃料及动力费用、员工工资福利费用以及各项期间费用支出；除建设期只付息不还本之外，2014—2024 年的运营期还本付息，以当年总营业额扣除当年现金流出，计算得出当年的净现金流量，继而求得每年累计净现金流量，计算得出该项目税前财务内部收益率（税前 FIRR）为 10.84%，税后财务内部收益率（税后 FIRR）为 9.24%，基准投资回收期（Pc）为 19.47，静态投资回收期（Pt）为 8.95，Pc〉Pt，财务净现值（FNPV，ic=5%）为 9876.06，FIRR 为正值，且 FIRR>ic。技术方案在经济上可以接受，该项目具有可行性。

5. 偿债能力分析

石河子垃圾厂项目中的平均利息备付率（ICR）平均值为 3.12，偿债备付率（DSCR）值为 4.16，付息资金来源充裕，项目的税前利润能够支付当期还本付息金额，根据资产负债表可知，资产负债率维持在 62% 左右，项目经营活动能力较强，贷款安全程度高，并有政府财政支持保证，具有良好的偿债能力。

五、石河子垃圾厂 PPP 融资方案评价

1. 涉及主体及其分工分析

石河子垃圾厂是由石河子市政府授权，由市政府与天富集团以合约的形式共同合作建立起来的新型环保垃圾焚烧发电处理机构，其主体为作为项目发起者的石河子市政府与负责项目建设、运营与维护工作的天富集团，其中天富集团为新疆维吾尔自治区知名的电热能供应国有企业，因在我国存在着国有企业、集体企业和私营企业等不同性质的社会资本，PPP 融资模式在

我国指的是政府与社会资本之间长期合作提供公共产品（服务）的一种伙伴关系，合作对象不仅限于私营企业，所以石河子垃圾焚烧厂项目属于 PPP 融资模式的一种。因天富集团特殊的企业性质，该项目适用的 PPP 模式为国有企业模式，即由政府与国有企业共同合作进行城市基础设施建设，由国有企业实施企业化管理，其具体的特征分析如下：

由于垃圾焚烧厂属于高沉没成本项目，使很多民营企业在高风险之下对项目望而却步，即便民营企业参与到合作当中，运营过程中也容易出现由于企业过高要求回报率而导致公众利益受损的现象发生，因此，市政府选择国有企业天富集团作为合作伙伴非常合理。在项目运作过程中，天富集团根据垃圾厂盈亏临界点分析并综合考虑垃圾厂作为准公共产品的特殊性质制定了 10% 的合理投资回报率，在确保企业能够获得经济利益的同时，最大限度地保护公众利益。

通过事业单位转制，将过去由市政府独立运作的石河子垃圾厂的运营管理工作全权交由拥有更高水平技术标准与更加成熟管理经验的天富集团，使垃圾厂的运行模式得到改进，通过 PPP 合约的制定，天富集团在石河子垃圾厂项目中获得独立的财政预算并拥有财政自主权，实现对垃圾厂的自主管理，从而有利于提高公共服务的质量并且帮助政府更好地发挥资源管理职能。

国有企业 PPP 模式也存在弊端，由于国有企业是从原有的政府部门中脱离出来的，与政府关系较为密切，受政府影响较大。在石河子垃圾厂项目中，对于垃圾处理费用的征收方面，部分其他国有企业采取回避或少付费的现象，而对此现象，天富集团多持回避态度，不愿过分追究。市政府对于项目有一定监督管理权限，从而在项目运行过程中不可避免地出现行政干涉，不利于自主经营，导致运营效率不及民营企业的运营效率。

综上所述，相对于以往的事业单位管制，石河子垃圾厂 PPP 融资项目通过引入国有企业的力量，不仅解决了政府财政资金匮乏的难题，并且很大程度上提高了运营效率与公共服务的质量，即便可能存在一定的行政干涉因素，相对于之前的事业单位管理，干涉程度也有所减小，因此石河子垃圾厂 PPP 融资模式相对以往的政府供养模式有了很大的改进。

石河子垃圾厂 PPP 融资项目中主体之间也有具体的分工，其中天富集团主要负责项目的筹建、运营与维护工作，政府部门主要负责提供贷款信誉与监督管理，具体分析如下：

在石河子垃圾厂案例中，天富集团与石河子市政府签订了 PPP 合约，确定了固定投资回收率 10%。在特许经营期间，天富集团主要负责项目前期的建设和后期运营，包括项目前期建设资金的筹集。天富集团借助市政府的支持，顺利从银行得到贷款，进而借助自己的技术和商业风险处理的能力，使垃圾厂得到顺利运营，并获得收益。在项目经营期内，天富集团全权负责项目的运营。15 年项目期满，按照合同规定，将垃圾焚烧厂无偿移交给该市政府部门。

通过与政府合作的途径进行石河子垃圾厂项目的运转工作，天富集团不仅借助自身在资金、技术以及管理经验方面的优势，通过收取垃圾物业费、电费等费用获得一定的经济效益，并且有利于扩大企业在当地的影响力，密切与政府的合作，有利于日后天富集团其他项目的顺利实施。

在项目中，政府作为项目的发起者与主要责任方，重要的职责即以政府的身份确保项目顺利进行，提供一定的资金支持与优惠政策，保障天富集团的最低收益担保，积极参与 PPP 融资项目当中，由合作和信任取代命令和控制。对项目的筹建与运行工作进行监督，一方面保障项目按计划进行融资，最终完成预期目标，一方面保障资源的合理利用，相应降低项目风险，同时也可以防止因定价过高导致民怨产生的现象，以确保项目的正常运转。

2. 融资结构分析

石河子垃圾厂建设资本金主要来源于 SPC 资本金及 SPC 小组向银行的贷款，其中天富集团出资比例为 25%，向国家开发银行贷款比例 75%，固定资产投资 33697.75 万元，建设期利息 775.65 万元，项目资本金 8750.00 万元，债务资本 26250.00 万元。实行 PPP 模式期间内项目的一切开支由 SPC 小组负责。石河子垃圾厂建成后，SPC 小组在规定时期内拥有项目的经营权（所有权），在此期限内，天富集团可以对享受垃圾清理服务的市民收取垃圾处理物业费来回收资金，特许经营期满，将经营权转交石河子市政府。

石河子垃圾厂融资结构分析如下：由天富集团部分资本金投入与政府的财政补助形成 SPC 资本金，为石河子垃圾厂项目的直接融资部分，占总投资的 25%，由 SPC 小组向国家开发银行形成的贷款资金形成项目的间接融资部分，占总投资的 75%。直接融资部分和间接融资部分构成项目总投资，项目投入建设后，形成固定资产、流动资产、无形资产等，项目正式运营后所得收入减去运营与维护成本（包括：维护成本，约占建设总投资 1% 每年；人员工资 50 人，3000 元每月；燃料及动力费：暂估每年 265 万元）和税金（营业税金及附加税率：5.6%；所得税税率：25%）形成利润，税后利润依照先前签订的 PPP 合同约定分成，其中包含向相关金融机构还贷以及向 SPC 小组分红。

天富集团作为新疆石河子地区的基础能源支柱企业，实际控制人是新疆生产建设兵团第八师石河子市国有资产监督管理委员会，作为石河子政府控股企业，天富集团有政府做贷款的融资担保，政府部门给予有关承诺和保证，会使金融机构对项目公司的信心大增，比较容易获得国家政策性银行的贷款。项目资本金的 75% 来自于国家开发银行，国家开发银行作为中国最大的政策性银行，可以在项目与政府之间起到其他商业银行不能替代的保障作用。它可以充分发挥自身的优势，担当项目的融资顾问，也可以与其他银行合作共同为项目提供贷款支持。

不足之处为项目融资渠道来源单一，主要依靠政府担保下的银行贷款，只有 25% 来自企业自有资金，成本和风险较高。在该项目的融资结构中，政府的直接投资占的比例较小，大部分的资金来自银行，且贷款期限较长。由于垃圾焚烧厂为高沉没成本项目，贷款的回收依赖于项目的长期运营，贷款风险很大。利率汇率剧烈变动和通货膨胀的发生也可能会增加项目的金融风险，金融风险的增加会使项目成本大幅攀升，项目预期收益也将受到损失。如果项目公司没有对利率汇率和通货膨胀做出合理预判，项目风险将会提高，项目预算也将会大大超出预期。

因此，该项目应适当引入保险基金、社保基金、住房基金等大型基金以及国际银团贷款等债券市场的融资工具，城市垃圾厂基础设施类项目投资周期长，回报稳定，非常适合这些基金和工具进行投资。放宽这些基金和机构的投资限制，不仅能够改善基础设施投资资金不足的局面，而且能极大地分散项目风险，该项目应该尽可能扩大资金来源与拓展融资渠道，适当地引入民间资本，以达到优化融资结构的目的。

3. 垃圾物业费定价及收费体制分析

（1）收费体制分析

石河子垃圾厂 PPP 融资项目中采用的垃圾物业费用收取方式为政府集中采购与定额征收相结合的方式。在该模式中，市政府代表公众与天富集团签订垃圾处理服务购买合同，通过特许经营协议将石河子城区垃圾处理业务授予天富集团，并依照 PPP 合约中的约定价格支付相应的垃圾处理费用，再由市政府凭借其行政地位，依照相关法规以及相关税收等以户为单位向垃圾排放者收取垃圾处理物业费用。

项目采用的政府采购模式在当前的社会、法制以及经济环境之下，可操作性以及适应性强，石河子市政府凭借行政地位收取垃圾处理费用，这种代理收费的角色突出了政府在环境治理过程中不可推卸的主体地位，同时为项目资金的正常运转提供了可靠的保障；作为服务的直接购买者，也便于政府实施行业监督的职能，对天富集团提供的垃圾处理服务质量进行监督；另外，政府通过补贴机制以及规制手段进行收费管理，利于维护各方的利益平衡。

政府集中采购的收费体制也具有一定的缺陷，服务购买合同的签订进一步加大了政府方需要承担的风险，对于政府的执政专业能力提出更高的要求；由于政府在社会关系中处于领导地位，因此在市政府与天富集团的谈判中，政府一般占有强势地位，这就需要地方 PPP 融资模式相关法律制度的不断完善，对合作双方的法律关系和责任权利进行明确的规定，避免在费用收取与利润分配过程中出现纠纷。

政府以定额征收的方法向民众收取垃圾费用，即根据不同的征收对象，以户数为基础，按某一单价征收。定额收费方式对地区经济发展水平、公民素质、法制完善程度等有较高要求。由于垃圾物业费不同于电费、供热费，垃圾物业费对于民众的受益方式是间接受益，因此大部分市民不愿主动缴纳垃圾处理费，据 2014—2015 年的垃圾费用收取情况来看，两年的平均垃圾处理费收入占垃圾焚烧处理总支出的比重在 20% 以下，征收的垃圾处理费不及电费以及供热费，而高昂的收费成本也为垃圾厂的运转徒增负担。政府收取垃圾物业费体制应当有所改善。

（2）定价分析

在项目签订 PPP 合约时，垃圾处理费价格的确定是合作双方谈判的一个焦点，在价格谈判时，应将公众承受能力与项目生存能力共同考虑进去，最理想的价格既能符合公众预期又能提升企业积极性，促使技术和管理水平的提高。根据 PPP 合约，在固定投资回收率的基础上，去除经营成本、还本付息相关财务费用以及电费、供暖费等垃圾处理物业费之外的收入，确定政府应支付天富集团的垃圾处理费。

按照总投资 35000 万元，投资回收期 18.59 年，贷款利率 6%，投资回报率 10%，日处理垃圾量 1000 吨进行计算，扣除经营成本、还本付息费用、固定投资回报额以及其他收入，得到每年应收的垃圾处理费，继而可以算得每日垃圾处理费，用每日总的垃圾处理费用除以日处理量，最后得出每吨垃圾处理费用至少应为 74.12 元，即每处理一吨垃圾应至少收取 74.12 元的垃圾处理费用才能使石河子垃圾焚烧厂项目实现预期收益，天富集团依据特许经营权的所赋予权利，规定每处理一吨垃圾向政府收取 85 元的垃圾处理费，如果垃圾处理费用能够顺利收取，在实现预期投资回收之外，每处理一吨的垃圾额外收益为 10.88 元，作为公共服务部门，其盈利额度在合理范围之内，能够避免企业向社会转嫁不合理经营成本，保障企业按期收回成本并实现盈利，同时充分考虑了公众承受能力，相对重视社会效益，符合垃圾处理厂的公益特性。

4. 还本付息及利益分配分析

石河子垃圾厂项目的债务资金为总的投资减去资本金，债务资金总额为 26250 万元，建设期内只付息不还本，自运行期开始还本付息，由于贷款期限为 18.59 年，银行利率为 6%，从运营期第一年开始，本金分 18 年，每年 1412.05 万元还清，利息以工程利息计算公式，分 12 年付清。

工程利息计算公式：各年应计利息 =（年初借款本息累计 + 本年借款额 /2）× 年利率

若项目运转正常，项目当年的预算收益完全可以如期支付当期需还本利，并且有政府作为其资金支持的坚强后盾，项目的偿债能力较强。

在 PPP 模式中利益分配问题最容易凸显合作当中产生的矛盾，一个良好的收益分配方案应使合作双方都能获得较高的满意度。影响 PPP 合作利益分配的因素是多方面的。在此，主要结合 PPP 项目公私双方的努力程度，对 PPP 项目贡献率的大小以及政府部门对 PPP 项目的监督力度对项目的利益分配方案进行分析，本着“风险共担，利益共享”的原则，对该项目融资方案的合理性进行研究。

在石河子垃圾厂融资过程中，天富集团直接出资额为 25%，出资比例较高，自然预期收益比较高，并且在项目建设与运行过程中，天富集团负责主要的项目建设招投标与项目的运营管理工作，风险分担系数大，努力水平高；政府在整个项目过程中主要扮演了监督者的角色，只是投入了较大的监督力度，因此合同中约定石河子垃圾厂所产生的效益 80% 归属于天富集团，剩余的 20% 归石河子市政府所有，纳入财政收入的范围中。

天富集团显然拥有更多收益，但是也承担偿还更多来自政府、市场与金融的风险。石河子政府收益少，承担的责任和风险相对之前的供养模式也大为减少，政府单独承担的融资风险程度降低，这就使政府能够有更多的时间、精力、财力去关注其他的公共基础设施的建设，引进更多、更好的民间资本参与到石河子公共基础设施的建设中，以实现政府健康的可持续再融资。相比之下，天富集团拥有高比例收益能调动其在建设运营过程中的积极性，促使企业利用自身在垃圾焚烧方面的经验提高垃圾厂运营效率，创造更多的经济效益和社会效益。但是特许经营期满后，垃圾厂项目转移到政府手里，可能会造成政府没有更多资金来维持项目的正常运营。

石河子垃圾厂 PPP 项目中，与垃圾处理得到的经济效益相比较，天富集团更看重的是 PPP 项目中的隐性效益，例如：企业参与市政基础设施建设，能够与政府公共部门建立长期的合作关系，并通过政府的相关扶持政策获得项目的经济效益。在当前全球经济不景气的背景下，很多行业都面临巨大的投资风险，企业在政府给予有效的优惠政策下，选择将资金投入到收益比较稳定的城市垃圾焚烧厂项目中，将是一个相对安全的选择。对于天富集团而言，在 PPP 融资模式下能够得到更多的商业机会，企业可以利用石河子垃圾厂 PPP 项目的运营经验，继续投入新的 PPP 模式项目，实现滚动式健康发展，提高天富集团在同行业企业中的竞争力。垃圾焚烧项目是利国利民的社会公益性项目，它的最大效益体现在社会效益方面，天富集团建设的垃圾焚烧发电厂可使该地区的生活垃圾得到无害化处理，控制了垃圾二次污染，对于改善城市环境、提高人民健康水平、促进城市现代化建设具有十分重要的意义。

六、石河子垃圾厂 PPP 融资项目风险评价

1. 政治风险分析

在石河子垃圾厂运营过程中可能存在的政治风险是指由于政治条件发生改变或政府方不恰当的行政干预引发的风险。PPP 融资模式自身特点也就决定了石河子垃圾厂 PPP 融资项目存在政治风险，因为 PPP 融资模式本身即政府与企业之间的一种合作伙伴关系，在这种合作关系中，政府始终处于强势地位，而企业必须听从政府的命令，在这种情况下，更需建立相关制度法律明确合作双方关系。石河子垃圾厂建成后，形成的垃圾焚烧设备等固定资产已无法转移，任何有关石河子市公共基础设施建设的政策若有变动，不仅可能影响到天富集团投资收益，甚至会影响投资及本金的安全。

2. 市场风险分析

石河子垃圾厂实行 PPP 融资模式面临的市场风险主要为需求风险。二胎政策的全面放开，必然使石河子市的人口发生一定的增长，人口的增加对于目前垃圾处理能力剩余空间将近 60% 的石河子垃圾焚烧厂来说必定是一种福音，然而结合新疆地区人口流动性较大的特点，石河子市民的实际增长量可能不及预期增长量，虽然总体形势向好，但可能因此影响石河子垃圾厂的预算工作，从而造成成本的增加。

伴随着城市人口的增加以及国家大力倡导环保理念，提倡循环利用，同时伴随着二胎政策导致人口的增长，可能导致石河子市人口数量的不断变化，从而致使垃圾投放数量的不断变化，这无疑增大了石河子垃圾厂面临市场风险。

此外，垃圾物业费收取困难增大了项目运营成本，并且使项目存在亏损的可能性。如果长期不能如约收取垃圾处理物业费，那么石河子垃圾焚烧厂项目终将亏损，势必关系到天富集团的利益。

3. 金融风险分析

石河子垃圾厂所面临的金融风险主要包括来自货币政策变更引发的风险。对于石河子垃圾厂而言，当前货币政策可能致使其存在两种风险：其一，宽松的货币政策刺激经济需求过度增长，可能会引发通货膨胀风险，从而导致石河子垃圾厂被埋没在经济泡沫之中，无法按期收回投资；其二，在运营期间，一旦由于国际形势等其他因素的影响，国家转而开始实行紧缩的货币政策，石河子垃圾厂面临着出现坏账的风险。

石河子垃圾厂存在一定的垫资风险。在先前项目的建设过程中，以招标形式签约的承包商用于垫资的资金中，25% 来自天富集团投资，其余的来自于国家开发银行的贷款。贷款就要承担相应的利息，如果在垃圾厂运行的过程中，因不可控风险发生，导致效益不佳从而贷款不能如期进行偿还，则必然要承担逾期罚息，进一步加大了资金周转的困难，使企业负担增大。并且在贷款期限内，如果国家金融政策有较大调整，比如大幅提高银行贷款利率，那么承包商的银行利息及逾期罚息还会加大，导致项目的金融风险不断增大。

4. 技术风险分析

垃圾焚烧发电厂是一项成本及技术含量要求均比较高的项目，并且在我国并未完全普及，其技术水准尚未成熟，具有非常高昂的沉没成本。石河子垃圾焚烧厂在建设过程中虽然采用国际先进技术，质量严格把关，仍然可能存在设计或者施工上引发的疏漏；并且伴随着科学技术的不断发展，当下的技术有可能很快就遭到淘汰，因此项目存在一定的技术风险。

5. 运营风险分析

运营风险主要指项目建成投产之后，在进行运营与维护工作时，由于技术、能源、原材料供应、劳动力状况和市场变动等因素引发的风险的总称。石河子垃圾厂在运营过程当中可能出现能源（电力、水资源、燃油）供应风险、设备维护成本风险以及管理不善、与之合作的公司违约等风险，都属于运营风险。

七、试运营效果分析

截至 2016 年 1 月，石河子垃圾焚烧厂已试运营两年多。在两年的时间里，垃圾焚烧厂能够有效处理日产 380 吨的各类垃圾，在石河子市政府的监督下，通过合理的内部管控机制，石河子市垃圾焚烧厂已经能够步入运行正轨，能够在完成工程设计任务量的同时，实现对环境的最大保护，之前坐落在玛河畔的垃圾填埋场现已改造成公园，有力地帮助石河子市完成了创建全国文明城市的目标。关于石河子垃圾厂项目的实施效果分析，具体内容如下：

1. 减轻了石河子市政府财政负担

石河子垃圾焚烧厂项目的建设投资多达 3.5 亿元，单靠石河子市政府的力量显然不能解决如此巨额的资金问题，通过与天富集团建立 PPP 融资模式，进一步拓宽了融资渠道，项目运作过程中，在利益共享、风险共担的同时，大幅减轻了石河子市政府的财政负担，并且帮助政府实现了公共服务职能，有效地降低了石河子市政府的行政管理成本，有助于石河子市政府早日建成服务型与法制型政府。在垃圾厂运营的过程当中，其运营工作全部交由天富集团，而政府只需对其进行监督与指导工作，从一定程度上减轻了政府的工作量，使政府有更多的时间与精力处理好政务相关的其他事项。

2. 改善了公共服务质量

石河子垃圾厂具有高沉没成本的性质，虽然初期投入成本以及运营成本较之前的垃圾填埋场而言有所提高，但却是一项功在当代利在千秋的社会公益性事业。垃圾焚烧厂的建设可以使石河子日产约 380 吨的垃圾变废为宝，利用焚烧发热的原理，使垃圾转化为电能以及热能，节约了能源的同时，保护了环境。最大限度地使垃圾得到无害化处理，从根本上防止了垃圾可能造成的二次污染，对于提高市民的健康水平，改善石河子市城市形象具有重大意义。通过 PPP 合作的形式引入天富集团负责对石河子垃圾厂项目进行筹建与运营，能够充分利用企业先进的处理技术与成熟的管理经验，从而有利于提高公共服务的质量，使石河子市民享受更加丰泽的社会福利。

3. 促进了公共服务领域市场化进程

近年来，我国大力提倡“东部带动西部”，随着丝绸之路经济带政策的展开，新疆地区逐渐出现“洼地效应”，民间资本成为带动新疆经济增长的新引擎。PPP 模式的引进更是为新疆的公共基础建设融资体制带来新动力。石河子垃圾厂 PPP 融资模式的成功应用，再次印证 PPP 融资模式在新疆地区的垃圾处理行业确实具备一定的可行性，实为一项利国利民的融资体制改革。石河子垃圾厂 PPP 融资模式的案例必将成为新疆 PPP 融资模式案例中的一个典型，为 PPP 融资模式在新疆日后的应用提供一定的借鉴作用。

4. 竞争不充分导致效率下降

由于石河子垃圾焚烧厂是石河子地区唯一的垃圾处理机构，从而导致该地区垃圾处理行业的竞争不充分现象发生，加之政府过于看重以低价收取垃圾处理费用，久而久之存在垃圾厂效率降低、工作质量不断下降、环境污染不断加剧等风险。

5. 垃圾分类增加人工成本

由于垃圾焚烧炉只能焚烧一些可燃物，因此石河子垃圾焚烧发电的垃圾预处理车间就要把垃圾进行人工分类。石河子市每天产生的垃圾中 18% 为玻璃瓶、砖块、瓦片、金属废品以及建筑垃圾等。这些不能焚烧的废弃物都要依靠人工用手一个一个分离出去。如此便需要增加更多的工人工资支出，提高了运行成本。运营成本的提高必定使项目总成本费用增加，从而增加了资本回收的难度，这样在一定程度上不利于融资项目的进一步开展。

6. 成本增加导致收取垃圾物业费难度提升

由于当下垃圾焚烧厂相对于之前的垃圾填埋场而言，工艺更加复杂，技术更为先进，因此在垃圾处理的过程中，不可避免地增加了运行成本，提升的垃圾处理费无疑增加了垃圾物业费收取难度，然而垃圾处理物业费是石河子垃圾焚烧厂项目收益的主要来源之一，若长时间不能按照计划如数进行收取，将导致项目不能实现预算中的盈利水平，影响利益分配，甚至导致投资回收期的延长，久而久之，必将会威胁项目的资金安全，影响到垃圾厂的运行效率。

案例五　大理市生活垃圾处置城乡一体化系统工程 PPP 项目

大理市 2012 年启动该系统工程以来，引进先进技术，采用市场化运作，全市垃圾处理生产水平得到提高，城乡环境卫生、境内洱海水质得到了明显改善，取得了良好的生态效益、社会效益及经济效益。

一、项目概况

大理市是云南省大理白族自治州府所在地，全国历史文化名城、国家级自然保护区、中国优秀旅游城市、最佳中国魅力城市。大理市下辖 10 镇、1 乡、111 个村委会和 501 个自然村，以及创新工业园区、旅游度假区、海东开发管理委员会，总面积 1815 平方公里，总人口 68 万，全市日均垃圾产量约 688 吨。

为提高全市垃圾处理“减量化、资源化、无害化”水平，创新垃圾收集清运处置新模式，探索洱海环境保护新经验，大理市按照“科学治理、科技领先、城乡一体、市场化运作”的思路，引进先进技术，采用市场化运作，于 2012 年启动实施了洱海流域垃圾收集清运处置系统工程建设，高起点、高标准建设实施生活垃圾处置城乡一体化系统工程。

工程主要包括三方面内容：

1. 在洱海流域的两区和下关、大理 11 个乡镇，共建设 10 座垃圾中转站，购置 15 辆垃圾转运车、111 辆小型垃圾收集车和 1002 个收集箱体。

2. 实施装机容量 12 兆瓦、日处理生活垃圾 600 吨以上的大理市第二垃圾焚烧发电工程，对生活垃圾进行无害化处理和资源化利用。

3. 构建数字化监管系统，实现对市场化运作企业运营情况的全方位监管。

目前，大理市洱海流域垃圾收集清运处置系统初步建成，运转正常。全市城乡生活垃圾收集清运量从 2013 年的日均 451.1 吨，提升到 2014 年的日均 539.5 吨，增长了 19.6%，城乡环境卫生、洱海水质得到了明显改善，基本实现全市城乡生活垃圾“收集清运全覆盖、压缩转运全封闭、焚烧发电资源化、监督管理数字化、建筑垃圾再利用”的预期目标。

二、项目运作模式、建设模式

2010 年 10 月，大理市以 BOT 方式，引进重庆三峰环境产业集团公司，采用德国焚烧发电处理工艺，投资 4.2 亿元建设一座垃圾焚烧发电厂。

2012 年 6 月，大理市公开招标以 BTO 方式引进重庆耐德新明和公司，采用先进、成熟的处理工艺，投资 1.1 亿元建设 10 座大型垃圾压缩中转站。

此外，各区镇积极探索，采用承包、租赁等方式，通过公开招投标，将城乡生活垃圾收集清运工作推向市场。

三、运行模式

全市城乡生活垃圾按照统一流程，通过收集、转运、处理三个环节进行处置。

收集清运环节由各区镇负责，用自行投资、承包的垃圾车及配发的垃圾收集车将生活垃圾收集至环洱海 10 座垃圾中转站，经压缩装箱后，全程密闭转运至垃圾焚烧厂进行焚烧发电、无害化处理。最终实现收集清运全覆盖、压缩转运全封闭、焚烧发电资源化。

四、结算方式

经初步测算，项目建成后，年运营费用 4430.5 万元，其中：

1. 垃圾焚烧发电厂垃圾处理服务费用 1445.4 万元（按垃圾处理贴费标准 66 元 / 吨以及日处理生活垃圾 600 吨测算）。

2.10 座大型压缩垃圾中转站运行服务费用 1752.2 万元（根据中转站与第二垃圾焚烧厂实际距离分别测算）。

3. 各乡镇将垃圾收集至中转站的年费用为 1233.0 万元（按日收集清运生活垃圾 600 吨测算）。

大理市生活垃圾的收集费用、转运费用和处理费用统一列入财政预算。

垃圾转运及处理运营企业的服务费用，按照《大理市生活垃圾转运处理服务费结算工作实施方案》，由运营企业每月 3 日前填写上月结算确认通知单，上报至市城管局、环保局、审计局、财政局、服务费结算工作领导组等部门审核签字后进行拨付。

五、监管方式

1. 数字监管

2013 年 7 月，筹资 326 万元建设生活垃圾收集清运处理信息化管理系统。各站点称重数据、视频数据实时传输到信息中心，同时为垃圾转运车辆安装了 GPS 定位系统。称重数据作为垃圾收集清运奖补经费和政府支付企业运营费用的主要依据，视频数据可以实现对垃圾压缩和处理过程的实时监控，最终实现城乡生活垃圾处置全过程的“数字化、视频化、定位化”目标。

2. 量化考核

市政府与垃圾收集清运责任区镇签订《大理市洱海流域生活垃圾收集清运责任书》，确定垃圾收集清运任务量，依据数字化监管系统统计的各乡镇垃圾清运量，进行一日一公示、一月一通报、一季一考核，对全市垃圾收集清运工作进行科学管理，通过工作目标倒逼服务效果，解决垃圾收集清运工作的监管问题。

3. 政策保障

市政府出台《洱海流域生活垃圾收集清运处置实施办法》《洱海流域污

水垃圾和畜禽粪便收集处理监督及奖补办法》《大理市环洱海农村生活垃圾收集清运处置和垃圾收集员履职考核办法》《大理市生活垃圾处理费收费管理办法》《大理市生活垃圾转运处理服务费结算工作实施方案》《大理市人民政府关于加强农村生活垃圾收集清运管理的工作意见》等一系列政策文件，建立生活垃圾处理收费制度，进一步完善城乡垃圾有偿收集清运保洁工作机制和各级资金投入长效机制，为城乡生活垃圾处置系统提供政策保障。

六、项目借鉴意义

1. 完善法规、健全机制

大理市先后建立生活垃圾处理收费制度、垃圾收集清运责任制度、考核奖补制度，出台相应政策文件，使全套系统的运转有章可循、有据可查，确保工作到位。

随着系统的建设，大理市政府明确整个系统由大理市城市管理综合行政执法局作为主管部门进行日常监管，市洱管局、环保局、财政局等部门配合实行按季考核，兑现奖惩。

各区、乡镇建立相应的管理部门，人民群众自觉参与到环境卫生整治活动，使系统得以有效运行。

2. 城乡一体、高标准建设

大理市按照流域垃圾治理全覆盖的思路，高起点、高标准规划设计，实施城乡垃圾治理一体化系统建设，提高了农村环境卫生标准，完善了城乡环卫基础设施，初步建立起了城乡一体的流域垃圾收集处理体系。

3. 政府补贴、市场化运作

一是通过招商引资、竞争性谈判，以 BOT 方式引进焚烧发电厂建设项目；二是以 BTO 方式引进垃圾压缩中转站项目；三是收集环节由乡镇负责采用承包、租赁等方式实行市场化运作。

4. 数字同步、信息化监管

建成垃圾收集清运处理信息化管理系统，通过视频的实时监控、车辆的 GPS 定位及数据的实时传输，对垃圾收集、转运、处理环节的全过程实行“数字化、视频化、定位化”实时监管，实现信息化管理。

5. 打破区划、扁平化管理

一是城乡一体化系统打破大理市和创新工业园区、旅游度假区、海开委的行政区划界限，统一规划、建设、管理。

二是中转站建设打破乡镇界限，统一建设，实行市场化运作，例如，喜洲垃圾中转站服务区域辐射到喜洲、银桥、湾桥等多个乡镇乃至洱源县右所镇、邓川镇。

案例六　江苏南京市垃圾处理设施 PPP 项目

江苏省南京市城建集团进行 PPP 运作的垃圾处理项目为江南、江北灰渣填埋场和城南、江北垃圾集中转运系统。

一、项目基本信息

1. 江南灰渣填埋场工程

江南灰渣填埋场工程选址在江宁区江南环保产业园南庄村，西侧紧邻江南垃圾焚烧发电厂，占地面积约 36.728 万平方米，日处理规模 220 吨，建设内容主要包括飞灰填埋区、炉渣填埋区、配套设施及管理用房等，一期工程投资约 1.68 亿元。工程于 2014 年 5 月下旬正式开工，目前不受林地影响的一阶段已全部完成，初步具备灰渣填埋条件，预计项目在年内全部完工。

2. 江北灰渣填埋场工程

江北灰渣填埋场工程选址在浦口区星甸街道万隆村，西侧紧邻江北焚烧厂，占地面积约 21.04 万平方米，日处理规模 220 吨，建设内容主要包括飞灰填埋区、炉渣填埋区、配套设施及管理用房等，一期工程投资约 1.1 亿元。项目飞灰及炉渣填埋库区防渗施工、渗沥液调节池等已全部完成，已具备灰渣填埋条件。

3. 城南垃圾转运站工程

城南生活垃圾转运站工程选址在雨花台区板桥新城王家坝村，日转运规模1500吨，占地面积17298平方米，建设内容主要包括转运站主站房、管理用房及配套设施，工程投资约1.28亿元。由于受周边居民抵制工程施工影响，项目于2014年6月7日正式开工建设，目前，桩基工程已全部完成，正在进行主体结构施工阶段。

4. 江北垃圾转运站工程

江北生活垃圾转运站工程选址在高新区泰山街道天井洼废弃宕口内，日转运规模1500吨，占地面积约15500平方米，建设内容主要包括转运站主站房、管理用房及配套设施，工程投资约1.2亿元。项目主转运站房、综合楼、已全部完工，中转压缩设备已安装结束，垃圾转运车辆已改装完成并已到位，正式水电已接入到位，已基本具备试运行条件。

二、合作伙伴选择

为确保项目合作成功，提高项目经营运作效果，集团拟选择单独一家企业进行项目30年经营权（TOT）合作，拟要求社会投资者应具备雄厚的资金实力和垃圾处理行业运作经验，在境内拥有一定规模的垃圾处理能力，并具备从事PPP运作的相关经验，在前期项目运作中与政府合作方合作关系良好，以降低运营成本、提升运营效果并承担一定的社会环境责任。

三、项目公司组建及运作

在项目公司组建及运作方面，集团拟与社会资本采取共同出资的方式。在持有股份方面，集团拟持有20%—40%的股份，剩余部分由公开招标选出的社会资本方进行投资。两方出资完成后，以股权合作方式，共同建立项目公司，在项目运营中引进市场竞争机制并建立相对完善的公司治理结构，以提高项目的运营效率。项目公司的运营中发挥双方股东的优势，社会投资者作为控股方负责公司的经营运作，集团方更多承担相应的协调、监管责任。

四、财务测算

1. 成本构成

（1）建设成本

江南灰渣填埋场一期工程建设成本约 1.68 亿元，江北灰渣填埋场一期工程建设成本约 1.1 亿元，城南垃圾转运站工程建设成本约 1.28 亿元，江北垃圾转运站工程建设投资成本约 1.2 亿元。

（2）运营成本

现该项目尚未进入试运营阶段，测算试运行阶段的运营成本主要包括直接材料、直接工资、福利费、制造费用、折旧摊销等成本。

2. 结算方式与定价机制

目前，项目还未投入运营，垃圾配送体系正在逐步完善，相应运营基础数据在试运营过程中正逐步积累梳理，运营价格政策及运营监管体系与标准也在制定完善中，最终价格将在确定资金来源的基础上通过公开招商确定。

五、PPP 运作初步计划

（1）2014 年底，完成项目建设，并全面投入试运营；

（2）2015 年 6 月底，通过项目试运营，逐步理顺运营体系，明确运营价格政策及运营监管体系与标准，完善运营基础数据；选定招商中介机构，制订招商方案；

（3）2015 年三季度，完成项目 TOT 招商方案审批，发布招商公告；

（4）2015 年四季度，以公开招商方式确定投资合作机构；

（5）2016 年 5 月 1 日前，签订正式合作协议，并完成项目移交。

案例七　湖南永州生活垃圾焚烧发电 PPP 项目

永州市城市管理行政执法局（以下简称“政府方”）与中国光大国际有限公司（以下简称“社会资本方”）就湖南省永州市生活垃圾焚烧发电特许经营项目正式签署了特许经营协议，标志着该 PPP 项目成功落地。本项目作为财政部第二批PPP示范项目之一，是其中为数不多的垃圾处理类PPP项目，项目的成功签约引起了社会的广泛关注。作为本项目的主要咨询服务人员，笔者拟就项目的相关情况进行分析，供业内人士交流使用。

一、项目概况

为加强对固体废物产生源的监督管理，帮助实现永州城市生活垃圾资源化、减量化和无害化，永州市政府决定启动生活垃圾特许经营项目建设，项目采用建设—运营—移交（BOT）的特许经营模式。

项目选址在永州市环保（固废）产业园（位于接履桥镇坦塘村）内垃圾焚烧发电项目规划红线范围内建设，总投资约为35000万元，主要建设内容包括项目红线内的垃圾焚烧系统、余热利用系统、烟气净化系统、渗滤液处理系统、炉渣及飞灰处理系统和相关配套设施。此外，项目红线外的取水设施、电力接入系统等配套设施亦由社会资本负责投资建设。

二、交易结构

本项目采用建设—运营—移交的方式运作，政府授予项目公司特许经营权，经营方式采用投资、建设施工、运营维护一体化，移交方式为无偿移交。项目的特许经营范围包括：日处理1400吨/日的一座垃圾焚烧发电厂（部分配套设施已建成）的投资、建设及运营工作，坦塘垃圾卫生填埋场A区（封场由政府负责）、B区、渗滤液收集处理系统（现有沼气发电厂设施除外）的日常运营、管理、维护工作。

在融资安排方面，项目公司由社会资本在永州市全资设立，项目公司注册资本不低于项目总投资的30%，并根据项目建设进度和融资机构要求及时、足额缴纳。本项目全部融资由项目公司完成，当项目公司不能顺利完成融资时，则由社会资本方通过股东贷款、补充提供担保等方式解决。目前项目公司主要有股东借款、金融机构贷款等融资方式。参照生活垃圾焚烧发电项目的融资模式，本项目采用金融机构贷款模式。

关于资产权属，本项目土地性质为市政划拨用地，由市政府无偿提供给特许经营者使用，土地使用期限与特许经营期一致。特许经营期内，政府方拥有本项目的土地使用权，并持有国有土地使用权证；投资者拥有本项目使用土地的权利、所有在投资者名下的财产、设备和设施的所有权、项目运营权和收益权。

项目的交易结构图如图。

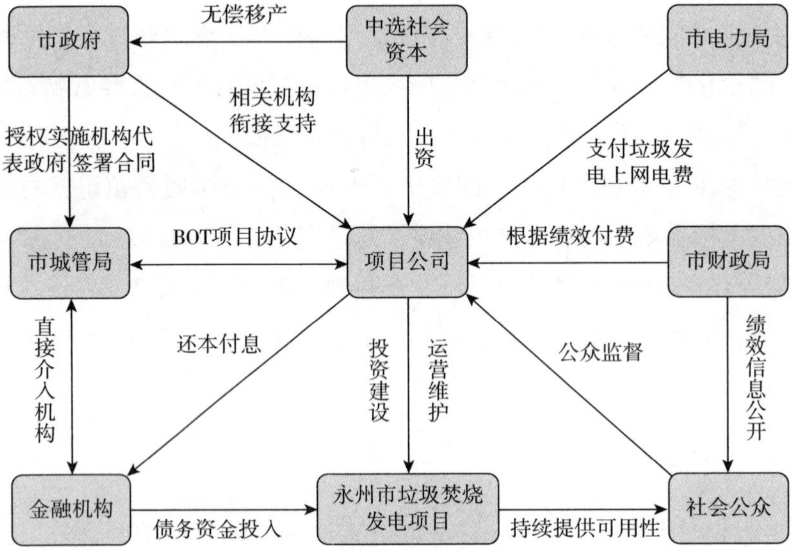

图 1　项目的交易结构图

三、风险分配

本项目风险分配基于以下原则：最优风险分配原则。在有关法律约束和公共利益考虑的前提下，风险应分配给能够以最小成本（对政府而言）、提供最有效管理的一方承担，并给予风险承担方选择如何处理和最小化该风险的权利。

风险收益对等原则。既关注社会资本对风险管理成本和风险损失的承担，又尊重其获得与承担风险相匹配的收益水平的权利。

案例八 苏州市吴中静脉园垃圾焚烧发电PPP项目

一、项目概况

1. 项目背景

进入21世纪后，苏州市城市化进程全面加快，但越来越多的城市生活垃圾与日益恶化的环境等伴随而来，解决垃圾围城问题迫在眉睫，但苏州市唯一的生活垃圾填埋场（七子山垃圾填埋场）已无法承受每年近百万吨的新增垃圾带来的环境影响，政府亟需全新的解决方案。市政府对多个国内垃圾处理的投资商进行全面考察后，最终选择与光大国际合作推进固体废弃物处置方面的首个BOT项目，正式拉开了苏州市与社会资本在垃圾处理行业的合作序幕。

2. 建设内容与规模

苏州市垃圾焚烧发电项目由一、二、三期工程组成，总投资超过18亿元人民币，设计日处理规模为3550吨，年焚烧生活垃圾150万吨，上网电量4亿度，是目前国内已经投运的最大的生活垃圾焚烧发电厂之一。项目采用国际先进的机械炉排技术，焚烧炉、烟气净化系统、自动控制、在线检测等关键设备均采用国际知名公司成熟产品，烟气排放指标全面达到欧盟2000标准，二噁英排放小于0.1纳克毒性当量每立方米。

项目一期工程配置3台350吨/天机械炉排焚烧炉，2台9兆瓦/小时凝汽式汽轮发电机组，采用半干法加布袋除尘、活性炭吸附的烟气治理技术，烟气排放执行欧盟I号标准，日焚烧处理生活垃圾1000吨左右，各项生产指标在国内垃圾焚烧发电厂中均处于领先地位。二期工程新增日处理垃圾能力1000吨，三期工程日处理能力1550吨，并预留500吨能力。为配套焚烧厂的建设，苏州市政府与光大国际继续采取BOT方式，先后建成了沼气发电、危险废弃物安全处置中心、垃圾渗滤液处置等项目。同时，在政府的主导下，餐厨垃圾处理等其他固体废弃物处置项目也相继落户该区域内。这些项目相互配套形成了一定的集约效应和循环效应，为苏州城市化发展做出了积极的贡献。截至2014年底，苏州垃圾焚烧发电项目累计已处理生活垃圾 761.91 万吨，上网电量 19.39 亿千瓦时，相当于节约标煤 111.97 万吨，减排二氧化碳 255 万吨。

3. 实施进度

2003 年 9 月，苏州市政府与光大国际签署了垃圾焚烧发电厂一期项目 BOT 合作协议，项目特许经营期 25.5 年（含建设期）。2006 年 7 月，苏州垃圾焚烧发电一期项目建成并正式投运，苏州市生活垃圾处置格局由传统的、单一的填埋处置形式，转变为“填埋为主、焚烧为辅”的形式。

2008 年 2 月，垃圾焚烧二期项目开工建设，并于 2009 年 5 月建成投运。二期项目建成后，苏州市生活垃圾处理实现了“焚烧为主、填埋为辅”。

为了最大限度地保护环境，提高环境承载能力，更好地实现可持续发展和循环经济建设，苏州市政府与光大国际决定在原有成功合作的基础上，继续采用 BOT 合作方式，于 2011 年 9 月进行焚烧三期工程建设，并于 2013 年 1 月投入商业运行。至此，苏州市生活垃圾基本实现“全焚烧、零填埋”。

二、运作模式

1. 各方主体

项目合作双方分别为苏州市政府和光大国际。选择光大国际作为合作者的考虑主要是其“中央企业、外资企业、上市公司、实业公司”的四重身份，具备较强的项目实施能力。项目由苏州市市政公用局代表市政府签约；光大国际方面由江苏苏能垃圾发电有限公司（后更名光大环保能源（苏州）有限公司）签约。由苏州市市政公用局代表市政府授权该公司负责项目的投资、建设、运营、维护和移交。双方签订《苏州市垃圾处理服务特许权协议》，并于 2006、2007、2009 等年度分别据其中具体条款变更事项签订补充协议。

2. 合作机制

项目分三期采用 BOT 方式建设，其中一期工程项目特许经营期为 25.5

年（含建设期），二期工程特许经营期23年，三期工程设定建设期两年，并将整体项目合作期延长3年，至2032年。在此合作模式下，市政府充分发挥其监管作用并建立较为完善的监管体系，主要包括三方面：

首先，项目所在地镇政府对产业园相关项目进行长期驻厂监管，并在厂内分别设有办公地点，对烟气、炉渣、飞灰等处置情况进行监管；相关职能部门成立的监管中心，有专人24小时联网监督重要的生产数据。

其次，垃圾焚烧发电项目的所有烟气排放均已实现在线公布，通过厂门口60平方米的电子显示屏向公众公示；且所有环保数据第一时间通过网络传输到环卫处监管中心、区、市环保局，实现了政府对运行的实时监管。

再次，政府部门每年两次委托市级以上政府环保监测机构对项目开展定期及不定期的常规烟气检测及二噁英检测，企业每年两次委托第三方对环境各项指标检测，确保项目运行中的环境安全。其中，二噁英每年共检测四次，由省环境监测站检测两次，项目公司自检两次，其他环境空气、生产废水、回用水检测频率已达到每月两次。从检测结果来看，各项烟气排放指标长期、稳定达到欧盟2000标准。

3. 社会资本收益机制

项目依靠经营净现金流收回投资、获得收益。项目收入主要有两部分构成：

（1）垃圾处理费。双方最初约定项目基期每吨垃圾处理费为90元，当年垃圾处理费在基期处理费基础上，按照江苏省统计局公布的居民消费品价格指数CPI（累计变动3%情况下）进行调整。后由于住建部调整城市垃圾处理收费标准、新建项目投运办法的原因，双方于2006年及之后多次签订补充协议，进行调整。

（2）上网电价。上网电价部分执行有关标准，一期工程为0.575元/度，二、三期工程为0.636元/度。

项目公司除负担正常经营支出外，还需要负担苏州市部分节能环保宣传费用。

三、借鉴价值

1. 实施效果

本项目是国内较为成功实施的“静脉产业园”案例。苏州市垃圾焚烧发电项目自 2006 年建成投运以来，在实现企业自身经济效益的同时，不忘自觉履行环保企业的各项社会责任和环境责任。项目公司一直秉承光大国际“企业不仅是物质财富的创造者，更应成为环境与责任的承担者”这一核心价值观，努力构建园区化、行政化、社区化的和谐之美，并先后获得“江苏省园林式单位”“国家高新技术企业”“国家级 3A 垃圾焚烧厂”“中国安装工程优质奖”等荣誉，中央电视台对有关经验进行了介绍。

从解决苏州市垃圾围城困境的“破局者”，到现阶段的城市环境顾问，十年间，光大国际成长为中国首个全方位、一站式、以环境服务总包为出口，提供设备制造、工程建设、运营管理等服务的合同环境服务商。光大国际的成长历程也是政府与社会资本 PPP 模式探索和实践的历程，是政府与社会资本合作的一项典型案例，体现了“园区化、行政化、社区化”的和谐之美。

2. 示范价值

本项目实质是围绕城市垃圾处理的一个项目群。由于各个子项内容具有较强的关联性，通过整合实施，达到了优于各子项单独实施的规模经济效益。

（1）整合实施项目

垃圾处理包括多个相对独立的环节，吴中静脉产业园以垃圾焚烧发电项目为核心，将各种垃圾的集中处理，炉渣、渗滤液、飞灰等危险废物处理等环节有效整合，形成了一体化的项目群，有效提高了项目推进效率，同时实现了对不同项目收益的综合平衡，达到了整体效果最优。各种废物在园区范围内均得到有效治理，生活垃圾焚烧产生的热量已向园区周边的一个用户供热，形成区内资源与外界的资源整合，提高能源综合利用程度。

（2）坚持以人为本

积极打造花园式环境并加大环保处理设施投入，严防二次污染，并与周边居民进行交流互动。在接受监督的同时，从当地居民对环境质量的要求出发进行生态修复以提高区域内的环境友好性。园区建设以来，原有的脏乱差现象有了极大的改善，区域内的宜居程度得到了大幅度的提高，体现了造福于民的宗旨。

（3）严密的项目监督体系

项目建立了较为严格的监督制度，所在地镇政府对产业园相关项目进行长期驻厂监管专人 24 小时联网监督重要的生产数据；所有烟气排放均已实现在线公众公示；政府实时监管，项目还引入第三方对环境各项指标检测，确保项目运行中的环境安全，如由省环境监测站对二噁英每年共检测四次等。

（4）各方利益统筹兼顾

项目建设本着优化废物综合利用网络，从废物产生、收集、输送到转化处理各个技术环节进行全过程优化，以实现经济、社会、环境效益的最大化为目标，制定两个兼顾原则：从时间上，兼顾近期和远期；在空间上，兼顾当地和周边地区，以吴中区为核心，辐射范围至苏州大市乃至长三角地区。

参考文献

［1］刘尚希、赵福军. 政府和社会资本合作（PPP）知识读本［M］. 北京：中国财政经济出版社，2017：39–46，75–83，212–216.

［2］林华.PPP 与资产证券化［M］. 北京：中信出版集团，2016：24–34，84–106.

［3］周兰萍.PPP 项目运作实务［M］. 北京：法律出版社，2016：31–36，64–66，181–184，97–200.

［4］赵福军、汪海. 中国 PPP 理论与实践研究［M］. 北京：中国财政经济出版社，2015：102–104.

［5］赵璇. 石河子垃圾厂 PPP 融资方案研究［D］. 新疆：石河子大学经济与管理学院，2016：11–35.

［6］曹琳珂. 新型城镇化背景下 PPP 模式在城市生活垃圾处理中的应用研究［D］. 云南：云南财经大学财政与经济学院，2016：24–53.

［7］刘峥. 垃圾处理 PPP 项目投资结构的设计研究［D］. 北京：清华大学建筑管理系，2011：14–25.

［8］孟春、李晓慧、张进锋. 我国城市垃圾处理领域的 PPP 模式创新实践研究［J］. 经济

研究参考，2014（38）：21–27.

［9］人民论坛专题调研组. 探索乡村环境治理的新路径——全椒县引入 PPP 模式实现农村生活垃圾治理全覆盖专题调研报告［J］. 人民论坛，2016（10）：124–125.

［10］白彦锋、旷星星. PPP 模式应用于城市生活垃圾处理的思考［J］. 新疆财经，2016（3）：28–38.

［11］孙艳丽等. 城市化过程中 PPP 模式在社区垃圾处理中的应用［J］. 沈阳建筑大学学报（社会科学版），2016，18（4）：387–392.

［12］银昕. 山东荣成市固废综合处理和应用产业园——用 PPP 模式建设的民生环保项目［J］. 中国经济周刊，2017（7）：37–39.

［13］骆梅英.PPP 与公用事业规制中的消费者保护——以消费者代表机构为中心［J］. 福建行政学院学报，2016（6）：9–20.

［14］再协.2016 年我国固废处理市场影响趋势及展望［J］. 中国资源综合利用，2016，34（3）：17–21.

附件 固废处理PPP合同

PPP项目合同通常而言是指由项目实施机构与中招社会资本或者项目公司就基础设施及公共服务类项目签订的具有法律约束力的文件，中招社会资本或者项目公司通过签署本协议而在一定期间及特定区域内享有排他性的运营、维护等并依法收取费用的权利。

根据2014年12月30日财政部发布的《关于规范政府和社会资本合作合同管理工作的通知》（财金〔2014〕第156号）附件《PPP项目合同指南（试行）》的规定，PPP项目合同应具备以下核心条款：

引言、定义和解释，项目的范围和期限，前提条件，项目的融资，项目用地，项目的建设，项目的运营，项目的维护，股权变更限制，付费机制，履约担保，政府承诺，保险，守法义务及法律变更，不可抗力，政府方的监督和介入，违约、提前终止及终止后处理机制，项目的移交，适用法律及争议解决，合同附件等。

下文为住房和城乡建设部提供的《城市生活垃圾处理特许经营协议》示范文本以及一个典型的固废处理PPP合同模板，供学习参考。

附件一

GF-2004-2505

城市生活垃圾处理特许经营协议

示

范

文

本

第一节　总　则

第一条　为规范城市生活垃圾处理市场，加强城市生活垃圾处理企业管理，保证按照有关法律、法规和标准和规范的要求实施城市垃圾处理，维护垃圾处理企业的合法权益，根据【 】和中国【 】省（自治区【 】市（县）人民政府授权，由第二条所述双方于【 】年【 】月【 】日在中国【 】省（自治区）【 】市（县）签署本协议。

第二条　协议一方：中国【 】省（自治区）【 】市（县）人民政府【 】局（委）（下称“特许经营权授予方”），法定地址：【 】，法定代表人：【 】，职务：【 】；协议另一方：【 】公司（下称“项目公司”），注册地点：【 】，注册号：【 】，法定代表人：【 】，职务：【 】，国籍：【 】。

第三条　本垃圾处理特许经营项目是【 】，主要处理【 】的垃圾，日处理规模【 】吨/日（或___吨/年），主要工艺为______。

第四条　（特许经营权授予方）委托_____于_____年___月至_____年___月对________项目进行了公开招标，经过________，确定_____为本项目的中标人，组建项目公司。项目公司的组成为______，______，和______。

第五条　（中标人）符合资格预审要求，具有要求的技术实力，提供的技术方案成熟、可靠，技术路线正确、合理，经营方案切实可行。

第六条　______市人民政府愿意授予项目公司特许经营权，由项目公司按照本协议的条款和条件实施项目，并授权特许经营权授予方与项目公司签署《特许经营协议》，并授权特许经营权授予方与项目公司签署《垃圾供应与结算协议》。

第二节　定义与解释

第七条　名词解释：（对协议中涉及的技术的和商务的特定含义的词汇和语句进行定义或限定，明确协议中使用的字母缩写和单位，包括但不限于

以下内容）

中国：指中华人民共和国，仅为本协议之目的，不包括香港特别行政区、澳门特别行政区和台湾地区。

法律：指所有适用的中国法律、行政法规、规章、自治条例、单行条例、地方性法规、司法解释及其他有法律约束力的规范性文件。

垃圾：指特许经营权授予方或由特许经营权授予方指定的其他机构按照《垃圾供应与结算协议》的规定提供给垃圾处理厂（场）处理的垃圾。

项目：指第三条规定的垃圾处理项目。

项目建设：指项目的垃圾处理厂（场）及其相关的设施和设备的设计、采购、施工、安装、完工、测试和调试。

公用设施：指由特许经营权授予方为了项目施工和运营，连接至场区边界并在特许期内负责维护和正常服务的输变电、供水、供气和通讯等设施。

日处理量：指根据垃圾供应与结算协议确定的以吨（t）为单位的垃圾日处理量，包括额定日处理量、月核定日处理量、预计核定日处理量、最高日处理量和最低日处理量。

协议：指特许经营权授予方与项目公司之间签订的本特许经营协议，包括附件，每一部分都应视为本协议的一部分。

批准：指需从政府部门依法获得的为项目公司或为垃圾处理厂（场）的投资、设计、建设、运营和移交所需的许可、执照、同意、授权、核准或批准，包括附件所列举的批准。

仲裁协议：指特许经营权授予方、项目公司和贷款代理人在本协议签订之日签订的仲裁协议。

投标保函：指发起人按照投资竞争人须知要求与本项目建议书同时提交的保证金、担保书或备用信用证。

履约保函：指根据第八条要求向特许经营权授予方提供的针对项目建设阶段的保证金、担保书或备用信用证。

维护保函：指根据第八条要求向特许经营权授予方提供的针对项目运营和维护阶段的保证金、担保书或备用信用证。

法律变更：指

（a）在___年__月__日之后，任何政府部门对任何法令、法律、条例、法规、通知、通告的实施、颁布、修改或废除；

（b）在___年__月__日之后，任何政府部门对有关任何批准的发出、续延或修改实施、修改或废除了任何实质性的条件，

无论是上述哪一种情况，

（a）导致适用于项目公司的税收、税收优惠或关税发生任何变化；

（b）实施、修改或取消了对垃圾处理厂（场）的投资、建设、运营、维护或移交的要求。

商业运营开始日：指完工证书签发日的同一日，即垃圾处理厂（场）的商业运营开始日。

建设工程开始：指建设承包商按照项目计划在场地进行的工程建设的开始。

项目公司：指以实施本协议为目的，根据中华人民共和国有关法律和法规在中国成立和登记注册的项目公司。

法定地址：____________，法定代表人：________，国籍：_________及其继承人及经许可的受让人。

特许经营权：指本协议中特许经营权授予方授予项目公司的、在特许经营期限内独家在特许经营区域范围内投资、设计、建设、运营、维护垃圾处理项目并收取费用的权利。

建设合同：指由项目公司和建设承包商之间达成的且由特许经营权授予方及/或其他政府主管部门批准或备案的有关垃圾处理厂（场）设计、建筑安装、工程监理和材料与设备采购的一个或多个协议。

建设承包商：指由项目公司通过招标所聘用且由特许经营权授予方及/或其他政府主管部门批准或备案的根据建设合同和本协议履行建设工程的一个或多个承包商及其各自的继承人和许可受让人。

建设期：指自项目公司进场开工日始至完工日止的垃圾处理厂（场）的建设期间。

协调机构：指根据第十条规定成立的机构。

违约：指一方不履行其任何项目协议项下的义务，并且不是由于另一方的作为或不作为违反任何项目协议项下的义务，也不是由于不可抗力或另一方承担风险的事件造成的。

生效日：指本协议条款中双方约定的生效日期。

不可抗力：是指在签订本协议时不能合理预见的、不能克服和不能避免的事件或情形。以满足上述条件为前提，不可抗力包括但不限于：

（1）雷电、地震、火山爆发、滑坡、水灾、暴雨、海啸、台风、龙卷风或旱灾；

（2）流行病、瘟疫；

（3）战争行为、入侵、武装冲突或外敌行为、封锁或军事力量的使用，暴乱或恐怖行为；

（4）全国性、地区性、城市性或行业性罢工；

（5）国家政策的变更，如对垃圾处理设施的国有化等；

（6）国家政府部门实行的任何进口限制或配额限制；

（7）由于非特许经营权授予方或其指定或委托的机构造成的运输中断。

移交日期：是指特许经营期届满之日（适用于本协议期满终止）或根据本协议第二十四条规定确定的移交日期（适用于本协议提前终止）。

环境污染：指垃圾处理项目对于地上、地下或周围的空气、土地或水的污染，且该等污染违背或不符合有关环境的适用法律或国际惯例。

融资文件：指依适用法律批准的与项目的融资或再融资相关的贷款协议、票据、契约、担保协议、保函、外汇套期保值协议和其他文件，但不包括：

（1）与股权投资者的认股书或股权出资相关的任何文件。

（2）与提供履约保函和维护保函相关的文件。

贷款人：指融资文件中的贷款人。

验收：指第十四条所述的确保项目设施达到技术标准、规范和要求及设计标准的测试和审核。

第三节 特许经营权

第八条 特许经营权

本条主要包括以下几方面的内容：

（1）授权范围：

a. 规定特许经营权授予方授予项目公司承担一个特许经营垃圾处理建设或运营项目权利的范围；

b. 为控制项目公司的风险，限制项目公司从事未经特许经营权授予方批准或同意的其他业务的权利；

c. 涉及到的所处理垃圾的地域范围和其他授权范围等。

（2）特许期限：即业主政府许可项目公司在该项目建成后运营合同设施的期限，该条款与业主政府及其用户、项目公司的利益都有非常密切的关系，特许经营期限应根据垃圾处理规模、技术路线、经营方式等因素确定，最长不得超过 30 年。并说明在不可抗力事件、一方违约、重大法律变更时特许期限的调整程序。

（3）转让和抵押

应说明项目公司抵押或转让垃圾处理设施的资产、设施和设备的条件。对于特许经营权的转让和抵押的限制等。其中：①项目公司如为本项目融资目的，经特许经营权授予方同意（特许经营权授予方不得不合理地拒绝同意）的情况下，可以在其资产和权利上设置担保权益；②项目公司股东在项目稳定运行　年限后应可以转让股权，前提是不影响项目继续稳定运行。

（4）特许期内项目公司的主要责任和特许经营权下项目公司应支付的费用，如项目的前期开发费（如征地拆迁，勘察、设计等）、各种保函（或其他方式的担保）。

第九条 声明、保证和前提条件

主要是申明双方的法律地位、经济情况和对于项目的许可、评审、听证、公示、批准等情况及承担项目资格和能力、项目成立的基本条件等。

第十条 特许经营权的监管

（1）特许经营权授予方应明确对于垃圾处理特许经营过程的行业监督

管理机构、监管内容和方式，并明确不合格情况下的处理措施。

（2）应当包括对于运行过程处理标准的监管、环境标准的监管、财务状况的监管和安全卫生的监管。

（3）明确协调机构的组建时间、人员组成、任务和责任。

第四节　新建项目建设

第十一条　土地使用权

主要包括土地使用权的获得过程中双方责权利，场地使用限制、使用权的改变和抵押、土地使用费等，土地使用期限及其延长。

第十二条　设计

包括设计要求、设计审批过程、设计变更程序等。

第十三条　建设

主要包括建设过程中特许经营权授予方和项目公司各自的责任、建设工程的质量保证和质量控制的责任和措施等，也包括了设备及材料采购和建设承包商的选择、项目计划及进度安排和保证措施、工期延误和不合格工程拒收等。

运营期的分期建设或扩建参照本章执行。

第十四条　验收和完工

（1）规定验收时间、依据的法规和标准。

（2）明确参加验收的人员组成。

（3）明确项目公司验收计划通知的时间和通知方式。

（4）明确工程验收结果的认可方式，初步完工证书的颁发和试运营的进行，以及最后完工的审核和证书的颁发。

（5）明确验收失败后的重新验收或审核的方式和程序。

（6）特许经营权授予方对提前完工情况下项目的实施安排。

（7）明确特许经营权授予方检验和接收工程或设施及发出初步完工证书或完工证书，并不解除项目公司承担项目设计或建设方面任何缺陷或延误的责任。

第十五条　完工延误和放弃

（1）明确由于不可抗力造成的完工延误情况下，双方责任的免除及进度日期的顺延。

（2）明确在特许经营权授予方导致的完工延误情况下，及进度日期的顺延。

（3）明确在不是由于特许经营权授予方的违约，或不是由于不可抗力造成的延误情况下，项目公司的责任。

（4）明确最后完工延误的违约金，以及这种违约金的最高限额。

（5）明确在由于项目公司违约造成建设工程已被项目公司放弃或视为放弃情况下，项目公司的责任或违约金。

（6）明确项目公司被视为放弃的条件。

（7）明确特许经营权授予方解除全部或尚未支取的履约保函（或其他方式的担保）项下金额的时间或条件。

（8）如对项目建设工期要求特别高，可以考虑加入介入建设条款，即如项目建设工期或质量严重不符合要求时，特许经营权授予方选择自行或指定第三方建设项目的条件。

第五节　项目的运营与维护

第十六条　运营与维护

（1）明确在整个特许期内项目公司负责垃圾处理设施的管理、运营、安全和维护的任务和责任。

（2）在整个特许期内运营维护期间，特许经营权授予方的责任和义务。

（3）明确监管机构对于运营安全和技术要求监督和检查要求。

（4）检验与维护手册：明确项目公司垃圾处理设施的检验与维护手册的要求。

（5）监督管理手册：明确特许经营权授予方对于项目公司运营和维护工作的监督管理权限、程序、措施和惩处手段。

（6）明确运营与维护保函（或其他担保）数额、补足要求和有效期等。

（7）明确项目公司违反其维护垃圾处理设施的义务情况下的处理措施。

（8）明确项目或其任何部分违反适用中国的安全标准和法规情况下的处理措施。

（9）明确项目公司运营垃圾处理设施应达到技术规范规定的处置标准、产品标准、环境标准。

（10）明确特许经营权授予方及其代表在不影响正常作业情况下进入垃圾处理设施，以监察垃圾处理设施的运营和维护的权利和条件。

（11）明确项目公司应提供的定期报告：包括运营报告、财务报告、环境监测报告等。

（12）明确如项目运营和维护严重不符合要求时，特许经营权授予方选择自行或指定第三方运营和维护的权利。

（13）明确运营期间需要扩建等建设项目时的程序与条件。

第十七条　垃圾的供应与运输

明确特许经营权授予方在整个特许期内根据相关垃圾供应与结算协议约定的条款，调配并向项目公司供应垃圾，项目公司应接收其运营垃圾处理设施所需的符合垃圾供应与结算协议要求的全部垃圾。项目公司不得接收垃圾供应与结算协议或其补充修订协议之外的垃圾。

第十八条　垃圾处理服务和垃圾处理费

特许经营权授予方应在整个特许期内根据垃圾供应与结算协议的有关条款供应垃圾，并向项目公司支付垃圾处理费，或明确收费方式和金额并办理完整的收费文件；协助相关部门核算和监控项目公司成本，提出价格调整意见。

第十九条　项目的融资和财务管理

（1）明确在特许期内，项目公司负责筹集垃圾处理设施建设、运营和维护所需的所有资金的义务。

（2）明确项目公司在特许期内项目公司股东在项目投资的股本金数额及比例要求。

（3）在使用外资情况下，规定项目公司所有需要以外汇进行有关本项目的结算的银行账户使用方法。

（4）在使用外资情况下，特许经营权授予方应明确项目公司、建设承包商和运营维护承包商在中国境内开立、使用外汇账户，向境外账户汇出资金等事宜。

（5）在使用外资情况下，应规定项目公司在特许期内将项目的人民币收入兑换成外汇，以支付项目外汇支出、外币贷款还本付息和支付外国股东股本金的利润等事宜。

（6）在利用外资情况下，项目公司（或股东）将其利润汇出境外的条件。

（7）对于项目公司财务报表的要求。

第六节　项目的移交

第二十条　特许期结束后的移交

（1）明确特许期结束后，项目公司向特许经营权授予方移交的有形、无形资产内容及完好程度。

（2）明确最后恢复性大修的时间、范围和要求，以及移交验收程序。

（3）明确移交的备品备件的内容和程序。

（4）填埋场情况下，对于项目公司进行封场及后处理的要求。

（5）明确移交日期垃圾处理设施的状况要求、缺陷责任期内项目公司的责任和责任的限制、以及对于未能修复缺陷或损害的赔偿、对于移交维护保险的要求等。

（6）明确在移交时，项目公司所有承包商和供应商提供的尚未期满的担保及保证、所有保险单、暂保单和保险单批单等转让给特许经营权授予方或其指定机构的方式。

（7）关于项目公司运营和维护垃圾处理设施的所有文件、图纸、技术和技术诀窍，及所有无形资产的移交和授让方式。

（8）明确特许期结束后原项目公司雇员的处置。

（9）明确对于项目公司签订的、于移交日期仍有效的运营维护合同、设备合同、供货合同和所有其他合同的处置。

（10）明确项目公司移走的物品的范围和方式。

（11）明确项目公司应承担移交日期前垃圾处理设施的全部或部分损失或损坏的风险，除非损失或损坏是由特许经营权授予方的违约所致。

（12）明确所进行移交和转让及其批准所需的费用和支出方式。

（13）明确移交机构组成及移交程序。

（14）明确本协议移交后的效力。

（15）明确特许经营权授予方对于运营与维护保函（或其他担保）的余额解除的时间或条件。

（16）明确如果特许经营权授予方将再次授予特许经营权，项目公司是否有优先权及其条件。

第七节　双方的一般义务

第二十一条　特许经营权授予方的一般义务

（1）明确特许经营权授予方应始终遵守并促使遵守任何中华人民共和国及政府部门颁布的所有有关法律、法规和法令。

（2）明确在重要的法律变更情况下协议的执行和补偿。

（3）明确可能的税收优惠。

（4）明确对项目公司为垃圾处理设施的投资、设计、建设、运营和移交所需的审查、许可、执照、同意、授权或批准。

（5）明确需要获得和保持批准，包括特许经营权授予方协助获得的批准和将由特许经营权授予方给予的批准的责任。

（6）明确特许经营权授予方对于项目公司、建设承包商及运营维护承包商或其各自的授权代表的物品和设备进出口所需的批准清单及责任。

（7）明确特许经营权授予方对于为项目公司、建设承包商、运营维护承包商的外籍人员及向项目公司提供为垃圾处理设施服务的必要人员取得就业许可的责任。

（8）明确特许经营权授予方提供的公用设施条件。

（9）明确特许经营权授予方在垃圾处理设施的建设、运营和维护过程中，对项目公司的经营计划实施情况、产品和服务的质量以及安全生产情况进行监督，并向政府提交年度监督检查报告。监督检查工作不得妨碍项目公司的正常生产经营活动。

（10）在项目的建设及运营期间，根据双方商定，特许经营权授予方将联系有关部门向项目公司提供公共安全保障。

（11）明确限制特许经营权授予方不当提取项目公司提交的投标保函、履约保函和运营与维护保函或其他方式的担保。

（12）明确特许经营权授予方是垃圾供应与运输协议项下的首要义务人，并享有相应的所有权利和应承担其各自协议项下的所有义务。

（13）明确特许经营权授予方任何违反垃圾供应与运输协议项下的义务应为特许经营权授予方本协议项下的违约。

（14）明确特许经营权授予方对项目公司在特许经营期间有不当行为时的终止协议或取消特许经营权的情况。

（15）明确协议上报备案要求，以及受理调查公众对项目公司擅自停业、歇业的，应令其限期改正，督促其履行义务。

（16）项目公司承担政府公益性指令任务造成经济损失的，政府相应的补偿责任。

第二十二条　项目公司的一般义务

（1）明确对于项目公司所有权的变更及股份转让的限制，及变更名称、地址、法定代表人时应提前书面告之特许经营权授予方并经其同意。

（2）明确对于项目公司履行本协议项下的义务应遵守的法律、法规和法令的要求。

（3）明确重要的法律变更情况下的要求和垃圾处理价格调整的规定。

（4）接受主管部门对产品、安全、服务、质量的监督检查。

（5）按规定的时间将项目公司中长期发展规划、年度经营计划、年度报告、董事会决议等报特许经营权授予方备案。

（6）明确项目公司应遵守和执行的有关环保标准和要求，以及项目公司在建设、运营和维护垃圾处理设施时对于避免或尽量减少对设施、建筑物和居民区的妨害的责任。

（7）明确项目公司应保证生产设施、设备运营维护和更新改造所必须的投入，并确保设施完好。未经政府批准，项目公司不得擅自停业、歇业。

（8）项目公司对于考古、地质及历史文物的保护的要求。

（9）明确是否优先使用中国的服务、货物及优先条件，对于招标过程中对于是否优先使用中国的承包商或中国的服务及货物等的要求，以及本垃圾处理设施中使用中国的服务和货物的程度对于将来其他的特许经营权项目招商时对于本项目公司地位的影响。

（10）对于项目公司使用中国的劳动力的要求，明确应遵守的相关劳动和工会法律和尊重法规赋予的工人的各项权利。明确应遵守的健康和安全法规和标准规范。

（11）明确项目公司与本项目有关的文件、协议与本协议的一致性。

（12）明确项目公司应按照中华人民共和国及其政府部门颁布的法律和法规缴纳所有税金、关税及收费。

（13）明确在特许期内，项目公司应购买和保持的保险单；明确对于项目公司应责成其承保人或代理人向特许经营权授予方提供保险证明书的要求；明确对于项目公司向特许经营权授予方提供承保人的报告副本或项目公司从任何承保人处收到的其他报告副本等的要求。

（14）明确项目公司对承包商和其雇员及代理人的责任，应明确项目公司对于其雇用承包商的责任及与承包商签订的任何合同应包括使项目公司履行本协议必要的本协议项下的条款。

（15）明确项目公司融资文件的条款要求。

（16）项目公司对其财产和本协议项下的任何所有权或其他权利和权益进行质押、抵押、不动产抵押或其他担保物权给贷款人以外的任何人的限制。

（17）明确项目公司在协议有效期内单方提出解除协议的提前申请时限，及在特许经营权授予方同意解除协议前，项目公司履行正常经营的义务。

第二十三条　特许经营权授予方和项目公司的共同义务和权利

（1）明确对于不可抗力引起的终止履行的规定

a. 明确对于项目公司声称的不可抗力而终止履行本协议或作为其不履行本协议项下义务的理由的限制条件；

b. 明确对于特许经营权授予方声称不可抗力而终止履行其本协议项下的义务或作为其不履行协议项下义务的理由的限制条件；

c. 明确对于不可抗力声称的程序；

d. 明确不可抗力造成影响情况下的费用补偿条件或时间表修改要求；

e. 在商业运营开始日之后，不可抗力事件期间的支付条件和方式；

f. 明确不可抗力造成的终止的程序要求；

g. 对于在受到不可抗力影响情况下，双方减少损失和协商的责任和要求；

h. 如果不可抗力造成建设工程或垃圾处理设施的实质性损坏情况下，设施修复的责任。

（2）明确在危及或者可能危及公众利益、公众安全的紧急情况下，特许经营权授予方临时接管特许经营项目的条件和程序。

（3）明确由特许经营权授予方向项目公司提供的文件的权属和限制、由项目公司向特许经营权授予方提供的文件权属和限制以及双方遵守对于文件的有关规定。

（4）明确特许期结束后双方的保密规定。

（5）明确双方相互合作以实现本协议的目的义务。

（6）明确特许经营权授予方和项目公司反对以欺骗、贿赂等不正当手段获得特许经营权的陈述、保证、约定、法律责任并声明。

第八节 违约的补救

第二十四条 终止

（1）明确项目公司违约事件下，特许经营权授予方有权立即发出终止意向通知。

（2）明确特许经营权授予方违约事件下，项目公司有权立即发出终止意向通知。

（3）明确终止意向通知的形式和程序以及发出终止通知的条件、程序。

（4）明确贷款人限制终止的条件、贷款人的介入权和条件、贷款人的介入承诺的内容要求、程序、有效期及其限制等、介入期结束条件和贷款人选择一个替代本协议项下项目公司的替代公司的条件和程序。

（5）明确由特许经营权授予方或其指定机构经营垃圾处理设施的权利和条件以及在项目公司违约事件发生之后且特许经营权授予方发出终止意向通知之后，特许经营权授予方在任何时候终止协议的权利。

（6）明确如果垃圾供应与运输协议终止、垃圾供应与运输协议项下项目公司违约事件、在垃圾供应与运输协议项下出现不可抗力导致的协议终止等对于本协议的影响。

（7）明确本协议终止后双方在本协议项下的进一步的义务，或对其他条款的影响。

（8）终止后的补偿。

a. 明确项目公司违约事件下项目终止时，项目公司的赔偿方式和垃圾处理设施的处置。

b. 明确如果在生效日期后项目公司因特许经营权授予方违约事件终止本协议，特许经营权授予方对于项目公司的补偿方式。

c. 因法律变更导致的终止情况下特许经营权授予方对于项目公司的补偿方式。

（9）明确由于不可抗力造成垃圾处理设施破坏，致使本协议终止情况下，项目公司得到垃圾处理设施保险的保单项下的付款的权利，以及该保险赔款的支付顺序。

（10）明确一方终止本协议的权利并不排除该方采取本协议规定的或法律规定的其他可用的补救措施。

第二十五条　本协议违约的赔偿

（1）明确以本协议的其他规定为条件，每一方应有权获得因违约方未遵守本协议的全部或部分而使其遭受的损失、支出和费用的赔偿，该项赔偿由违约方支付。

（2）明确各方未能履行义务情况下的免责条件。

（3）明确由于另一方违约而遭受损失或受损失威胁的一方应采取合理行动减轻或最大程度地减少另一方违约引起的损失的责任。

（4）如果损失部分是由于受侵害方的作为或不作为造成的，或是由该方承担风险的事件造成的，赔偿的数额应按照这些因素对损失发生的影响程度而扣减。

（5）明确各方对于由于本协议引起的、在本协议下或与本协议有关的任何索赔为对方的任何间接、特殊、附带、后果性或惩罚性损害赔偿的责任。

（6）本条中的任何规定不应阻止任一方采取本协议规定的或有法可依的任何其他补救措施。

第二十六条　责任与保障

（1）明确每一方对于其在履行本协议中的违约所产生的死亡、人身伤害和财产损害或损失，从而产生的基于此之上的责任、损害、损失、费用和任何形式的请求权，对另一方进行赔偿、提供辩护的权利。

（2）明确项目公司是否对于保障、赔偿特许经营权授予方免于承担由于项目的建设、运营和维护造成的环境污染所产生的所有债务、损害、损失、费用和索赔等的规定。

（3）明确上述规定的各方由于在本协议期满或终止之前发生的任何作为、不作为、行动、事情或事件产生的义务在本协议期满或终止后的继续有效性。

（4）明确提出索赔和抗辩程序。

第九节　协议的转让和合同的批准

第二十七条　协议的转让

（1）明确对于特许经营权授予方授让或转让其本协议项下全部或部分的权利或义务的条件和限制。

（2）明确项目公司转让其本协议项下全部或部分的权利或义务的条件和限制。

第二十八条　合同的批准

明确项目公司需要特许经营权授予方批准或备案的合同，并列于需要预先批准的合同清单。并明确上述合同批准或备案的程序。同时，特许经营权授予方对合同的批准并不免除项目公司在本协议项下的任何义务或责任。

第十节　争议的解决

第二十九条　解释规则

（1）明确本协议包括的文件内容。

（2）明确本协议构成双方对项目的完全的理解，并且取代双方以前所有的有关项目的书面和口头声明、协议或安排。

（3）明确本协议任何修改、补充或变更的形式和程序。

（4）明确如果本协议任何部分被任何有管辖权的仲裁庭或法院宣布为无效，协议其他部分的有效性。

（5）明确特许期内本协议及垃圾供应与结算协议相对于其他协议的优先顺序。

（6）明确执行本协议需要的一些解释。

第三十条　争议的解决

（1）明确对于产生争议时，组织协调机构友好解决的方式和程序。

（2）明确在不能通过协调机构友好解决情况下，通过专家组的调解时，专家组的组成、调解程序和费用等。

（3）若双方未能通过协调机构友好解决或通过专家组的调解解决争议、分歧或索赔，或如果对专家组的决议提出异议时，进行仲裁解决的机构。

（4）仲裁协议中需明确双方将协议项下的同一实质性问题发生的争议，提交仲裁的解决程序合并等事宜。

（5）明确通过司法解决争议、分歧或索赔的可能性。

（6）明确双方应在争议解决期间继续履行其本协议项下的所有义务。

（7）明确本条规定的争议解决条款在本协议终止后继续有效。

（注：争议解决方式只能选择仲裁机构和法院中的一种）

第十一节　其　他

第三十一条　其他条款

（1）明确双方在本协议项下各自独立的责任、义务及债务。

（2）明确本协议项下的通知应采取的方式和文字。

（3）明确一些对于协议条款不视为弃权的行为。

（4）明确特许经营权授予方对于任何司法管辖权下对其自己或其财产或收益所具有的诉讼、执行、扣押或其他法律程序的主权豁免，同意不请求主权豁免并特此不可撤销地放弃上述主权豁免。

（5）明确本协议适用中华人民共和国法律并根据中华人民共和国法律解释。

（6）明确项目公司根据本协议及其附件的要求申请获得的各种执照、许可和审批，均应向特许经营权授予方提交复印件备案。

（7）规定协议文本的文字和数量。

本协议由愿受其法律效力约束的双方经正式授权的代表在其签字下注明之日签署本协议，以昭信守。

特许经营权授予方： [公章]	项目公司： [公章]
法定代表人（签字）：	法定代表人（签字）：
姓名：	姓名：
职务：	职务：
日期：	日期：

附件二

固废处理 PPP 项目协议

本 PPP 项目协议（以下简称“本协议”）于 年 月 日由以下各方订立：

甲方：________，系按照中华人民共和国（下称“中国”）法律依法组建和存续的【 】省【 】人民政府（下称“市政府”）的职能部门

乙方：【 】系按照中国法律依法设立及存续的有限责任公司。

鉴于：

1. 为实现对【 】固废无害化、减量化、资源化处理的目标，【 】市政府（以下简称“市政府”）决定采用 PPP（政府与社会资本合作）模式实施固废处理 PPP 项目（下称“本项目”或“项目”）。

2. 市政府授权【 】城建局（“市城建局”）作为本项目的采购人，选择本项目社会资本合作方，并授权甲方代表市政府与项目公司签署本协议。

3. 甲方同意授权投资人依中国法律依法设立的有限责任公司（以下简称“乙方”或“项目公司”）对项目进行投融资、设计、建设、运营、管理和维护项目设施。

4. 本协议签署之日，乙方尚未设立，故本协议由乙方的股东与甲方先行签署，待乙方设立后，应无条件签署本协议，并在本协议首部和尾部乙方处签字盖章予以确认并加盖骑缝章。

为明确双方的权利和义务，依据中华人民共和国有关法律、法规、规章，双方达成如下协议，以资共同信守。

第 1 条　术语定义

1.1 定义

本项目协议中，除文件明示另有所指外，下列术语具有如下含义：

本协议	指由甲方与乙方签署的《固废处理 PPP 项目协议》，包括全部附件，以及日后可能签署的任何本项目协议之补充修改协议和附件，每一部分都应视为本协议的一部分。
本项目	指固废处理 PPP 项目。

续表

批准	指乙方需从有关政府部门获得的，为本项目的投融资、建设、运营、管理和维护所需的许可、执照、同意、授权、批准、特许权、认可或相同、类似的文件。
垃圾处理量	指甲方或其指定机构运送至处理厂处理的符合本合同约定要求的垃圾处理量。
合作期	本项目合作期暂定为 年，含项目建设期与项目运营期。自本协议生效之日起计算。
项目设施	指由乙方自行投资建设的，用于本协议约定之管廊服务的与本项目相关的全部构筑物、建筑物、设施、设备等。亦包括由乙方负责运营维护的公共设施和配套设施。
项目资产	指与项目有关的所有资产，包括但不限于：（a）项目的土地、房屋、构筑物等不动产，及设备、备品、备件、工具等动产；（b）划拨土地使用权（可选择适用）；（c）本项目项下乙方拥有所有权的知识产权；（d）项目文件项下的协议性权利；（e）运营和维护记录、质量保证计划。
适用法律	指所有适用的中华人民共和国法律、法规、规章、地方性法规、司法解释、政府部门颁布的标准、规范或其他适用的强制性要求、有法律约束力的规范性文件等。除非另有特别约定或文意另有所指，本协议中提及的“法律”均包括适用法律的全部定义内容。
法律变更	指在生效日后颁布、修订、废止或重新解释的任何适用法律导致甲方或乙方在本协议项下的权利义务发生实质性变化。
政府行为	指甲方的任何上级政府部门（省级及以上）的国有化、征收及征用等行为。
贷款人	指融资文件中的贷款人或项目资金提供人。
融资文件	指与本项目或其任何一部分的建设和运营相关的贷款协议、担保协议保证金和其他文件，但不包括股东作出的出资承诺或出资、建设期履约保证金、运营维护保证金以及移交维护保证金。
建设期履约保函	指乙方按照第 11.1 条的规定提供的、为担保其履行在本协议项下的项目建设等义务的担保函。
运营维护保函	指乙方按照第 11.2 条的规定提供的、为其履行在本协议下的运营维护义务和其他违约赔偿义务的担保函。
移交维护保函	指乙方按照第 11.3 条的规定提交的、为担保其履行在本协议项下移交、质量保证等义务的担保保证金。
建设期	本项目建设期为 年，自本协议生效之日起计算。本项目应按照政府方确定的计划完成时间完成，其中国家示范项目应按照《实施计划》完成（经政府方同意确需调整的按照政府方确定的时限完成）。
开工日	指项目工程开始施工之日，以总监理工程师签发的开工令之日为准。

续表

运营维护费	指依据的约定，按确定的计费周期向乙方逐期支付的费用，主要用于乙方固废处理支出。
谨慎运营惯例	承包商或操作者的技能、勤勉、谨慎和预见能力的惯例标准。就本项目而言，谨慎运营惯例应包括但不限于采取合理的步骤，以确使：（a）在满足正常条件下及合理预测的非正常条件下项目拥有所需要的充足材料、资源和供应品；（b）拥有足够数量、充足经验并经过适当培训的工作人员，以恰当有效地按照相应的手册和技术规范运营本项目并能够处理紧急情况；（c）由有知识并受过培训和有经验的人员进行预防性日常和非日常维护和修理，以确使本项目长期、可靠和安全地运营。
市政府	指某市人民政府。
市审计局	指某市审计局。
政府部门	指：1. 中国国务院及其下属的部、委、局、署、行，中国的司法或军事当局，或具有中央政府行政管理功能的其他行政实体；2. 省、市、区、县各级地方政府及其职能部门。
生效日	指本协议甲乙双方盖章并由双方法定代表人或授权代表人签字之日。如依照适用法律需要履行审批程序的，则在有权部门审批后生效。
工作日	指除中国法定休息日和法定节日或假日以外的、各机构普遍工作的任何日期。
终止日	指本协议提前终止的日期。
移交日期	指运营期届满之日后的第一个营业日（适用于本协议期满终止），或经双方书面同意的移交项目设施的其他日期。

1.2 解释

本协议中的标题仅为阅读方便所设，不应影响条文的解释。以下的规定同样适用于对本协议进行解释，除非其上下文明确显示其不适用。

在本协议中：

（1）合同或文件包括经修订、更新、补充或替代后的该合同或文件；

（2）“元”指人民币元；

（3）条款或附件：指本合同的条款或附件；

（4）一方、双方：指本合同的一方或双方，并且包括经允许的替代该方的人或该方的受让人；

（5）除非本合同另有明确约定，“以下”“以内”或“内”均含本数，

“超过”“以上”“以外”不含本数；

（6）除非本合同另有约定，提及的一方或双方均为本合同的一方或双方，并包括其各自合法的继任者或受让人；

（7）所指的日、月和年均指公历的日、月和年，其中一年以 365 天计，一个月以 30 天计；

（8）本合同中的标题不应视为对本合同的当然解释，本合同的各个组成部分都具有同样的法律效力及同等的重要性；

（9）本合同并不限制或以其他方式影响甲方及其他政府部门行使其法定行政职权。在本合同有效期内，如果本合同项下的有关约定届时被纳入相关法律规范属于甲方或其他政府部门的行政职权，适用该等法律规定；

（10）要求在某一非工作日付款：指该付款应在该日后的第一个工作日支付。

第 2 条　合作期和特许权

2.1 合作期

2.1.1 除非依据本协议的相关条款而终止，本项目的合作期限为　年，包括建设期　年与运营期　年，合作期限自本协议生效之日起计。合作期满，乙方将项目资产无偿移交给市政府。

2.1.2 在合作期内，如发生下列事件，双方可以根据实际情况对合作期限进行调整。合作期限可延长：

（a）因甲方原因或其他不可抗力原因导致项目建设期延长的；

（b）甲方在本协议项下违约，造成项目运营中断的；

（c）不可抗力导致项目运营中断的；

（d）法律法规、国家政策变化或政府的公益性指令造成本项目的运营中断，实际运营期限比原有约定期限缩短的；

（e）其他双方一致同意的情形。

2.1.3 延长合作期限应经甲方书面同意。乙方在第 2.1.2 条约定的事件发生之后，可申请延长合作期，甲方在收到申请后二十（20）个工作日内核实并作出书面确认与否意见，逾期未提出意见视为同意延长合作期。

2.1.4 权利限制

除了出于为本项目融资的目的外，乙方不得为其他目的对项目设施以及收益权进行转让、出租、抵押、质押或设置任何担保权益。乙方不得将项目用地用于出租、转让、抵押、质押、承包给他人。

2.1.5 合作期满后的归属

合作期满，甲方有权依照届时有效的法律法规选择经营者，如乙方在上述合作期限内履约记录良好，则在同等条件下享有优先权。若乙方就项目后续的运营维护事宜与政府或政府指定的其他机构未达成新的协议，或如需重新招标而乙方未获中标资格的，则土地使用权由政府无偿收回，乙方应将项目设施完好、无偿移交给甲方。

乙方应保证在合作期满时解除在项目收益权或项目设施上设置的任何担保或其他权利限制，期满未能解除导致逾期移交的，丁方对此承担连带赔偿责任。

2.2 特许权

2.2.1 特许权的授予

根据市政府的授权，甲方以本合同约定的条款及条件，授予乙方在特许期内，以排他且独占的方式，对本项目进行投融资、设计、采购、建设、运营和维护。

乙方的特许经营权在整个特许期内始终持续有效。

2.2.2 特许经营的方式

依照本协议的约定，乙方应在特许期内自行承担费用及风险，负责本项目的投融资、设计、建设、运营、管理、维护和修理。

2.2.3 项目的所有权和运营权

乙方在特许经营期内拥有项目所在地块国有土地使用权及项目所涉所有设备和设施所有权以及项目运营管理权。

2.2.4 特许经营期

除非依据本协议进行修改或者延期，特许经营方式为建设—运营—移交，特许经营期为 30 年，其中建设周期　年，运营期　年，运营期自商业运营开始日起算，特许经营期满后该项目全部移交甲方。

2.2.5 特许权的独占性

根据本协议授予乙方的特许权是独占且排他的，甲方承诺及保证不会将本协议项下所述之与项目的投资、设计、建设、运营、维护和修理等有关的任何权利以明示或默示的方式全部或部分授予任何第三人。

2.2.6 特许经营权的监督

甲方为本项目的行业监督管理部门，对本项目的投资、建设、运营、维护和管理等实施全面监管，乙方必须给予积极配合，但甲方的前述监管行为不得妨碍乙方正常的生产经营活动。

第 3 条　声明和保证

3.1 乙方在此声明和保证：

（1）乙方是合法存续的有限责任公司。

（2）在签署本协议时，本协议将是有效、合法和可以根据其条款在中国法律法规下约束乙方的，不需要采取进一步行动。

3.2 甲方在此声明和保证

（1）甲方已经获得市政府的充分授权，有权订立和履行本协议。

（2）甲方已采取所有必要的行动订立本合同和履行其在本合同下的义务。

（3）在签署本协议时，本协议将是有效、合法和可以根据其条款在中国法律法规下约束甲方的，不需要采取进一步行动。

第 4 条　土地的取得

4.1 土地权利的取得

本项目由甲方将相关建设用地提供给乙方施工建设。

项目临时性用地使用期满后，由乙方负责拆除地上建筑物、构筑物并恢复原状，关于该临时性用地发生的纠纷由甲方负责协调解决。

4.2 对土地使用的限制

乙方不得将该项目涉及的土地使用权转让给第三方或用于该项目以外的其他用途。

4.3 他项权限制

乙方在项目合作期内，不得将本项目建设用地使用权转让、互换、出资、赠与或抵押。

4.4 遵守法律

乙方使用土地时应当遵守《土地管理法》等相关法律法规的规定。

第 5 条　前期工作

5.1 前期工作的分担

乙方应负责：可研、地质勘探，初步设计及其评审、施工图设计及评审、核准等项目前期工作的实施，非因乙方原因造成乙方无法完成上述文件的编制及上报等工作的，乙方不承担责任。甲方应协助乙方排除障碍，继续完成相关工作。

市政府应对乙方负责的前期工作提供协助，并且对乙方实施项目前期工作具有监督检查的权利和责任，必要时协助乙方提供本项目立项及项目核准过程中所需要的支持性文件及资料，并确保相关政府部门完成应由其完成的前期工作。

5.2 前期工作的要求

若任何一方合理的预计该方负责的项目前期工作不能在本协议约定的期限内完成，则该方应及时通知另一方并详细的说明以下情况：

（1）不能按本协议约定期限完成的原因；

（2）所预计的可能超出预期日期的天数和其他可合理遇见的对项目不利的影响；

（3）该方已经采取或者建议采取的解决或减少延误及其影响的措施。

第 6 条　项目资本金和项目融资

6.1 项目投资规模及其构成

根据项目的可研报告，本项目估算总投资 亿元，其中：工程费用 亿元，其他费用（含征地拆迁费用）______亿元。

6.2 项目融资额

6.2.1 本项目项目资本金不低于《国务院关于调整和完善固定资产投资项目资本金制度的通知》（国发〔2015〕51 号）规定的最低资本金比例要求。如本项目合作期内国家发布新的有关资本金制度规定的，按照新的规定执行。

6.2.2 在生效日，项目资本金比例为项目总投资的百分之二十（20%），即_____万元。项目资本金应为非债务性资金，【平台公司】和中标人均以现金出资，不得采用债权形式，乙方不承担这部分资金的任何利息和债务。

6.2.3 本合同生效日起十四（14）日内，甲方和中标人分别应将其应出资额的百分之七十五（75%）出资到位；生效日起九十（90）日内，甲方和中标人分别应将其应出资额的百分之二十五（25%）出资到位。

6.3 融资交割

6.3.1 乙方应在生效日起两（2）个月内完成融资交割并在完成融资交割后七（7）个工作日内，向甲方书面确认融资交割完成，并提交所有已签署的融资文件的复印件，以及甲方合理要求的证明融资交割已实现的任何其他文件。

6.3.2 若乙方未能按照第 6.3.1 条款的规定完成融资交割，乙方可以向甲方申请宽限期，但该宽限期时间最长不超过九十（90）日，以经甲方书面同意的期限为准。

6.3.3 如融资交割未能按期实现且未能获得甲方批准的宽限期，或未能在宽限期内完成，甲方有权提前终止本合同。

6.4 甲方对项目融资的支持

6.4.1 甲方应协调相关政府部门，在合法的前提下，为乙方的融资提供相关的便利和支持，必要时出具相关文件和证明。但甲方不应为乙方的融资行为提供任何形式的担保或抵押。

6.4.2 在其他条件（如担保、抵押或质押等）相同或类似的前提下，如甲方或其他政府部门争取的银行贷款、各类债券、商业票据、基金等融资方式的核心条件（主要是利率、融资期限、偿还方式等）较中标人投标文件中列明的或乙方拟采用的融资方式的核心条件更为优惠的或有利于降低乙方利息负担和本息支出的，则乙方必须采用甲方提供的融资方式，双方应共同配合落实该等融资方式。

6.4.3 甲方负责申请本项目中央财政补贴资金，并承诺在中央财政补贴资金到位后及时拨付给乙方使用。

6.4.4 项目建设期内，本项目若再争取到额外的奖补资金，则须相应降低政府支付的可行性缺口补贴金额。若中央财政补贴资金及省财政补贴资金在整个项目建设期内不能足额到位，则相应增加乙方投资金额并相应增加政府支付的可行性缺口补贴的金额。

6.4.5 乙方在取得甲方书面许可的前提下，可通过依特许经营权而享有的收益权向提供融资的合法债权人按程序依法提供质押担保，所融资金应全部用于本项目投资（含征地和拆迁补偿）、建设和运营。市政府有义务为项目公司提供融资所需资料及文件，但不提供融资担保。未经市政府同意，项目公司不得将项目资产、设施、设备转让和抵押。

6.4.6 融资金额应全部用于本项目投资（含征地拆迁补偿）、建设和运营，并足以保证完成本项目的全部建设内容，满足项目运营维护的要求。

6.4.7 如项目融资额不足或未能按期完成融资的，乙方股东丁方应保证以自有资本、提供融资担保等各种方式确保乙方能够获得足额融资，按照本协议约定的建设进度保障资金及时到位，确保本项目的顺利建设和后续的运营维护。

6.5 融资文件必须具备的条款

乙方应确保贷款协议中包含有贷款人承诺的下述条款：

6.5.1 只要本协议（含附件）有效，贷款人不得采取任何行动影响、干扰、损害或终止甲方在本协议项下的权利；或以其他方式对本协议造成不利影响；

6.5.2 贷款人通过书面方式将乙方在贷款协议下的违约通知甲方；

6.5.3 给予甲方在收到上述违约通知后九十（90）天内纠正乙方此类违约的权利；

6.5.4 在上述纠正期间不行使贷款人对违约的任何权利或补救；

6.5.5 纠正期满时，乙方违约事件持续的，贷款人行使权利应以不妨碍和损害甲方在本协议下的权利和项目的正常运营为前提。如在纠正期内，触发贷款方直接介入的重大风险解除的或者提供贷款方能接受的补充担保措施后，贷款方应停止介入。

6.6 甲方对项目融资的支持

6.6.1 为保障本项目融资，甲方应负责协调其他政府部门，按照相关规定要求，在本项目完工之前，将本项目的政府付费列入某市政府的一般性财政支出预算和中长期财政规划，并取得某市人大或人大常委会的批准文件。

6.6.2 甲方应协调政府相关部门，协助乙方向金融机构申请长期低息贷款，并在合法的前提下，为乙方的融资提供相关的便利和支持，但不提供融资担保，必要时出具相关文件和证明。

第 7 条　项目的建设

7.1 项目的建设内容

具体建设内容以经审查通过的施工图设计文件为准。在本项目建设期内，如上述建设内容发生变化的，须经过有权审批机关的批准同意。如建设内容减少或子项目削减，乙方和乙方股东对此予以完全接受，并承诺不就此向甲方或其他相关政府部门索要任何赔偿或经济补偿。

7.2 项目建设质量保障

7.2.1 乙方工程的施工、监理、质量管理、安全管理、竣工验收等应符合相关法律和强制性标准，且应符合本协议规定的所有要求。

7.2.2 乙方应依法选择和确定本项目主体工程的承包商，政府付费项目必须按照公开招标的方式确定承包商，整个招采过程须经财政、审计、甲方等部门审核后实施，并报甲方备案。

7.2.3 乙方在开始建设工程之前，须建立一套完整的质量保证和质量控制方案交甲方审查确认后执行，并作为验收依据之一。甲方在收到该质量保证与质量控制方案后的十（10）个工作日内，应提出审查意见；甲方在收到乙方的方案后的十（10）个工作日内，没有提出审查意见则视为认可该方案；如甲方的审查意见要求乙方进行修改的，则乙方应当在收到甲方通知后的十（10）个工作日内，修正该方案并将其重新提交给甲方审查确认后方可执行。

7.2.4 在不影响乙方履行本协议项下义务的情况下，甲方有权在工作时间内对乙方或承包商履约情况进行检查，以保证乙方工程的任何部分均符合本协议的要求。乙方须对此项检查予以协助。

7.2.5 若甲方有足够的证据证明乙方建设工程或其他任何部分与本协议所规定的或其他相关部门所规定的质量或安全要求严重不符，甲方有权立即通知乙方，乙方应按照要求进行整改。若乙方在收到甲方通知后五（5）个工作日内未进行整改，则甲方有权自己进行或委托第三方进行必要的纠正，一切风险与费用由乙方承担，并有权从建设期履约保函项下提取相应金额或者直接从政府补贴中抵扣；在该情况下，乙方须允许甲方或其委托的承包商为此目的而出入项目场地。若乙方拒绝甲方或其委托的第三方进入项目场地进行纠正工作，视为乙方违约，甲方有权选择终止本协议，并要求乙方承担与建设期履约保函等额的违约责任。

7.2.6 除本协议另有规定外，对乙方提交的质量保证与质量控制方案，甲方的任何作为或不作为，均不会：（1）减轻或影响乙方遵守本协议或法律所要求的与质量保证有关的义务或责任；（2）被视为甲方应对质量保证与质量控制方案承担任何责任。

7.2.7 项目公司应在签署、取得或完成（视情况而定）下列文件后十（10）日内，将下列有关建设工程的文件之原件报甲方备案，原件需留用于项目公司的，应提供加盖项目公司印章的复印件：

（1）设计委托合同；

（2）项目初步设计和施工设计文件；

（3）相关主管部门批准的设计施工图和审批意见及建设工程施工许可证；

（4）建设工程施工合同、施工组织设计和工程建设计划；

（5）调试合同（如有）和工程监理合同；

（6）主要设备的采购合同。

7.2.8 建设期间，项目公司严格实行安全管理，避免安全事故，若出现事故，项目公司应承担全部责任并依据国家相关规定严肃处理。

7.3 设备与材料采购

乙方应负责依法购置本项目工程建设所需要的一切临时性或永久性的

设备、材料及其他物品，本项目工程建设所需的一切设备、材料的采购、供应、进口应当按照法律实施并符合国家的规范和标准及本协议的约定。

7.4 甲方的权利和义务

（1）对乙方的建设过程实施监管，包括项目建设进度、工程质量、安全防范措施等；以及要求项目公司进行项目交付和缺陷责任期内的维修；如发现存在违约情况，有权根据本合同进行违约追责和兑取履约保函；

（2）有权要求本项目依法接受审计机关的审计监督；

（3）制定建设标准的权利和变更标准的权利。合作期内，根据适用法律法规及所有具有普遍约束力的强制性规范性文件，对建设标准进行变更；

（4）要求项目公司上报项目建设等相关信息的权利；

（5）甲方有权出入项目设施场地，但应遵守下列规定：一是，仅在检查建设进度、监督乙方履行本合同项下义务时有权进入场地；二是，需要遵守一般的安全保卫规定，并不得影响项目的正常建设和运营。上述条件和限制仅是对甲方合同权利的约束，甲方及其他政府部门为依法行使其行政监管职权而采取的行政措施不受上述合同条款的限制；

（6）在建设期内协助项目公司与相关政府部门的联系，协助乙方进行取得建设所必须的证明文件等工作；

（7）根据公共设施用地原则，在本协议生效后，按项目公司需求，乙方提出项目建设用地需求，甲方应协助项目公司办理土地手续；

（8）甲方应协助项目公司办理与本项目有关的上级专项补助资金等事宜，专项补助资金归项目公司所有；

（9）为本项目建设施工提供必要条件与其他支持，包括水、电、气和道路等配套设施等。

7.5 乙方的权利和义务

（1）乙方应根据本项目技术需求书（包括工程建设、技术标准、运营管理等内容）的要求，完成以下建设内容：

a. 项目用地红线范围内的所有建设安装等工程；

b. 施工临时用水、用电、厂区道路等；

c. 运营所需的地下管网；

d. 本协议的所有其他要求；

e. 为实现提供本协议项下的公共产品和公共服务所需的其他必要合理的条件等。

（2）乙方应切实履行全部投标承诺和义务，包括项目经理、拟派人员、设备、工艺、工程管理等。如有重大变更事项，需事先通报于甲方共同协商并书面备案，否则视为违约，责令限期整改；

（3）乙方应尽最大努力申请并及时获得从事建设工程所需要的政府部门的各种批准，并使其保持有效，承担所有获得上述批准所需要的费用和支出；

（4）在开工日或之前开始建设工程；

（5）建设期间，乙方严格实行安全管理，避免安全事故，若出现事故，乙方应承担全部责任并依据国家相关规定处理；

（6）乙方保证土建工程和设备安装工程符合国家规定的技术规范，确保项目建设符合国家相关建设标准、质量标准、安全和环保要求等。特许经营期间，乙方在项目的运营管理、维护和建设中，需临时占用公共用地、城市道路、绿化带及其公共设施时，应按规定报经有关部门批准后方可组织实施。工程结束后，乙方应将占用或动用的设施恢复原状；

（7）特许经营期间，乙方在项目的运营管理、维护和建设中，需要进入居民用户室内或居民拥有土地使用权的范围内作业的，事先应与该用户协商。乙方在作业结束后应对所占用或动用的设施恢复原状。对用户不给予配合而使乙方无法或严重影响乙方向公众提供正常服务的，甲方应依法给予乙方必要协助；

（8）在施工过程中注意安全以保护生命、健康、财产和环境，避免安全事故；

（9）在施工期间采取一切合理措施减少对公众、居民和商业的干扰和不便；

（10）乙方应按照要求按时提供建设期履约保函。

7.6 延误的处理

7.6.1 甲方造成的延误

如果由于甲方的故意或疏忽而违背了本协议约定的义务，直接导致建设工程的竣工延误，或者造成建设或融资的成本增加，甲方将给予乙方相应的补偿。

7.6.2 乙方造成的延误

如果由于乙方的故意或疏忽导致的建设工程的竣工延误，造成甲方无法进行固废处理从而带来环境影响，乙方应给予甲方适当补偿。

7.7 项目的验收

竣工验收前，乙方应向甲方提供以下竣工验收文件：交工验收报告、项目执行报告、设计工作报告、施工总结报告和监理工作报告、项目基本建设程序的有关批复文件、档案、环保等单项验收意见、土地使用证或建设用地批复文件、竣工决算的核备意见、审计报告及认定意见等其他竣工验收资料文件。甲方和有关政府部门对验收申请进行审查，必要时可组织现场核查。

项目竣（交）工验收期间质量监督机构进行工程质量检测所需的费用由乙方承担。

7.8 审计

项目交工验收合格以后，乙方应根据交工验收资料向市审计部门报送项目投资决算资料。乙方应同时提交一份供甲方备案。

市审计部门在接到竣工决算审计的申请后，应当按照相关规定在三（3）个月内完成竣工决算审计，出具审计报告。市审计部门因特殊情况不能在规定的时间内完成竣工决算审计的，经过法定程序可以适当延长审计时间，但延长的时间最长不得超过三（3）个月。

乙方应积极配合市审计部门进行的审计工作，并提供相应的文件和资料。

7.9 建设的放弃

7.9.1 放弃的形式要求

乙方以书面形式表示放弃本项目建设。

7.9.2 视为放弃

如果乙方出现下列情况，则本项目的建设应视为已被放弃：

（a）书面通知甲方其已终止项目全部或其部分工程，且不打算重新开始施工；

（b）由于乙方原因未能在项目开工日之后三十（30）天内开始项目的建设；

（c）甲方违约事件规定的情况发生并导致项目建设暂停，但在该等情况结束后，如任一子项目仍然具备继续施工的条件，乙方未能在此后三十（30）日内恢复建设工程施工；

（d）乙方出于任何其他原因在项目运营开始日前停止建设或直接或通过施工承包商撤走场地全部或大部分的工作人员，因更换施工承包商导致撤走全部或大部分工作人员的除外，但该等更换应当自建设工程停工之日起七（7）日内完成；

（e）由于乙方原因未根据建设进度计划的规定建设应当建设的工程或其任何部分，且迟延超过九十（90）日的，但甲乙双方另行达成一致的除外；

（f）未能在获得甲方书面确认的任一子项目运营开始日后三十（30）日内开始提供运营维护服务。

7.9.3 下述情况亦视为乙方放弃本项目：

（a）乙方未能根据本合同完成融资交割，且在甲方提出要求后三十（30）日内仍未完成；

（b）乙方未能根据本合同支付前期费用或征地拆迁费用，且在甲方提出要求后七（7）日内仍未支付。

7.9.4 如果乙方放弃或视为放弃项目的建设，甲方有权从乙方提交的履约保函中兑取全部款项并无偿拥有已建成的在建工程，且甲方无须向乙方承担任何补偿或赔偿，本合同自动终止。

第 8 条　项目的运营和维护

8.1 乙方的主要责任

在整个特许期内乙方应自行承担费用和风险，负责项目的管理、运营、维护和修理，乙方应保证在整个特许期内始终按谨慎工程和运营管理运营本项目，是本项目处于良好运营状态并能够高效安全稳定地按照运营参数处理固废。

8.2 甲方的主要责任

（1）向乙方支付固废处理费；

（2）对固废的处理不应超过运营参数；

（3）对垃圾的调度不应超过最大垃圾处理量。

8.3 运营维护手册和记录

8.3.1 在项目开始商业运行日之前，项目公司应根据适用法律和谨慎运营惯例编制项目设施的运行维护手册（下称“手册”），该手册在项目运营期间应根据项目运行的实际情况随时进行修改和完善。项目公司应将编制完成或实时修订的运行维护手册及时提交甲方备案，甲方有权根据需要要求项目公司对运行维护手册的内容进行完善。

8.3.2 手册应包括进行定期和年度检查、日常运行维护、大修维护和年度维护的程序和计划，调整和改进检验及维护安排的程序和计划以及应急方案。

8.3.3 手册应列明正常运营所需的消耗性备品备件和事故抢修的备品备件。

8.3.4 运营、维护、修理记录：

（1）对运营、维护和修理项目的情况进行详细记录；

（2）准许甲方在给予合理通知后于正常工作时间对其运营维护情况进行检查并查阅和复制上述记录；

（3）甲方承诺若乙方的上述记录可能包含商业秘密的，其应尽合理努力予以保密。自开始商业试运行日后第六十（60）日起，乙方应于每月五（5）日前向甲方提交上一月份的运营记录。

8.4 监督与检查

8.4.1 甲方有权派出监督员或者指定任何代表在任何时候进入项目场地，以监察项目设施的运营和维护。但是，甲方监督员或其指定代表进入项目场地或乙方的办公场所不应不适当地干涉乙方对项目的正常运营和维护工作。如发生紧急情况，监督员或甲方代表可随时进入项目现场。

8.4.2 甲方的监督员或指定代表发现问题时有提问和要求回答的权利，并有权检查项目公司生产记录、设备检修和检测记录。

8.4.3 应甲方的要求，乙方应在十（10）日内提供:（1）自运行日起，在每个季度结束后的十（10）个工作日内提交的一份关于项目运营和维护的报告（包括但不限于设备及机器运行状况、设备和机器日常检查和维修状况）;（2）甲方认为必要的任何其他运营和维护资料和信息；（3）严重的事故报告。

8.4.4 甲方应确保整个运营期内:（1）按本协议的规定在接收点向项目公司提供原料；（2）按本协议约定及时向项目公司支付运营补贴、政府付费、原料处理费；（3）落实政府规定的工业企业优惠政策。

8.5 甲方介入运营或维护

8.5.1 除不可抗力或甲方违约的情况外，如果乙方出现下列情况，则本项目的运营维护应视为已被乙方放弃:

（1）乙方未能按照本协议的约定运营或维护项目，且乙方在收到甲方通知后的三十（30）个工作日或双方另行商定的合理期限内未能就上述情况进行补救；

（2）渗滤液处理、飞灰处理固废服务质量不符合规定十（10）日以上；卫生填埋场生活垃圾固废服务质量不符合规定十五（15）日以上；炉渣处理服务质量不符合规定三十（30）日以上；

（3）因乙方违反法律法规规定或国家、行业标准，造成重大安全事故的；

（4）因乙方违反法律法规规定或国家、行业标准，被相关行政机关责令整改，未在限定期限内完成的；

（5）甲方有足够理由认为乙方的运营会造成重大社会风险的；

（6）乙方存在或发生违约行为，经甲方书面催告后在催告的合理期间内仍拒不履行或者拒不整改，致使甲方在本协议项下的合同目的不能实现的；

（7）甲方有足够的理由认为乙方以其实际行为表示不再履行本协议项下的运营维护义务的。

8.5.2 甲方介入的条件乙方出现下列情况之一的，则甲方有权指定第三方取代乙方承担项目的任何必要的运营维护，以便实现完成正常的运营维护，相关费用和风险均由乙方承担：

（1）乙方书面表示放弃项目；

（2）乙方被视为放弃项目运营维护。

8.5.3 甲方决定介入运营维护的，应书面通知乙方，乙方应与甲方及其指定第三方配合，向其提供所有合理的协助，并让贷款人在其融资文件中作出具有相同效果的承诺，以确保项目的运营和维护。

8.5.4 乙方拒不配合甲方或甲方指定第三方的介入，则甲方或其指定的第三方有权依据其单方的经验进行项目经营管理，因此而作出的一切经营决策、交易活动均由乙方承担不利的后果。

8.5.5 甲方介入后，如果乙方在甲方认可的时间内恢复了履约能力或采取了切实可行的措施或提供了有效担保，甲方接受的，甲方应撤出项目的经营，恢复乙方在本协议项下的全部责任。但甲方在介入期间所发生的一切费用，均由乙方承担，甲方有权自运营维护履约保函中直接提取；保函金额不足以弥补费用的，由乙方另行承担。

8.5.6 甲方介入后，如果乙方未在甲方认可的时间内恢复了履约能力或采取了切实可行的措施或提供了有效担保，或甲方未能接受乙方上述措施的，甲方可依据本协议第 23 条的约定提前终止本协议，该条款约定的违约责任及补偿机制将被适用。

8.6 对项目进行变动

在运营期内，乙方征得甲方书面同意后可以对项目进行更新或改扩建，改造费用由乙方承担，但因环保标准的提高引起的成本增加的或者新建（二期），双方另行协商。

8.7 暂停服务

8.7.1 计划内暂停服务项目公司可以按照下列程序申请并实施本项目的计划内暂停服务：

（1）项目公司应于每年 12 月 31 日之前提交下一年度维护计划将其重大维护和更新工作通知甲方。如果有计划内暂停服务，项目公司应提前至少三十（30）日将暂停服务的预定日期通知甲方。甲方应在预定日期之前至少七（7）日前确认批准或不批准提议的计划内暂停服务。

（2）甲方不得无故拒绝计划内暂停服务，条件是在可能的情况下，项目公司应尽最大努力使得计划内暂停服务的影响减到最小，并且每一运营年计划内暂停服务累计不得超过三十五（35）日（大修年限除外）。

（3）项目公司提供的通知将包括以下内容：

a. 计划内暂停服务的范围和理由；

b. 计划内暂停服务的时间；

c. 恢复正常服务的大约时间。

8.7.2 计划外暂停服务除计划内暂停服务以外，项目公司如在任一运营日发生项目设施全部或部分停止运行的情况，则视为计划外暂停服务。

（1）如果有计划外暂停服务，项目公司应立即通知甲方，解释计划外暂停服务的原因以及提出更正计划外暂停服务的实施方案，并应尽最大努力使得计划外暂停服务的影响减到最小。项目公司应尽其最大努力在发生计划外暂停服务后二十四（24）小时内恢复正常服务。

（2）如果暂停服务时间预期超过二十四（24）小时，则项目公司应考虑甲方关于处理计划外暂停服务的建议或意见。

（3）如果必要的更改措施预期需要超过四十八（48）小时，项目公司应立即通知甲方。

8.8 中期评估

运营期内，甲方将组织专家对本项目的建设情况、运营情况、经营情况和项目实施情况进行中期评估，评估周期一般不低于三（3）年。乙方应配合甲方或指定机构完成中期评估，包括但不限于允许进入现场、提供相关资料等。

8.9 运营维护承包商

8.9.1 乙方如需选择第三方运营维护商负责项目的运营维护的，应按照经甲方事先书面认可的遴选方式、资格条件、业绩要求等，依法选择一家具有丰富经验的专业运营商，并应将有关结果报甲方备案。

8.9.2 乙方对甲方的责任

（1）甲方对运营维护承包商的认可并不解除乙方在本协议项下的任何义务。乙方对于运营维护承包商或由其有关人员的任何作为或不作为对甲方承担完全的责任。

（2）运营维护合同应包含使用运营维护承包商能够履行本协议项下义务所必须的条款或规定。

（3）或者，乙方直接负责本项目的运营与维护，并自行承担项目的所有费用和风险。乙方应保证在特许经营期内完全有能力按谨慎工程和运营惯例运营本项目，使本项目处于良好的运营状态。

第 9 条　原料供应、处理服务与补贴付费

9.1 原料供应量

（1）年保底供应量

a. 生活垃圾卫生填埋场项目

生活垃圾填埋处理量暂按 50 吨 / 日考虑，不设保底量，处理量按实调整。

b. 生活垃圾卫生填埋场渗滤液处理项目

渗滤液处理量暂按 80 立方米 / 日考虑，不设保底量，处理量按实调整。

c. 生活垃圾焚烧发电渗滤液处理项目

渗滤液处理量暂按 180 立方米 / 日考虑，不设保底量，处理量按实调整。

d. 生活垃圾焚烧发电飞灰处理项目飞灰处理项目

原则上飞灰保底量不低于生活垃圾焚烧发电厂进厂量的 2.5%。

e. 生活垃圾焚烧发电炉渣处理项目

不设保底量，处理量按实调整。

f. 餐厨垃圾处理项目

不设保底量，处理量按实调整。

g. 生活垃圾焚烧发电循环水供热项目

现有热源面积暂按 100 万平方米测算。

（2）原料计量和监测设备

a. 双方同意通过经质量检测部门（或）双方共同检查合格的计量装置为准，计量装置安装在原料接收点，由甲乙双方共同管理。项目公司应安装原料计量和固废处理监测的管理信息系统，并与甲方、环境监管部门及其他相关工作部门的管理系统连接，实现监测数据的实时传输，同时将全部计量记录以书面形式提供给甲方，全部计量记录应由项目公司保存至少五（5）年。

b. 项目公司应按适用法律的要求和本协议的要求对计量器具进行管理和维护。因管理和维护不善，导致计量器具不准的不利后果，由项目公司承担。在检查和测试间隔期，项目公司应确保计量器具的密封标准符合适用法律的约定，并且是完整的和安全的。

c. 监测设备是指在厂内污染源现场安装的用于监控、监测污染物排放的仪器、流量（速）计、污染治理设施运行记录仪和数据采集传输仪等仪器、仪表和在线监测设备等。项目公司应向环境监管部门申请确定本项目的固废处理质量检测项目、标准和周期，并按照其要求采购和安装监测设备（包括在线监测设备）。监测设备的选用、安装、使用应符合法定要求并接受甲方和环境监管部门的监督。

d. 双方共同对计量器具和监测设备进行密封处理并进行以下检查：

ⅰ. 项目公司和甲方应联合委托有资质的单位定期对垃圾计量器具和监测设备进行检查、校准和测试。该定期检查、校准和测试的费用由项目公司承担。

ⅱ. 一方经书面通知另一方后，可随时要求对任何计量器具和监测设备进行检查、校准和测试，且费用由提出的一方承担，但是如果检查、校准和测试的结果显示有关计量器具和 / 或监测设备不准确，除费用由项目公司承担外，由此造成的计量不准确的不利后果包括扣除相应处理补贴费等，由项目公司承担。

ⅲ. 项目公司应记录对计量器具和 / 或监测设备每次的定期和非定期检查、校准和测试的结果并在检查后的五（5）个工作日内，将该等结果的复印件（加盖公章）提供给甲方。

ⅳ. 若地磅的检验显示该仪器已不符合相关法规的准确条件，或是磅称正在受检或检修期间，项目公司应尽快将其维修或更换并承担相应费用。在此期间，项目公司应负责安排双方认可的其他计量器具，未能安排的，由项目公司承担不利后果。

v. 若该仪器的不能计量非因项目公司过错导致，原料处理量按照不能计量前三（3）日的固废实际处理量平均值计算。

vi. 若监测设备已不能使用或不准确，则项目公司应尽快修理或更换，并承担相应费用。

（3）原料供应质量

项目公司在接收点接收的原料是甲方组织收集及运送的原材料。

（4）原料供应管理

a. 原料接收点

本项目的原料接收点位于______，甲方须协调相关单位将原料送至接收点。

b. 对运输车的调度

项目公司通过设置在地磅站和卸料大厅的红绿灯交通控制系统，对进出的车流量以及卸料次序进行调度。

c. 原料接收需求计划及调整

双方应定期协商，以合理估算未来原料接收需求量，使甲方能够尽早制定并执行垃圾供应计划。

d. 原料的拒收

出现下列情形之一时，项目公司可以拒绝甲方运送的原料，并应立即以书面形式向甲方说明拒收的理由和数量：

因不可抗力，项目公司无法接收甲方运送的原料（炉渣处理、飞灰处理除外）；

i. 当日送达的原料中，不可处理原料的比例超过百分之十五（15%）；

ii. 如果上述事项被证明（实），项目公司拒收的原因是虚假或不成立的，项目公司应承担违约责任。项目公司因上述（i）、（ii）两项因素而拒收原料的，应履行提前 6 小时书面通知甲方的提前通知义务。

9.2 处理服务

（1）处理质量

a. 飞灰处理质量

在合作期限内，飞灰在厂内经稳定化处理后，满足《生活垃圾填埋场污染控制标准》(GB16889－2008)的要求后，运输至指定区域填埋。

b. 炉渣处理质量

在合作期限内，炉渣由项目公司进行资源化综合利用。

c. 渗滤液处理质量在合作期限内，渗滤液由项目公司自行处理，出水水质标准达到《生活垃圾填埋场污染控制标准》(GB16889－2008 表 2)处理标准。

d. 本工程除臭措施管理到位，确保周围无臭气污染，所散发的臭气污染物浓度满足《恶臭污染物排放标准》(GB14554－93)中二级新扩改建标准。

e. 厂内的噪声治理应符合现行国家标准《城市区域环境噪声标准》GB3096，厂界噪声标准执行《工业厂界噪声标准》(GB12348－90)中的一类功能区标准。

f. 在特许经营期内，项目公司执行的具体污染物排放标准以批复的环评报告文件为准。

g. 为确保本项目的运行质量，双方一致同意对项目公司的运营质量按国家的行业技术规范进行定期检测。

h. 以上污染物排放标准和规范以环评批复为准。若国家标准发生变更，以最新国家标准为准。

(2)处理质量的检测

a. 检测的内容对处理的运营质量进行检测内容包括：

ⅰ. 渗滤液和其他废水(COD、NH_3);

ⅱ. 炉渣(综合利用率、重金属);

ⅲ. 餐厨(油脂含量等);

ⅳ. 飞灰(重金属、二噁英、含水率);

ⅴ. 大气污染物(NH_3、H_2S、臭气浓度)。

b. 检测方法

ⅰ. 所有采样与分析方法以及检测因子均应依照适用法律及强制性标准执行。

ⅱ. 在检测时，采样期间的工况应与正常运营工况相同，任何人不得随意改变运营工况。

c. 项目公司的自检及结果报送

ⅰ. 项目公司应由具有合格检测资质的人员自检，并应自费委托具有计量认证或国家实验室认可资格的检测机构，按照适用法律的要求，自对本条约定的项目进行定期检测。同时，应将检测结果在报告出具后三（3）个工作日内报送甲方，如发现检测结果不符合本协议约定的情况必须立即报送，因项目公司未及时报送，由此产生的不利后果由项目公司承担。项目公司检测频次应符合国家政策和环保部门要求。

ⅱ. 检测报告应包括所有有关检测结果以及就检测结果不符合本协议约定的情况所作的其他有关调查结果的详情。通知还应包括项目公司对超标情况可能持续的期限所作的预测，以及引起此等状况的原因分析，包括项目公司声称的任何有关不可抗力事件和所采取补救措施的详细描述。

ⅲ. 项目公司就本条款约定进行的检测，不作为甲方对项目公司的考核计费依据。

d. 甲方的监督抽检

ⅰ. 除项目公司定期检测外，甲方还可委托环保部门进行抽检，此等非定期抽检的费用由甲方承担。但如果抽检结果不合格时，则上述抽检的费用由项目公司承担，且检测结果将作为判断已处理固废是否计费的依据。

ⅱ. 甲方可委托有资质的检测机构对噪声、排放污染物进行不定期抽检，若抽检认定本次噪声、排放污染物排放超标，则甲方可将本次抽检结果报送相关环保部门处理，且上述检测费用由项目公司承担。

ⅲ. 甲方在现场取样前，应通知项目公司及第三方中介机构陪同取样，并在采样记录单上签字。项目公司签字人员（可为数人）应有书面授权，项目公司应保证能随时有授权管理人员签字。如果在甲方监督抽样期间，项目公司没有授权管理人员在场将被视为违约。若项目公司授权管理人员拒绝在采样记录单上签字，将被视为认同检测结果。甲方委托的检测机构将在样品的所有应测指标测试完成后及时将检测结果书面通知项目公司。

ⅳ. 第三方中介机构可视工艺运行状况，随时通知甲方对本条约定的污染物进行检测，其结果作为当日计费依据。甲方应在样品的所有应测指标测试完成后及时将检测结果书面通知项目公司。

e. 检测结果的异议处理

ⅰ. 项目公司若对甲方的检测结果有异议，应在甲方通知送达后三（3）个工作日内提出书面申诉，否则视为同意该检测结果。

ⅱ. 甲方在接到项目公司书面申诉后应委托更高一级（专业级别更高或技术能力更强）的权威检测部门对检测流程进行复核，并在复核后三（3）个工作日内给出书面答复。该复核结果为最终的检测结果。

ⅲ. 项目公司如在甲方取样同时自行或委托其他检测机构取样检测，检测结果仍以甲方结果为准。

（3）不达标的处理

a. 如果是由于项目公司的原因，导致固废处理质量未达到本协议约定的标准，项目公司应向甲方支付处理质量不达标的违约金。

b. 项目公司在处理固废的质量存在下述情形之一时，即表明固废处理的质量不达标。

ⅰ. 飞灰固化浸出毒性中的任何一项指标超标，视为项目公司在被发现违约日前十（10）日加上被发现违约日至整改完毕日之和的天数，所处理的飞灰为无效处理量。

ⅱ. 臭气、垃圾渗滤液、其他废水和厂界噪声任何一项指标超标，视为项目公司在被发现违约日前十（10）日加上被发现违约日至整改完毕日之和的天数，所处理的固废为无效处理量。

ⅲ. 其他任何一项达不到国家环保要求的指标，在被发现违约日前十（10）日加上被发现违约日至整改完毕日之和的天数，所处理的固废为无效处理量。

c. 固废处理的质量不达标时无效处理量的计算原则：

ⅰ. 本协议约定的在线监测的内容，一项或多项指标每二十四（24）小时排放浓度平均值和每二十四（24）小时排放量的平均值超标，视为在每二十四（24）小时内，所处理的原料为无效处理量。

ⅱ. 无效处理量，按全部生产线处理量计算。如发生本协议约定的各单项监（检）测内容超标情形，项目公司能够提供证明是由某一条生产线造成的，则按该条生产线的原料处理量计算无效处理量。

（4）固废处理的质量不达标的通知

ⅰ. 项目公司在固废处理质量检测中发现任何一项固废处理质量指标不达标，应立即书面通知第三方中介机构。

ⅱ. 上述通知应包括所有有关测试结果以及就此等不达标情况所作的其他有关调查结果的详情，还应包括项目公司对超标情况可能持续的期限所作的最佳预测，以及引起此等状况的原因，包括项目公司声称的任何有关不可抗力的详情和所采取的补救措施的详细描述。

第 10 条　政府付费、运营补贴、固废处理费

10.1 政府付费、运营补贴、固废处理费标准

序号	子项目名称	报价条目	报价内容	报价说明
1	生活垃圾卫生填埋场项目	生活垃圾处理费	____元 / 吨	生活垃圾处理费运营补贴，包含运营成本、营业费用、维修费等（不含固定资产投资），处理量暂按____吨 / 日考虑，不设保底量，处理量按实调整
2	生活垃圾卫生填埋场渗滤液处理项目	渗滤液处理费	____元 / 立方米	渗滤液处理费运营补贴，包含运营成本、营业费用、维修费等（不含固定资产投资），处理量暂按____立方米 / 日考虑，配备人员暂按____人考虑，不设保底量，处理量按实调整
3	生活垃圾焚烧发电渗滤液处理项目	渗滤液处理费	____元 / 立方米	渗滤液处理费运营补贴，包含运营成本、营业费用、维修费等（不含固定资产投资），不设保底量，处理量按实调整
4	生活垃圾焚烧发电飞灰处理项目	飞灰处理费	____元 / 吨	飞灰处理费（含固定资产投资、运营成本、营业费用、维修费等），处理费根据财政、审计等部门验收后确定
5	生活垃圾焚烧发电炉渣处理项目	炉渣处理费	____元 / 吨	炉渣处理费（含固定资产投资、运营成本、营业费用、维修费等
6	餐厨垃圾处理项目	餐厨垃圾处理费	____元 / 吨	餐厨垃圾处理费（含运营成本、营业费用、维修费等），不含固定资产投资

续表

序号	子项目名称	报价条目	报价内容	报价说明
7	纳入政府付费部分项目	银行贷款部分利息	____%	纳入政府付费部分项目：（1）生活垃圾卫生填埋场项目；（2）生活垃圾卫生填埋场渗滤液处理项目；（3）生活垃圾焚烧发电渗滤液处理项目；（4）环保科普基地项目；（5）办公、生活设施的投资（暂按____万元） 2. 银行贷款部分年利率____%，银行贷款占____%，暂按照____年左右还清贷款考虑； 3. 自有资金内部收益率____%，自有资金占____%. 4. 政府付费每年等额支付，支付年限：____年 5. 政府付费部分：对于存量项目，项目公司向政府方一次性购买，政府每年等额付费，年限____年；对于新建项目，项目公司投资，政府每年____付费，年限____年
		自筹资金内部收益率	____%	

10.2 政府付费

10.2.1 纳入政府付费部分项目：

（1）生活垃圾卫生填埋场项目，固定资产总投资暂按_____万元考虑，具体以第三方评估机构评估值为准；

（2）生活垃圾卫生填埋场渗滤液处理项目，固定资产总投资暂按_____万元考虑，具体以第三方评估机构评估值为准；

（3）生活垃圾焚烧发电渗滤液处理项目，固定资产总投资暂按_____万元考虑，具体以第三方评估机构评估值为准；

（4）固废处理环保科普基地项目，固定资产总投资额暂按_____万元考虑，具体以审计部门审计额为准；

（5）办公、生活设施的投资，固定资产总投资额暂按_____万元考虑，具体以审计部门审计实际投资额为准。

10.2.2 政府付费约定

（1）银行贷款部分年利率暂按照___% 考虑，银行贷款占每子项固定资产总投资额的___%，暂按照___年左右还清贷款考虑；甲方协助办理贷款，政府付费按实际贷款的比例、年限及利率调整。

（2）自有资金内部收益率___%，收益率不予调整，自有资金占每子项固定资产总投资额不低于___%。

（3）政府付费每年年末等额支付，支付年限为___年。

（4）财务模型核算过程：

NPV=Σ（CI–CO）（1+i）^（–t）

式中：NPV——净现值，CI——现金流入，CO——现金流出，（CI–CO）——第 t 年净现金流量，i——项目资本金内部收益率，t——年限首期投入计算时

t=0，投入后的第一年现金流量，t=1

计算过程：

①本项目现金流入：政府财政支出。

②本项目现金流出：项目资本金、借款本金偿还和贷款利息支付。

③计算净现金流量。

净现金流量＝政府财政支出—（项目资本金＋借款本金偿还＋贷款利息支付）

④计算净现值。

10.2.3 政府付费项目处理方式、支付时间

（1）对于存量项目政府付费生活垃圾卫生填埋场项目、生活垃圾卫生填埋场渗滤液处理项目及生活垃圾焚烧发电渗滤液处理项目，由项目公司按照固定资产投资第三方评估值向甲方购买，购买时限为本协议签订后三个月内。此部分政府付费的支付时间：自项目资产转移手续完成后，第二年年末开始等额支付费额，在项目期满移交后未能付清的情形，将重新调整公示，将相应付费额纳入最后一年的付费。

（2）对于新建项目政府付费固废处理环保科普基地项目，由项目公司投资、建设、运营、管理，子项具备商业运营条件后，甲方每年年末等额付费。第二年年末开始支付付费额，在项目期满移交后未能付清的情形，将重新调整公示，将相应付费额纳入最后一年的付费。

（3）对于办公、生活设施政府付费此部分政府付费的支付时间：自项目资产审计手续完成后，第二年年末开始支付付费额，在项目期满移交后未

能付清的情形，将重新调整公示，将相应付费额纳入最后一年的付费。

10.2.4 政府付费的调整

本项目政府付费按照财务模型进行调整。调价由项目公司或者甲方向对方提出申请。调价方案经甲方、财政、审计、物价等部门审核同意后方可执行。调整因素：银行贷款利率、银行贷款比例、固定资产投资额、合作期限和政府付费的年限。每个子项的补贴额单独测算，按照子项的实际情况调整。

10.3 运营补贴

10.3.1 纳入运营补贴项目

生活垃圾卫生填埋场项目、生活垃圾卫生填埋场渗滤液处理项目、生活垃圾焚烧发电渗滤液处理项目。

10.3.2 运营补贴费用核算

运营补贴费用包含与建设、运营有关的合理运营成本、营业费用（含管理费、营业税金及附加）、正常维修费（含大修）等（不含固定资产投资，在项目运营过程中，项目公司新增的固定资产投资，应报甲方确认并全程跟踪，该部分直接分期计入运营补贴费）。

10.3.3 运营补贴支付

（1）固废实际处理量，是甲方向项目公司提供的并经双方共同在地磅站计量进入本项目的固废量，扣除其中不可利用固废的量。

（2）运营补贴按照固废实际处理量支付，市政府指定部门（单位）从开始商业试运行日起每月向项目公司支付运营补贴费。若付款指定单位非甲方，必要时由该指定部门（单位）与项目公司另行签订协议予以确认。

10.3.4 固废运营补贴调整原则调价周期：调价单价由项目公司或者甲方向对方提出申请。调价方案经甲方、财政、审计、物价等部门审核同意后方可执行。调整因素包括：

各种原材料、人工、物价等价格波动因素、国家电价政策变化等引起的单价变化。综合考虑其他因素（如因技术进步或改扩建、发生重大工程变更、法律政策变化、相关标准调整等），经双方认可的第三方评估机构评估并经甲方、财政、审计、物价等部门审核同意后，根据评估结果调增或调减补贴单价。CPI 累计涨跌幅超过 3%，调整补贴收费。

10.4 固废处理费补贴

10.4.1 纳入处理费补贴项目生活垃圾焚烧发电飞灰处理项目、生活垃圾焚烧发电炉渣处理项目、餐厨垃圾处理项目。

10.4.2 固废处理费用核算飞灰处理费、炉渣处理费、餐厨垃圾处理费包含与建设、运营有关合理运营成本、营业费用（含管理费、营业税金及附加）、正常维修费（含大修）、折旧费等。固定资产投资额以第三方评估价值为准。（含固定资产投资，在项目运营过程中，项目公司新增的固定资产投资，应报甲方确认并全程跟踪，该部分直接分期计入固废处理费）。

10.4.3 固废处理费支付

（1）固废实际处理量，是甲方向项目公司提供的并经双方共同在地磅站计量进入本项目的固废量，扣除其中不可利用固废的量。

（2）固废处理费按照固废实际处理量支付，市政府指定部门（单位）从开始商业试运行日起每月向项目公司支付固废处理补贴费。若付款指定单位非甲方，必要时由该指定部门（单位）与项目公司另行签订协议予以确认。

10.4.4 固废处理费调整原则调价周期

调价单价由项目公司向甲方提出申请。调价方案经甲方、财政、审计、物价等部门审核同意后方可执行。调整因素包括：各种原材料、人工、物价等价格波动因素、国家电价政策变化等引起的单价变化。综合考虑其他因素（如因技术进步或改扩建、发生重大工程变更、法律政策变化、相关标准调整等），经双方认可的第三方评估机构评估并经甲方、财政、审计、物价等部门审核同意后，根据评估结果调增或调减补贴单价。

CPI 累计涨跌幅超过 3%，调整补贴收费。

10.5 开票及付款

10.5.1 开票、付款程序

（1）项目公司应在每个运营月结束后五（5）日内，按照计算的金额，提供当月固废处理服务费结算单，甲方收到结算单或者甲方要求的证明材料五（5）日内，根据当月考核结果，经审核无误后，通知项目公司出具通用收据以及所有相应的证明记录和资料，甲方或市政府指定的付款部门收到收据后二十（20）日内支付费用。

（2）甲方或市政府指定的付款部门对付款通知如有任何争议，应在收到结算单后五（5）个工作日内通知项目公司，逾期视为无异议。

10.5.2 逾期付款

（1）本协议项下任何逾期未付款项，应从到期应付之日起至收款方实际收到款项之日止，按违约利率计息。

（2）任何有争议的款项，经双方达成一致意见或根据第__条作出有约束力终局仲裁，实属到期应付的，甲方或市政府指定的付款部门应支付给项目公司，并从原到期应付之日起按违约利率计息；不属到期应付的，如已由甲方或市政府指定的付款部门支付，则项目公司应立即归还给甲方或市政府指定的付款部门，或由甲方或市政府指定的付款部门选择从应支付的固废处理补贴费中扣除，并从项目公司收到款项之日起按违约利率计息，直至项目公司归还该部分不属到期应付的费用。

10.5.3 支付

（1）一方根据本协议向另一方支付的所有款项，应汇入对方为此而通知指定的机构或银行账户。项目公司和甲方应自生效日之后尽快明确告知对方其收取运营补贴、固废处理费、政府付费或对方对其支付的任何费用的汇款账号。项目公司指定账户开户行的处所应在___市。

（2）一方如需改变账户，应提前至少十（10）个工作日书面通知对方。

10.6 固废供应不足补贴费

非因项目公司或不可抗力的原因，甲方在某一运营年内向项目公司提供的固废处理量低于年保底固废供应量（仅限于飞灰处理项目），甲方或市政府指定的付款部门支付当年固废供应不足补贴费，并于支付该运营年最后一个运营月的固废运营补贴或者固废处理费时支付该运营年的固废供应不足补贴费。政府付费按本协议有关规定支付。

第 11 条　履约担保

11.1 建设期履约保函

11.1.1 建设期履约保函的提供

（1）乙方应于正式签署本合同的同时，向甲方提供符合下列要求的建设期履约保函，作为其履行在本合同下的建设义务和其他违约赔偿义务的担保。主要担保事项：项目建设资金到位、开工节点、竣工节点、验收节点、重大工程质量事故、安全责任事故等。

A、符合《建设期履约保函》规定的格式或甲方同意的其他格式；

B、由甲方认可的金融机构出具；

C、金额为人民币___整（小写：___万元）。

11.1.2 建设期履约保函的解除

建设期履约保函在本项目二期完成竣工验收和环保验收到期，甲方应在到期日后 5 个工作日内退还建设期履约保函。

11.1.3 恢复建设期履约保函的数额

（1）如果甲方在项目合作期内根据本合同的有关规定提取了建设期履约保函，项目公司应确保在甲方提取后的五（5）个工作日内，将建设期履约保函的数额恢复到原始数额，且应向甲方提供建设期履约保函已足额恢复的证据。

（2）甲方提取建设期履约保函的权利不影响甲方在本合同项下的其他权利，并且不应解除乙方不履行维护本项目义务而对甲方所负的任何进一步的责任和义务。

（3）乙方未在前述期限内补足或恢复建设期履约保函相应金额的，甲方有权发出催告，乙方应在三十（30）日内予以补足；乙方在前述期限内仍未补足的，则甲方有权提取建设期履约保函项下的余额，并有权提前解除本合同。

11.1.4 不提供建设期履约保函

如乙方未按时提交建设期履约保函，则构成乙方违约，甲方有权终止本合同，并没收乙方的投标保证金。

11.2 运营维护保函

11.2.1 出具运营维护保函

运营维护保函应由项目公司在项目现有设施运营日之前向甲方提交，主要担保事项：PPP 合作期内按产出要求对项目设施进行运营维护等。

运营维护保函应当符合下列要求：

A、符合《运营维护保函》规定的格式或甲方同意的其他格式；

B、由甲方认可的金融机构出具；

C、金额为___整（小写：___万元）；

D、担保期至移交维修保函提交日。

11.2.2 恢复运营维护保函的数额

如果甲方在项目合作期内根据本合同的有关规定提取运营维护保函项下的款项，项目公司应确保在甲方提取后的五（5）个工作日内，将运营维护保函的数额恢复到原始金额，且应向甲方提供运营维护保函已足额恢复的证据。甲方提取运营维护保函的权利不影响甲方在本合同项下的其他权利，并且不应解除乙方不履行维护本项目义务而对甲方所负的任何进一步的责任和义务。

11.3 移交维修保函

11.3.1 移交维修保函的提供

乙方应于 PPP 合作期满正式移交前，向甲方提供符合下列要求的移交维修保函，作为其履行在本合同下的移交维修义务以及质量保证义务的担保：主要担保事项：项目设施存在隐蔽性缺陷、经证明由于项目公司特许经营期内对设施的运营不善所造成的瑕疵等。

（1）符合甲方同意格式；

（2）由甲方认可的金融机构出具；

（3）金额为人民币___整（小写：___万元）。

11.3.2 移交维修保函的解除

移交维修保函在缺陷责任期（移交日后一年）结束之日解除。甲方在解除后的十五日内将移交维修保函扣除根据协议约定提取的金额后（如有），不计息返还给乙方。

11.3.3 恢复移交维修保函的数额

如果甲方在移交维修保函担保期限内根据本合同的有关规定提取移交维修保函项下的款项，乙方应确保在甲方提取后的五（5）个工作日内，将移交维修保函的数额恢复到本合同前款约定的数额，且应向甲方提供移交维修保函已足额恢复的证据。甲方提取移交维修保函的权利不影响甲方在本合同项下的其他权利，并且不应解除乙方不履行维护本项目义务而对甲方所负的任何进一步的责任和义务。

乙方未在前述期限内补足或恢复移交维修保函相应金额的，甲方有权发出催告，乙方应在三十（30）日内予以补足；乙方在前述期限内仍未补足的，则甲方有权提取移交维修保函项下的余额，并有权提前解除本合同。

11.4 保函的提取

在整个合作期内，若乙方违反或拒绝履行本合同中规定的相关义务，则甲方可依据本合同中的相关规定兑取以上保函的相应金额。

第 12 条　项目的移交

12.1 移交原则

在项目合作期限结束或项目提前终止后，项目公司将全部项目设施及相关权益以本合同约定的条件和程序移交给市人民政府或其指定机构。

项目移交的基本原则是，项目公司必须确保项目符合政府回收项目的基本要求。项目合作期届满或项目提前终止后，政府需对项目进行重新采购或自行运营的，项目公司必须尽可能减少移交对公共产品的影响，确保项目持续运营。项目公司需确保移交的项目设施不存在任何抵押、质押等担保权益或产权约束，亦不得存在任何种类和性质的索赔权。

12.2 移交内容

在项目合作期限结束或项目提前终止后，乙方将全部项目设施及相关权益以本合同约定的条件和程序移交给市政府或其指定机构，包括但不限于：

（1）使用项目设施所占有土地的权利；

（2）项目及其附属设施；

（3）与项目设施相关的所有设备、机器、装置、零部件及备品备件等；

（4）与项目设施相关的所有尚未到期的保证、保险和其他协议的利益（如可以转让）。

（5）运维项目设施所必需的技术文件和技术诀窍，以及所有的运营维护手册、运营记录、移交记录、设计图纸、工程档案、投融资资料、设备、资产清册、质量保修书等有关资料，以使其能够直接或经由其指定机构继续运营和维护项目设施；

（6）为移交项目设施的所有权益所需的文件；

（7）政府方或其指定的其他机构合理要求的其他物品与资料。

12.3 移交准备

项目移交时，甲方代表市政府收回项目协议约定的项目相关资产。甲方应组建项目移交工作组，根据项目协议约定与项目公司确认移交情形和补偿方式，指定资产评估和性能测试方案。

在项目移交前，需要对项目相关资产状况进行评估并对项目状况能否达到协议约定的移交条件和标准进行测试。经评估和测试，项目状况不符合约定的移交条件和标准的，甲方有权提取移交维修保函相应金额，并要求项目公司对项目设施进行相应的恢复性大修，以确保项目在移交时满足约定要求。

12.4 移交形式

（1）提前移交

甲方提前结束项目公司的运营资格，甲方应按照本合同约定给予项目公司补偿，收到相应补偿后项目公司将项目全部设施移交给政府或其指定接收单位。

（2）届满移交

项目合作期届满，项目公司应将项目设施无偿移交给政府或其指定接收单位。

12.5 移交条件和标准

移交标准包括设备完好率和最短可使用年限等指标，通常包括以下两类条件和标准：

（1）权利方面的条件和标准

项目设施应不存在任何留置权、债权、抵押、担保物权或任何种类的其他请求权，及涉及乙方的任何未了结的债务。截至移交日应不存在任何环境问题和环境遗留问题。

（2）技术方面的条件和标准

项目设施应符合双方约定的技术、安全和环保标准，并处于良好的运营状况，在不再维修情况下，项目可以正常运营一年。

（3）移交检测

在项目移交前，需要对项目相关资产状况进行评估并对项目状况。

能否达到合同约定的移交条件和标准进行测试。经评估和测试，项目状况不符合约定的移交条件和标准的，甲方有权提取移交维修保函相应金额，并要求项目公司对项目设施进行相应的恢复性大修，以确保项目在移交时满足约定要求。

12.6 缺陷责任期

移交后项目设施缺陷责任期为移交日后一年。缺陷责任期内，项目公司须按国家规定履行保修义务（因接受移交的单位基于重大过失使用不当造成的损坏除外），修复项目设施的任何部分在保修期内出现的任何缺陷或损坏，并提供满足正常生产需要的技术咨询服务。

甲方或其指定的其他机构发现任何上述缺陷或损坏后应及时通知项目公司。在任何情况下，甲方或其指定的其他机构必须最迟于缺陷责任期结束前通知项目公司。收到该通知后，项目公司应尽快自费修正缺陷或损坏。如果项目公司在收到甲方或其指定的其他机构上述通知后合理的时间内不能或拒绝修正缺陷，甲方或其指定的其他机构有权自行或请第三方修正上述缺陷。在这种情况下，项目公司应为此向甲方支付合理且必要的修理费用，否则甲方有权从履约保函中兑取相应金额以补偿该等修理费用，不足部分应由项目公司承担。

12.7 移交委员会和移交程序

（1）移交委员会

合作期届满二十四（24）个月前，甲方和乙方应成立移交委员会，由乙方三（3）名代表和甲方三（3）名代表（包括至少一名接收人的代表）组成，各方代表应取得相应授权并提交授权委托书备案。

（2）移交委员会应定期会谈，必要时经双方同意可随时会谈，以便于商定以下事项：

A、移交情形和补偿方式；

B、资产评估和性能测试方案；

C、项目设施移交的详尽程序；

D、最后恢复性大修及之后的验收；

E、将移交的建筑、设备、设施、物品、文件资料、权利或权益凭证和备品备件的详细清单等。

12.8 移交验收

（1）备品备件移交

在移交日期，项目公司应向接收人无偿移交十二（12）个月内正常需要的消耗性备件和事故修理备品备件。

移交委员会应在移交日期十二（12）个月前会谈并商定移交项目资产清单（包括备品备件的详细清单）和移交程序。

项目公司应提供移交必要的文件、记录、报告等数据，作为移交时双方的参考。

除本合同另有规定外，双方在完成项目资产移交程序前，均应继续履行其本合同项下的义务。

（2）保险和承包商保证的转让

在移交时，项目公司应将所有承包商和投标人提供的尚未期满的担保及保证无偿转让给接收人，并且将所有保险单、暂保单和保险单批单转让给接收人。

（3）技术转让

项目公司应在移交日期将届时使用的运维本项目所必须的项目公司享有所有权的所有技术和专利技术，无偿移交给甲方或其指定的接收人，并确保甲方或其指定的接收人不因此被第三人主张权利。

（4）人员及培训

合作期结束的六（6）个月之前，项目公司应提交一份当时项目公司员工名单，甲方有权选择在移交日之后优先继续聘用全部或部分员工。

甲方或其指定机构需要在移交日之前派驻人员到项目设施所在地进行培训或学习的，应在移交日六（6）个月之前向项目公司说明情况及拟派驻人员名单，项目公司免费负责为上述人员提供培训，使之达到熟练操作和管理要求。移交后，项目公司有义务免费提供不低于 6 个月的技术支持。

（5）第三方与项目公司合同期限及相关

项目公司在与第三方签订运维合同、设备合同及其他合同时，应使得该等合同的有效期届满日不超过合作期限届满日。

如在移交日前，项目公司需签订运维合同、设备合同及其他合同，且该等合同在本项目合作期届满后仍为有效的，则项目公司应在该等合同签订前报经甲方同意。未经甲方同意的，由项目公司承担相应责任。

（6）移走项目公司相关的物品

除非双方另有约定，项目公司应于移交日期之后六十（60）天内，自费从场地移走仅限于项目公司员工的个人用品以及与本项目运维无关的物品，不包括移交清单所列的项目设备、备品备件、技术资料或者项目设施营运和维护的必需物品。如果项目公司在上述时间内没有移走这些物品，甲方在通知项目公司之后，可以移走并将物品转运至适当的地点以便安全保管。项目公司应承担搬移、运输和保管的合理费用和风险。

（7）风险转移

项目公司应承担移交日期前项目设施的全部或部分损失或损坏的风险，移交日期后，上述风险由甲方承担。

（8）移交费用和批准

项目公司及甲方应负责各自因向接收人移交和转让发生的费用和支出。甲方应自行负责其获得所有的批准并使之生效，并采取其他可能为移交和转让所必需的行动，并且应支付与移交和转让有关的所有印花税、税收、收费和类似的费用。如果项目公司未按第八章规定的范围和内容进行移交，甲方为此发生支出或遭受损失，甲方有权从运营维护保函及移交维修保函中扣除。

第 13 条　不可抗力和法律变更

13.1 法律变更

13.1.1 甲方可控法律变更

（1）甲方可控法律变更及政府指令为市政府、或其内设政府部门、或其下级政府颁行的法律及政府指令，具体后果包括：

a. 在建设期间，如果因发生甲方可控的法律变更及政府指令导致项目发生额外费用或工期延误，乙方有权向甲方索赔额外费用；

b. 在运维期，如果因发生甲方可控的法律变更及政府指令导致运维成本增加，乙方有权向甲方索赔额外费用；

c. 如果因发生甲方可控的法律变更及政府指令导致合同无法履行，乙方通过违约条款及本合同约定终止履行本合同项下义务。

（2）如果乙方希望获得补偿，乙方应在知道法律变更后书面通知甲方。

（3）乙方应在作出投资或发生开支之前给予甲方合理机会减少法律变更对其造成的影响。

（4）乙方有权要求甲方给予补偿，以使其达到未发生这些法律变更的情况下基本相同的经济状况。

（5）如果因法律变更使乙方无法履行其本合同项下的义务，包括因法律变更使乙方履行其在本合同项下的重要义务按照适用法律成为不合规，乙方应有权根据本合同的程序提前终止合同。

13.1.2 不可控的法律变更后果

如果在本合同生效后，因法律变更及政府行为导致乙方部分或全部不能履行本合同项下主要义务，而这种变化和影响又不以甲方的意志为转移，甲乙双方应尽力就继续履行本合同进行协商，若不能达成一致，则一方可向另一方发出提前终止合同意向通知。

13.1.3 法律变更引起的延期

由于法律变更或政府行为导致乙方在项目合作期内受到影响，并使乙方遭受实质性的损失的，甲乙双方应尽力就继续履行本合同进行协商，项目合作期可适当延长。

13.2 不可抗力

13.2.1 不可抗力事件

“不可抗力事件”指完全地或部分地阻碍了或不可避免地延误了任何一方履行其在本协议项下的义务的任何事件、状态或情况或各种事件、状态或情况的组合，但以受影响方的直接或间接的合理控制范围之外的，而且受影响方在签署本协议时不能合理预见、作出合理努力也无法避免的事件、状态和情况为限。不可抗力应包括但不限于下列事件：

（1）雷电、干旱、火灾、地震、火山爆发、山崩、滑坡、水灾、暴风雨、海啸、台风或龙卷风；

（2）流行病、饥荒或瘟疫；

（3）战争行为（无论是否宣战）、入侵、武装冲突或外敌行为、封锁或军事力量的使用、禁运、暴乱或民众骚乱、恐怖行为、军事演习或政变；

（4）化学或放射性污染或核辐射；

（5）任何上级政府部门（省级及以上）的国有化、征收及征用等行为。

13.2.2 适用于乙方的例外情况乙方无权将下述情况视作不可抗力事件而终止履行本协议或不完全履行本协议项下义务：

（1）乙方的承包商或其他与乙方建立合同关系的第三方在履行合同方面发生延误；

（2）项目设施的故障或正常磨损；

（3）项目设施、设备或机器的交付发生延误、违约；

（4）项目设施、材料、设备或机器的零配件存在明显或潜在的缺陷。

13.2.3 适用于甲方的例外情况甲方无权将下述情况视作不可抗力事件而终止履行或不完全履行本协议项下义务：市政府对项目设施或其任何部分实施的征收、征用等政府行为。

13.2.4 通知声称受到不可抗力影响的一方应在知道不可抗力之后十（10）个工作日内书面通知另一方，详细描述不可抗力的发生情况和可能导致的后果，并根据对方要求提供证明。

13.2.5 损失承担原则发生不可抗力时，双方应各自承担由于不可抗力对其造成的损失。

13.2.6 减少损失的责任和协商受到不可抗力影响的一方应努力减少不可抗力的影响。双方应协商采取合理的补救措施尽量减少不可抗力给各方带来的损失。声称不可抗力的一方在不可抗力消除之后应尽快恢复履行本协议项下的义务。

13.2.7 不可抗力造成的延长或者终止

（1）如果不可抗力发生在建设期或者运营期，则项目公司有权根据该不可抗力的影响期间申请延长建设期或者运营期；

（2）当不可抗力事件阻止一方履行其义务的时间持续九十（90）天以上时，双方应协商决定继续履行本协议的条件或者终止本协议。

（3）如果自不可抗力发生后一百八十（180）天之内双方不能就继续履行的条件或终止本协议达成一致意见，任何一方有权给予另一方书面通知后立即终止本协议。

第 14 条 终止及终止补偿

14.1 提前终止的事由

（1）双方协商一致的提前终止；

（2）因一方根本性原因导致的提前终止；

（3）因公共政策及法律法规变化或国有化、征用①、公共利益等政府行为而导致的提前终止；

（4）不可抗力、意外事件导致的提前终止。

14.2 甲方发出的终止合同意向通知

下述任一事件发生时，甲方有权立即发出提前终止合同意向通知：

A、乙方有下列情形的，甲方有权发出提前终止合同意向通知：

a. 乙方在本合同的承诺被证明在做出时存在虚假或未兑现，严重影响其履约能力；

b. 乙方未在约定时间内实现约定的建设进度或项目完工、或开始运营，且逾期超过一定期限的；

c. 乙方出现本合同约定的放弃建设或视为放弃建设情形的；

d. 乙方擅自质押、转让、出租项目运营权和项目资产；

e. 乙方因管理不善，发生特别重大质量、生产安全事故；

f. 乙方擅自停业、歇业，严重影响到社会公共利益和安全；

g. 乙方被依法吊销营业执照、责令停业、清算或破产；

h. 除报经甲方同意的计划内维修外，未经甲方事先书面同意，乙方擅自停止对项目的运营的（如属紧急情况的除外，但应在发生的同时口头告知甲方，并应在发生后 1 天内书面报告甲方）；

① 在发生紧急事件，可能严重影响公众利益的情况下，有权统一调度、临时接管或依法征用项目设施。

i. 乙方擅自转让项目公司股权；

j. 本合同中约定以及法律、法规规定的其他因乙方导致提前终止合同情形的。

B、项目公司有下列情形之一的，甲方有权发出提前终止合同意向通知：

a. 项目公司未能根据本合同约定提交建设期履约保函、运营维护保函或移交维修保函并保持其有效的；

b. 项目公司未按照规定的要求和标准提供产品或服务，情节严重或造成严重后果的；

c. 擅自停业、歇业，严重影响社会公共利益和公共安全的；

d. 擅自处置项目资产的，导致本项目不能正常运营的；

e. 发生重大质量、生产安全事故，导致本项目不能正常运营的；

f. 因项目公司及自身经营管理不善等原因，造成财务状况严重恶化，导致本项目不能正常运营的。

14.3 乙方发出的终止合同意向通知

下述任一事件发生时，乙方有权立即发出提前终止合同意向通知：

a. 甲方未按合同约定向乙方提供政府保障；

b. 甲方违反合同约定转让本合同项下义务；

c. 发生甲方可控的法律变更对项目设施或乙方股权的征收或征用的；

d. 发生甲方可控的法律变更导致合同无法继续履行的；

e. 其他违反本合同项下义务，并导致乙方、项目公司无法履行合同或无法实现合同目的的；

f. 甲方无正当理由不及时支付工程款，以及在逾期 3 个月（自应付日起算）后仍未支付政府付费款的。

（3）不可控法律变更或政府行为导致合同提前终止

如果在本合同生效后，因不可控法律变更及政府行为导致乙方部分或全部不能履行本合同项下主要义务，而这种变化和影响又不以甲方的意志为转移，甲乙双方应尽力就继续履行本合同进行协商，若不能达成一致，则一方可向另一方发出提前终止合同意向通知。

（4）协商一致终止

在合作期内，由各方协商一致可提前解除本合同，此种情形下的提前终止及补偿计算问题等，由各方届时协商解决。

14.4 终止合同意向通知和终止通知

（1）提前终止合同意向通知

A、按照本条发出的任何提前终止合同意向通知在发出之后，双方应在三十（30）天内协商避免本提前终止的措施。

B、如果乙方和甲方就将要采取的措施达成一致意见，或者乙方或甲方（视情况而定）在相应的协商期或双方可能同意的更长的时间内纠正了违约事件，提前终止合同意向通知即自动失效。

（2）提前终止合同通知

在运营期届满之时，如果双方未达成一致或导致发出提前终止合同意向通知的违约事件未得到纠正，则发出提前终止合同意向通知的一方可以向另一方就此发出提前终止合同通知，本合同在提前终止合同通知送达对方之日解除。

14.5 终止后的补偿

若本协议提前终止，则项目公司应按照本协议第 12 条的约定将项目无偿移交给甲方，除本协议另有约定，甲方将按照如下标准向项目公司支付补偿金：

<table>
<tr><th>序号</th><th>本协议提前终止之情形</th><th>补偿金额</th></tr>
<tr><td rowspan="2">1</td><td rowspan="2">乙方违约情形</td><td>建设期内提前终止时，补偿金额 =（小于 1 大于 0 的数值）× A</td></tr>
<tr><td>运营维护期内提前终止时，补偿金额 =（小于 1 大于 0 的数值）× B+F</td></tr>
<tr><td rowspan="2">2</td><td rowspan="2">甲方违约情形</td><td>建设期内提前终止时，补偿金额 =（小于 2 大于 1 的数值）× A</td></tr>
<tr><td>运营维护期内提前终止时，补偿金额 =（小于 2 大于 1 的数值）× B+F</td></tr>
<tr><td>3</td><td>法律变更或政府行为导致的终止</td><td>（C–D）/2–E+F</td></tr>
</table>

其中：

A= 项目公司经审计后的新建工程投资支出。

B= 合作期内项目公司尚未收回的政府付费金额按约定合理利润率折现到提前终止通知发出日时的现值之和。

C= 提前终止通知发出日经审计的项目公司资产评估值。

D= 发生不可抗力时，根据本合同及相关保险合同约定，项目公司（含贷款人）实际获得的保险赔款。

E= 为发生不可抗力事件时，因项目公司投保不足，导致所获保险赔款无法使项目设施恢复到出险前的正常状态和价值的恢复性建设费用缺额部分（如有）。

F= 提前终止通知发出日项目公司应向甲方移交运营维护所需的零部件、备品备件等的评估值。

若乙方发出的终止情形之一的，按照对应公式计算终止补偿金值为负数，则乙方应向甲方支付本条所述负数的绝对值。双方共同认可的会计师事务所验证。甲方或指定机构和项目公司应在发出提前终止通知后三十（30）日内共同确定该会计师事务所。在项目运营期本合同提前终止的情形下，甲方与相关审计机构应在九十（90）日内确定应向乙方支付的补偿金，并将该补偿金全额支付给乙方。

第 15 条　违约和赔偿（注：本条款所列违约事项及赔偿金额为个例，可根据具体情况具体调整）

15.1 项目公司违约

15.1.1 项目公司延误的违约金

（1）除不可抗力、甲方原因之外，由于项目公司的原因导致开始商业试运行日延误或者每一新建子项目逾期开工，项目公司必须逐日向甲方支付按以下标准约定的违约金：

（a）延误的第一个____日内，每日支付____；（b）延误的第二个____日内，每日支付____；（c）此后延误的每日支付____。

（2）上述违约金累积计算，直至已达到开始商业运行日，违约金从项目公司提交的履约保函中提取。

（3）甲方可以将项目公司违约及违约金的数额、履约保函提取时间书面通知项目公司，项目公司若对违约金的数额和保函提取时间没有异议的，甲方可在发出的通知中明确的保函提取时间到达后，提取违约金。若项目公司对违约金的数额及支付方式有异议的，双方应按照本协议第 25 条的约定解决争议。

15.1.2 处理量不足违约金

（a）处理量不足：在正常运营期间，若非甲方的原因或不可抗力事件发生，项目公司某分项目在每一个运营年，正常运营月的日平均实际处理量低于该年该项目处理品的保底日均供应量，即构成处理量不足违约；在项目公司某处理类分项目发生上述违约情况下，项目公司应按下列方式向甲方支付处理量不足违约金：

R（i）=（X（i）−QS（i））×P（i）+B（i）其中：R（i）为项目公司某分项目第 i 运营月的固废处理量违约金；X（i）为根据确定的该年度该分项目第 i 运营月接收需求计划，项目公司该分项目接收并应进行处理的数量；QS（i）为第 i 运营月项目公司该分项目实际处理量；P（i）为第 i 运营月适用的处理运营补贴、固废处理费补贴单价；B（i）为甲方第 i 运营月因项目公司该分项目违约实际发生的经双方认可的额外费用。

15.1.3 固废处理不达标：自商业运营日起，经环保部门检测处理不达标的，每发现一次，除按环保部门规定处理外，乙方应向甲方承担____的违约金。

15.1.4 其他违约行为

（1）乙方违反本协议项下的任一义务，经甲方书面催告后未在规定期限内予以纠正，或者纠正后仍不符合本协议约定的，每发生一次，乙方应向甲方承担____的违约金（本协议另有约定的除外），甲方有权直接自履约保函中提取相应金额。

（2）乙方的违约行为已经构成协议终止条件，适用本协议第 14 条约定；

15.1.5 违约金支付方式

（1）若乙方未能按照本协议约定，逾期出资，乙方按照如下方式承担违约责任，应按违约利率作为逾期支付违约金。

（2）如项目公司发生以上违约，应限期整改，甲方可根据约定提取项目公司履约保函项下用于支付违约金：项目公司应在违约金提取后，十日内补齐履约保函。第三方赔偿金由项目公司另行支付

15.2 甲方违约

15.2.1 逾期支付补贴费用的违约

若甲方未按本协议的约定按时向项目公司支付固废运营补贴、固废处理补贴的，则应按违约利率计算违约利息作为逾期支付违约金。

15.2.2 甲方违反本协议约定另授权其他方从事本协议约定的特许经营项目的，乙方有权要求终止合同。

15.2.3 违约金争议

如对违约金金额或对特许经营权被收回时的补偿标准有争议，应根据第 16 条解决。

15.3 不减免和影响的事项

违约方对违约责任的承担并不能减免其在本协议下的其他任何义务。双方获得上述违约赔偿的权利不影响其在本协议项下的终止权。

15.4 减轻损失的措施

由于另一方违约而遭受损失或可能会遭受损失的一方应采取合理措施防止损失扩大或减少损失。如果一方未能采取此类措施，违约方可以请求从赔偿金额中扣除应能减少的损失金额。受损害的一方应有权从另一方获得因试图减轻和减少损失而发生的任何费用。

15.5 部分由于受损害方造成的损失

如果损失部分是由于受损害方的作为或不作为造成的，或部分损失应由受损害方承担的，赔偿的数额中应扣除该部分损失。

15.6 对间接损失不负责任

除非本协议另有约定，各方均不应对由于或根据本协议产生的或与其相关的任何索赔为对方的任何间接、特殊或附带损失或惩罚性损害赔偿负责。

第 16 条　项目争议解决

16.1 项目协调委员会

16.1.1 为了有效协商解决协议履行相关争议事项，本协议生效日后三十（30）天 之内，双方应成立一个由三（3）名乙方代表和三（3）名甲方代表组成的项 目协调委员会。任何一方均可在通知另一方后更换项目协调委员会成员。该委员会的所有决定均应得到委员会全体成员的一致通过。

16.1.2 本协议在履行过程中的重大争议事项（包括但不限于可能导致项目建设 延误超过三十（30）天，或出现可能导致本协议终止的其他事项），双方应提交项目协调委员会协调处理。

16.1.3 项目协调委员会在履行职责过程中，可以聘请相关的专家或其他专业机 构提供专业咨询意见，相关的工作费用由乙方负责，各方自行承担派出 委员的其他费用。

16.2 协调事项

协调委员会应负责按照本协议的规定协调解决本协议下或与本协议引起的终止履行有关的争议。协调事项包括但不限于：

16.2.1 协调双方在项目设施的建设及运营方面的计划和程序；

16.2.2 在发生不可抗力影响项目运营时讨论应采取的步骤；

16.2.3 影响项目设施安全的事项；

16.2.4 协调与相关单位的相关争议；

16.2.5 为解决本协议项下的争议任命财务专家和专家小组；

16.2.6 其他双方同意的事项。

16.3 争议解决方式

16.3.1 因履行本协议而产生的任何争议，双方均应首先通过友好协商或通过项目协调委员会协商调解的方式予以解决，如果协商无效，任何一方均可向项目所在地仲裁委员会提起仲裁。

16.3.2 本条的效力不因本协议的终止、解除、无效或撤销受到影响。

16.4 争议期间的协议履行

争议期间项目各方对本协议无争议的部分应继续履行；除法律规定或

另有约定外，任何一方不得以发生争议为由，停止项目服务、停止项目服务支持或采取其他影响公共利益的措施。

第 17 条　其他

17.1 合同的修订

（1）按照本合同约定的条件和程序，甲乙双方可根据社会经济环境、公共产品和服务的需求量及结构等条件的变化，提出修订本合同申请，待政府审核同意后执行。

（2）未经双方书面同意，不对本合同进行重大修改或变更。

（3）本合同任何修改、补充或变更必须经双方协商一致并签字盖章后方具有法律约束力。如果根据届时有效的相关法律或法规的规定而需要政府有关部门审查批准的，则自政府有关部门审查批准之日起对甲乙双方产生约束力。

（4）本合同履行期间，双方可根据届时有效的相关法律或法规的规定，对本合同的某一部分进行修改、补充或变更；双方确认的对本合同的有效的修改、补充或变更的书面文件或书面材料，均与本合同具有同等法律效力。如其内容与本合同存在冲突或矛盾的部分，以修改、补充或变更的内容为准。

（5）如果本合同的任何条款不合法、无效或不能执行，则并不影响其他条款的效力和执行；

（6）双方应商定对不合法、无效或不能执行的条款进行修改，使之合法、有效并可执行，修改或更改应尽可能平衡双方之间的利益。

（7）除本合同补充协议外，任何与本合同不一致的条款，均以本合同为准。

17.2 保密和廉洁

（1）保密

任何一方或其员工、承包商、顾问获得的所有资料和文件（不论是财务、技术或其他方面），未经另一方事先书面同意，在项目合作期最后一天之后的 5 年期间不得向第三方透露或公开，但是法律要求的除外。

（2）信息披露

为维护公共利益、促进依法行政、提高项目透明度，合同各方有义务按照法律法规和本合同约定，向对方或社会披露相关信息。

（3）廉洁

合同各方按照国家法律、法规和政策应该履行的廉政行为。任何一方不得给予对方工作人员回扣、佣金、有价证券、实物或其他形式的利益，否则不论数额大小均视为其违约，违约方应按该违约金额的____倍向对方支付违约金。

17.3 不弃权

除非该方以书面形式作出放弃，合同任何一方均不被视为放弃本合同中的任何条款。任何一方未坚持要求对方严格履行本合同中的任何条款，或未行使其在本合同中规定的任何权利，均不应被视为对任何上述条款的放弃或对今后行使任何上述权利的放弃。

17.4 通知

（1）联系方式

本合同项下的通知应以中文书写，并通过特快专递、邮寄或传真方式按下述地址送至或发至各方：

甲方：	乙方：
地址：	地址：
邮编：	邮编：
收件人：	收件人：
传真：	传真：
电子邮箱：	电子邮箱：

（2）送达

下述情况应视为已送达：

A、若采用专人递交，在回执上签收时；

B、邮寄方式在交寄至上述地址 5 个工作日后；

C、传真形式，在准确发送至上述传真号码，并收到对方的确认函时；

D、电子邮件方式，在邮件邮寄至对方邮箱时。

（3）变更联系方式

如果一方的地址或收件人更改时，应在新地址或新收件人启用 5 日前以上述通知方式通知另一方，否则应仍以原地址和收件人为准。

17.5 生效

（1）本合同约定订立及执行过程中以中文为准。

（2）本合同采用的支付货币类型为人民币。

（3）本合同一式　　份，自双方法定代表人签字加盖公章后生效。各份合同具有同等法律效力。

（4）本合同附件是本合同的组成部分。

（本页以下无正文）

甲　　　方：	乙　　　方：
注 册 地 址：	注 册 地 址：
法定代表人：	法定代表人：
职　　　务：	职　　　务：

编后记

自从2014年推广PPP模式以来，PPP已经被应用到多个领域，其中，固废处理是一个重要领域之一。固废处理引入PPP模式，一个重要因素是要引入社会资本的固废处理技术以及管理经验。众所周知，通过PPP模式引入社会资本进行固废处理，而社会资本需要获得利润，利润的获得一方面向使用者收费，如果收费不足时，又需要政府财政补贴。而减轻政府财政补贴的一个有效的方式就是通过社会资本对固废处理技术来实现提高收益。基于此，本书编辑了大量的资料，重点放在如何实现通过项目管理提高收益，以给读者提供相关的经验。

参与本书编写的有：易斌负责第一、二章；王景森负责第三、四、五和七章；高磊负责第六、九章；薛天恺负责第八章。孟凡玲负责总协调。由于时间仓促、水平所限，不足之处恳请读者不吝赐教。

另外，特别感谢本书责任编辑肖小琴主任，感谢她辛苦的编辑工作，同时感谢她督促与指导！

孙洁

2018年7月6日

图书在版编目（CIP）数据

PPP 模式与固废处理 / 孙洁著. -- 北京：经济日报出版社，2018. 8

ISBN 978 - 7 - 5196 - 0397 - 7

Ⅰ. ①P… Ⅱ. ①孙… Ⅲ. ①固体废物处理 - 政府投资 - 合作 - 社会资本 - 研究 Ⅳ. ①X196②F832. 48③F124. 7

中国版本图书馆 CIP 数据核字（2018）第 148208 号

PPP 模式与固废处理

作　　者	孙　洁
责任编辑	肖小琴
责任校对	薛银涛
出版发行	经济日报出版社
社　　址	北京市西城区白纸坊东街 2 号
邮政编码	100054
电　　话	010 - 63584556（编辑部）
	010 - 63538621　63567692（发行部）
网　　址	www. edpbook. com. cn
E - mail	edpbook@ sina. com
经　　销	全国新华书店
印　　刷	北京文昌阁彩色印刷有限责任公司
开　　本	710 × 1000 mm　1/16
印　　张	21. 25
字　　数	320 千字
版　　次	2018 年 9 月第一版
印　　次	2018 年 9 月第一次印刷
书　　号	ISBN 978 - 7 - 5196 - 0397 - 7
定　　价	78. 00 元